MICHAEL BRAUN
Probebohrungen im Himmel

Michael Braun

Probebohrungen im Himmel

Zum religiösen Trend
in der Gegenwartsliteratur

FREIBURG · BASEL · WIEN

MIX
Papier aus verantwor-
tungsvollen Quellen
FSC® C083411

© Verlag Herder GmbH, Freiburg im Breisgau 2018
Alle Rechte vorbehalten
www.herder.de

Umschlaggestaltung: Verlag Herder
Satz: dtp studio mainz | Jörg Eckart
Herstellung: CPI books GmbH, Leck

Printed in Germany
ISBN Print 978-3-451-38091-4
ISBN E-Book (PDF) 978-3-451-83091-4

Inhalt

Zum religiösen Trend in der Gegenwartsliteratur 9
Statt eines Vorworts

DIMENSIONEN

Über Grenzen 15
Wie die Religion in die literarische Postmoderne kommt

Bruchstücke einer Konfession 31
Georg Büchners bürgerliche Religion

Geheimes Wissen, verborgene Sprache, verbotene Bilder 47
Was ist tabu?

Audienz der Autoritäten 67
Deutsche Schriftsteller und der Papst

„Im Land der Allegorien/tanzt Salome stets ..." 75
Salome und der Prophet in der Literatur

Maria und Medea 81
Mutterfiguren in der deutschen Gegenwartsliteratur

„Abel steh auf" 99
Religion und Gewalt in der Literatur

„Der alte König in seinem Exil" 105
Arno Geigers Glücksgeschichten in glücksfernen Zeiten

Von der Suche nach einem guten Leben 111
Louis Begleys Gesellschaftsromane

Inhalt

Das Medium macht die Katastrophe 115
Gott, Geld und Medien in Atom Egoyans *The Sweet Hereafter*

Experimente mit tausendundeiner Nacht 125
Der Erzähler Rafik Schami und sein Roman
Eine Hand voller Sterne

ORTE

Das „Dennoch" von Flucht und Vertreibung 141
Hilde Domin als Dichterin des Exils

„Es fiel mir der Glaube ein" 159
Günter Grass, die Bibel und das Christentum

Jenseits des Christentums? 165
Martin Walser und die Religion

Das „Modell Lukas" 171
Christoph Heins religiöse Chroniken ohne Botschaft

„Ein bisschen Metaphysik schleppt jeder mit sich herum" ... 179
Ralf Rothmanns literarisches Gedächtnis der Frömmigkeit

Thomas Hürlimanns religiöses „Welttheater" 189
Laudatio auf den Stefan-Andres-Preisträger 2007

Aus der „metaphysischen wetterecke der welt":
Ulrike Draesner 199

„Diener der bessernden Wahrheit": Petra Morsbach 211

Stadt ohne Gott? 223
Martin Mosebachs literarische Metropolenbilder

Inhalt

Krimi, Gesellschaftstragödie, Seelendrama 231
Dieters Wellershoffs Roman *Der Himmel ist kein Ort*

„Geschichten, die nicht in der Bibel stehen" 245
Joseph und die Heilige Familie in
Patrick Roths Roman *SUNRISE*

Personenregister 267

Zum religiösen Trend in der Gegenwartsliteratur

Statt eines Vorworts

Der Leipziger Buchpreis 2015 und der Georg-Büchner-Preis 2017 gingen an einen religiös musikalischen Lyriker. Das ist eine doppelte Überraschung. In der belletristischen Sparte werden ja zumeist Romanautoren ausgezeichnet. Nun aber kam Jan Wagner zum Zuge. Seine Gedichte, zuletzt die *Regentonnenvariationen* (2015), seine Essays über Gedichte in *Der verschlossene Raum* und seine Minnesang-Anthologie *Unmögliche Liebe* (beide 2017), gelten als spielfreudig und zugleich formbewusst deswegen, weil sie, ganz ohne modernistische Berührungsangst, den Dialog mit der Tradition und der Religion aufnehmen, gemäß seiner Devise: „Fortschritt ist das, was man aus dem Rückgriff macht" (in seinem Beitrag „Vom neuen Wein. Ein Plädoyer für die alten Schläuche" für die Zeitschrift *intendenzen*, 2004). Wagners Gedichte operieren auf dezente Weise mit religiösen Begriffen, stellen aber die Metaphysik nicht ins Schaufenster. Der Autor hat das im November 2012 in dem Portal www.faust-kultur.de so erklärt:

> „Bei einem guten Gedicht gehen einem schlagartig Dinge auf, was man ja wirklich als Erleuchtung bezeichnen könnte – in einem viel profaneren Sinne. Aber gerade das Profane wird ja nicht ausgeschlossen in der Lyrik. Das Profane ist ja gerade das, was erleuchtet werden kann im Gedicht – was wiederum eine der wunderbaren Fähigkeiten ist von Lyrik, von Poesie, dass nämlich das vermeintlich Geringe, das leichthin Übersehene wieder zurückgeführt wird in den Zustand des Wunderbaren und mit Fug und Recht so gesehen wird, wie es gesehen werden muss, nämlich als ein besonderes Ding, als besondere Erscheinung."

Jan Wagners Lyrik ist eines der vielen Beispiele für den religiösen Trend, den wir in den letzten 25 Jahren in der Gegenwartsliteratur beobachten können. Trends konstituieren weder Genres noch Gruppen – und schon gar keine Epochen. Sie bezeichnen Entwicklungen, die sich von vorhergehenden Prozessen abheben und bestimmte Alleinmerkmale erkennen lassen. Nach den Seelenheilromanen der Nachkriegszeit (Hermann Broch, Elisabeth

Langgässer, Thomas Mann), nach der Politisierung und Subjektivierung der Literatur von den 1960er bis in die 1980er Jahre hat sie wieder einen religiösen Zug bekommen. Die religiös musikalische Literatur der Gegenwart erinnert an die Einsicht aus Aufklärung und Frühromantik, dass Menschen Religion machen und dass Kunst nach beiden Seiten hin offen ist, „hin zum Menschen und hin zur Idee der Transzendenz", wie Wolfgang Braungart schreibt (*Religion und Literatur in der Moderne*, 2016).

Dimensionen und *Orte* – so die Behelfskategorien, mit denen dieser Band das Thema ordnet – öffnen einen Raum, in dem Gott in die dichterische Sprache zurückkehren kann. Nicht aber als Stichwortgeber für eine Kunstreligion, die die verletzenden und heilenden, trennenden und umstülpenden Aufgaben der konfessionellen Religion übernehmen kann, auch nicht als quasi-religiöses Reflexionsobjekt, sondern sozusagen als „Gott in einer Nuß" (Christian Lehnert).

Das spielt auf die harte Schale der Religion an. Die ist nicht leicht zu knacken. Péter Esterházy (1950–2016) hat es immer wieder versucht. Etwa in dem postmodernen Evangelium *Die Markus-Version* (2016), das berichtet, was die Religion mit einem im stalinistischen Ungarn abgeschobenen Jungen anrichtet. Er lernt die Bibel aus den Geschichten der Großmutter kennen und macht sich seinen eigenen Reim auf den Humor Gottes und die Brüste der Nachbarin, auf den Reiz des stillen Gebets und die Attraktion des Bösen in einer Welt, die doch gut sein soll. Die Dichter haben, so sagt Esterházy in seinem letzten langen Gespräch *Die Flucht der Jahre* (2017), nicht darüber nachzudenken, „ob es Gott gibt oder nicht, sondern wie er ist." Es ist also die poetische Sprache, die religiöses Sprechen in der Literatur im 21. Jahrhundert überhaupt wieder glaubwürdig macht.

In Jan Wagners Gedicht *hamburg–berlin* ist es die Situation stillstehender Zeit, die den Sprecher am Ende auf „Gott" bringt. Der Zug hat ohne ersichtlichen Grund auf der Strecke gehalten, das Land liegt „still / wie ein bild vorm dritten schlag des auktionators", dann weitet sich der Blick auf „zwei windräder" „in der ferne", die ein neues Bild evozieren: Sie nehmen „eine probebohrung im himmel vor: / gott hält den atem an".

Zum religiösen Trend in der Gegenwartsliteratur

Haben diese Windräder wie hier im windstillen Niemandsland für einen Moment aufgehört, sich zu drehen? Etwa weil Gott den Atem angehalten hat? Man kann das Bild nicht wie ein Rätsel auflösen; was ein gutes Gedicht von einem Kriminalroman unterscheidet, ist, dass man diesen nur einmal mit Staunen liest, man sich über jenes immer wieder wundern kann. „Wenn man nicht ins Staunen kam", sagt Jan Wagner in seiner Münchner Rede *Der verschlossene Raum* (2012), „dann waren es nicht Baudelaire oder Benn, dann war es wie immer der Butler." Das Staunen liegt hier im Blick auf die Windräder. Es sind profane Gegenstände, die aber die Perspektive nach oben öffnen und den Betrachter innehalten lassen. Alles steht still. So wohl auch die Zeit? Man kann hier an Einstein denken, der Anfang des 20. Jahrhunderts im Berner Patentamt an der Synchronisierung der Schweizer Bahnhofsuhren arbeitete und erkannte, dass man, um Gleichzeitigkeiten wahrzunehmen, gar keine Uhren benötigt, sondern seine metaphysischen Antennen ausfahren muss. So entwickelt Wagners Gedicht einen „Gottesbeweis aus der verfehlten Gleichzeitigkeit" (Rüdiger Safranski).

Die Literatur unserer Zeit ist empfänglich für Themen und Motive, für Figurationen und Konstellationen aus religiösen Kontexten. Sie zeigt, auf welche Weise im „Botschaftsverkehr zwischen Oben und Unten" (Sibylle Lewitscharoff) das Sprechen der Offenbarung abgelöst worden ist durch die „fremdprophetischen" Stimmen der Literatur. „Gerade rituelle Praktiken, die sich häufig als säkularisierungsresistent erwiesen haben, finden in der Gegenwartsliteratur erhöhte Aufmerksamkeit", schreibt Jan-Heiner Tück in der *Neuen Zürcher Zeitung* (14.04.2016). In den Ruhrpott-Erzählungen von Ralf Rothmann, den Prosawerken von Ulrike Draesner und Petra Morsbach, den Berner und Zürcher Novellen Thomas Hürlimanns, in Romanen von Günter Grass und Martin Walser, in Gedichten Hilde Domins wird eine Sehnsucht nach dem laut, was der Welt der Tatsachen und Beweise überlegen ist. Sie hat eine „Himmelsrichtung": Ihr „Heimweh geht nach oben" (Arnold Stadler). Und mag auch die „Zeit der religiösen Visionen und Leidenschaften [...] lange vorbei sein", wie es in Dieter Wellershoffs Roman *Der Himmel ist kein Ort* (2009) heißt, so ist

Zum religiösen Trend in der Gegenwartsliteratur

dieses Heimweh doch ein gutes Zeichen für den Mut, mit dem die Gegenwartsliteratur ihre „Probebohrungen" dies- und jenseits unserer Erfahrungsräume vornimmt.

Die Beiträge sind entstanden aus unterschiedlichen Vortragsgelegenheiten an Universitäten, Akademien, Bildungseinrichtungen und aus Publikationen im Online-Portal des Borromäusvereins. Ein Ort des jeweiligen Erstdrucks ist in den Endnoten verzeichnet. Ich danke Stephan Weber vom Herder Verlag für sein ermunterndes Mitdenken an diesem Buch und Andreas Battlog, Chefredakteur der *Stimmen der Zeit,* für die stets offene Tür zu dieser ältesten katholischen Kulturzeitschrift Deutschlands (1865 begründet, von 1872 bis 1917 aus dem Deutschen Reich verbannt, 1941 von den Nazis aufgehoben, von 1946 bis 2017 monatlich erscheinend). Anregungen kamen von Wolfgang Braungart, Joachim Hake, Michaela Kopp-Marx, Rainer Nellessen, Susanna Schmidt. Mein Dank gilt Klaus Langen (für seinen Fingerzeig aufs Windrad). Und, abermals, Anja Kindling.

Dimensionen

Über Grenzen

Wie die Religion in die literarische Postmoderne kommt

Epochenzäsuren

Leslie Fiedlers Freiburger Vortrag „Cross the Border – close the Gap" aus dem Sommer 1968, der im gleichen Jahr in der Zeitschrift *Christ&Welt* und in dem Magazin *Playboy* abgedruckt wurde, ist nicht nur ein Portaldokument der Postmoderne, sondern setzt auch eine markante literaturgeschichtliche Zäsur. „1968" ist Chiffre für die Entkopplung von „hoher Kunst und Pop-Kunst", von Kunst und Kritik, von Künstler und Publikum – und auch für die Wiederannäherung von Literatur und Religion. Fiedler zufolge kann die Literatur, zu deren Modernität es gehörte, sich von jeder Konfessionalität mit Pathosallergie und Ironie abzugrenzen, unter den Bedingungen der Postmoderne wieder zu ihren religiösen Funktionen zurückfinden, wenn sie „prophetisch und universell" wird (Fiedler 1968).

Eine andere Zäsur, um die Gegenwartsliteratur als eigene Epoche mit wandelbarem Anfang und unabsehbarem Ende historisch einzuordnen, bildet das Jahr 2001. In seiner Rede zum Friedenspreis des Deutschen Buchhandels vertrat Jürgen Habermas in der Frankfurter Paulskirche die These, mit dem Attentat auf die New Yorker Twin Towers sei es zur Explosion der Spannungen zwischen der säkularisierten Gesellschaft und der Religion gekommen (Habermas 2001). Der Literaturbetrieb hat die Formel von der „Rückkehr der Religionen" (so der Titel eines Sonderhefts der Zeitschrift *Literaturen*, 2002) im neuen Jahrhundert dankbar quittiert, wenn auch der Blick auf die Makroepoche der deutschsprachigen Literatur nach 1945 eine erstaunlich kontinuierliche Präsenz von Religion und Gottesfrage, von christlichen Motiven und biblischen Figuren in der Literatur unter allerdings neuen Bedingungen zeigt (vgl. Zwanger 2007, Schmidinger 2000).

In diesem Sinne wird das „uneinheitliche und facettenreiche Bild" (Auerochs 2002) von Religion und Literatur an der Epochenschwelle zum 21. Jahrhundert zusehends geprägt von den Effekten der Globalisierung und der Interkulturalität. Die Literatur der Gegenwart geht über Grenzen; sie hat teil am interreligiösen Dialog und beschreibt den christlich-jüdisch-antiken Ort des europäischen Kulturerbes im Zeichen einer religiöser Offenheit, in der Papstbesuche (in Hans Ulrich Treichels Hochstaplerroman *Der Papst, dem ich gekannt habe*, 2007) und Klostererfahrungen (in Veronika Peters' Autobiographie *Was in zwei Koffer passt*, 2007) ebenso einen Platz haben wie in Kirchen lesende Dichter (vgl. den Sammelband *Dichter predigen in Schleswig-Holstein*, 1991), Umformungen der biblischen Geschichten (Michael Köhlmeiers *Geschichten von der Bibel*, 2000, Anne Webers *Im Anfang war*, 2000, Jutta Richters *Der Anfang von allem*, 2008) und Neuübertragungen der biblischen Psalmen in die Sprache unserer Zeit (Arnold Stadlers *„Die Menschen lügen. Alle" und andere Psalmen*, 1999, Saids *Psalmen*, 2007, und Uwe Kolbes *Psalmen*, 2017). Dadurch wird die Umkehrung der traditionellen Hierarchie bekräftigt. In der zeitgenössischen Literatur rangiert die Literatur vor der Religion, ohne sie je ganz ersetzen zu können.

Positionen der Forschung

Nach anfänglichen Berührungsängsten hat die Gegenwartsliteraturwissenschaft die Bedeutung von Religion für die Literatur anerkannt (Sorg/Würffel 1999, Pittrof 2002). Umgekehrt hat die Theologie schon in den 1980er Jahren starke Impulse für den interdisziplinären Dialog gegeben (Jens u.a. 1984), dessen Legitimität allerdings später auch angezweifelt wurde (Langenhorst 2005, Grözinger 2009). Doch so übereinstimmend Theologen und Germanisten das Religiöse in der Gegenwartsliteratur identifizieren mögen und von dem Religion und Literatur gemeinsamen „Privileg eines konkurrierenden Erlösungsversprechen" (Müller 2003) ausgehen, so unterschiedlich sind die jeweiligen Erkenntnisinteressen. Einer vorschnell vereinnahmenden „Theopoetik" der Dichtung (Kuschel 1997) ist die notwendige Differenzierung von ästhetischer und religiöser Erfahrung bzw. Kommunikation entgegenzusetzen (vgl. Braungart 2000). Systemtheoretisch bedeutet das: Während die religiöse Kommunikation Immanentes unter dem Aspekt der Transzendenz betrachtet (Luhmann 2000), so stellt ästhetische Kommunikation Transzendentes unter den Gesichtspunkt der Immanenz. Ein Beispiel dafür ist Sibylle Lewitscharoffs Roman *Blumenberg* (2011), in dem das Leben des gleichnamigen Philosophen zur nachmodernen Heiligenlegende verfremdet wird. Blumenbergs Begegnung mit einem leibhaftigen Löwen ist kein phänomenologischer Spuk, sondern macht als ein Wunder des Denkens das Attraktive und zugleich das Gefährliche an dem religiösen Geheimnis sichtbar.

Detering hat das Verhältnis von Religion und nachmoderner Literatur aus der Ausdifferenzierung voneinander unabhängiger, aber wechselseitig aufeinander bezogener Teilsysteme abgeleitet. Religion und ‚religiös musikalische' Gegenwartsliteratur, um Max Webers Formel aufzugreifen, teilen die Konzepte von erhabener Autorschaft und Textaura sowie den Anspruch auf metaphysischen Sinn (Detering 2007). Dabei kommt es entweder zu einer Kooperation – Kunst spricht für die Religion und in der Religion – oder zu einer Konkurrenz dieser Sinnstiftungssysteme – Kunst kritisiert oder ersetzt die Religion (Braungart 2005).

Literarische Bibelrezeption

Im Falle der Bibelrezeption, dem wohl auffälligsten Phänomen von Religiosität in der Gegenwartsliteratur, lässt sich diese Systematik nochmals differenzieren. Die Bibel, die seit Nietzsche ihre Leitfunktion als Dogma oder Gleichnis verloren und einen folgenreichen Autoritätssturz erlitten hat, ist für die Schriftsteller immer noch eine Fundgrube an Motiven, Themen und Konfigurationen. Besonders zeigt sich das an der ungebrochenen Faszination der Jesus-Figur in Literatur und Film (Kuschel 1997, Langenhorst 1998). Arnold Stadlers Roman *Salvatore* (2008) erzählt ausgehend von Pasolinis Film *Das 1. Evangelium – Matthäus* (1964) vom Erlösungsverlangen eines gescheiterten Theologen in einer unheilen Welt. Auch die biblischen Geschichten erfahren immer wieder Aktualisierungen und Umdeutungen. Hilde Domin revidiert die Erzählung von Kain und Abel im Zeichen eines an ihrer Exilerfahrung geschulten Humanismus (im Gedicht „Abel steh auf", 1968). Der letzte Roman des portugiesischen Nobelpreisträgers José Saramago, *Kain* (2009, dt. 2011), der 1991 den umstrittenen Roman *Das Evangelium nach Jesus Christus* vorlegte, versetzt den Brudermörder Kain, der Abel tötet, weil er Gott nicht töten kann, an die Tatorte des Alten Testaments. Kain ist Augenzeuge der Zerstörung von Sodom und Gomorrha, bringt Hiob die erste Hiobsbotschaft, aber fällt auch Abraham in den Arm, als dieser seinen Sohn opfern will.

Die Bibelrezeption in der Gegenwartsliteratur ist dabei existentiell oder ästhetisch motiviert (Braun 2006):

1. Existentiell motiviert ist die Bibelrezeption, wenn der Mensch mithilfe der Religion aus der immanenten Tragik seiner Situation herauszutreten versucht, die in den Erfahrungen von Nichtwissen inmitten der Datenexplosion des Informationswissens, im sinnlosen Leiden Unschuldiger im Zentrum moderner Hochkulturen, im Scheitern innerweltlicher Heilsutopien, in einem Weltethos ohne feste Glaubensgrundlage und in einer Untröstlichkeit besteht, die sich nicht mehr in Schönheit verwandeln lässt und das vorläufig letzte Kapitel im literarischen „Gedächtnis der Frömmigkeit" bildet (Frühwald 2007). Thomas Hürlimanns Roman *Der große Kater* (1998), 2009 verfilmt, eröffnet eine Trilogie (es folgten die Novelle *Fräulein Stark*, 2001, und der Roman *Vierzig Rosen*, 2006), in der das Katholisch-Religiöse als autobiographisch grundierter Teil der Schweizer Landesgeschichte inszeniert wird. An einem untröstlichen Familienschicksal aus den obersten politischen Etagen werden die Provokation der biblischen Abraham-Geschichte (Sohnesopfer, Suspension der Vernunft, Moralkonflikt) und die mediale Vorprägung religiöser Wahrnehmung vorgeführt. In den Modi von Transfiguration und Tragikomik wird Hürlimanns literarische Bibelrezeption zur existentiellen „Verhängnisforschung".

2. Ästhetisch motiviert ist die Bibelrezeption bei den Autoren, die ihr Sprechen über Gott als metaphorisch und poetisch verste-

hen wie Imre Kertész. Peter Handke stellt seit seinem Roman *Langsame Heimkehr* (1979) das dichterische Wort zusehends in den Dienst einer Weltfrömmigkeit, in der die Religion dem entwurzelten Wanderer eine mögliche neue Heimat bietet. An der Spitze dieser Resakralisierungsversuche der Gegenwartsliteratur steht Botho Strauß. In seinem Nachwort zu George Steiners Buch *Real presences* (1989) feiert er das Kunstwerk als „Mysterium" in seiner „theophanen Herrlichkeit" und „transzendentalen Nachbarschaft" (Strauß 1990). Diese Art der Bibelrezeption kann so weit gehen, dass die Literatur in den Rang einer Ersatzbibel erhoben wird.

Religion als Literatur: Walsers „Rechtfertigung"

Anders als Günter Grass hat sein Jahrgangsgenosse Martin Walser das Religiöse nicht ästhetisch überformt, sondern als Grundriss eines existentiellen Daseinsschmerzes beschrieben, der in der katholischen Kindheit am Bodensee wurzelt (so in dem autobiographischen Roman *Ein springender Brunnen*, 1998). „Ich glaube nicht, aber ich knie", bekannte der Autor im DLF-Interview vom 15.7.2011. Dieses Erzählen von Gott, der einem fehlt, hat Walser von der *Anselm Kristlein*-Trilogie (1960–1973) – über einen katholischen Abenteurer der Nachkriegszeit – und der Büchnerpreisrede aus dem Jahr 1981 bis zu dem Roman *Muttersohn* (2011) immer wieder praktiziert. So reklamiert er in dem Essay *Über Rechtfertigung* (2012) ein heute in einen Diskurs des Rechthabens abgesunkenes theologisches Thema für die moderne Literatur.

Repräsentativ für die Rolle von Religion in der Gegenwartsliteratur ist Walsers Novelle *Mein Jenseits* (2010). Während eine hilflose Literaturkritik das Thema – ein leitender Psychiater stiehlt (oder rettet) eine berühmte Reliquie und wird zum Patienten in der eigenen Klinik – unter den Stichworten von Spiritualität und Mystik abhandelte, war es die Theologie, die poetische Impulse in dem Buch entdeckte (Felder 2012), etwa die Ambivalenz von „Religionswörtern" oder die ästhetische Korrelation von Glauben und Wissen. Im Nachwort schreibt der Schriftstellerkollege (und studierte Theologe) Arnold Stadler: „Der Theologe will verstehen, und nicht irgendetwas. Der Schriftsteller weiß, dass es nichts zu wissen gibt. Und doch. Er will glauben können. Und glaubt."

Suche nach einer Wahrheit außerhalb der Religion

Grass hingegen setzt seine Figuren auch ohne „Eintrittskarten zum Himmelreich" auf die „Spötterbank", wie sein Biograph Dieter Stolz schreibt. Satire und Sensualismus sind die Mittel, um die Endlichkeit der Existenz zu überspielen und die allzumenschlichen Nöte erzählbar zu machen. Von daher ist der Sensualismus, abseits von Geschmacksfragen, nicht pornographisch, sondern gegen Moralfrömmelei gerichtet.

Deshalb ist Grass *Blechtrommel* (1959) kein Fall für Blasphemieparagraphenreiter. Der Roman, für den Grass 1999 den Nobelpreis erhielt, ist ein Buch der Suche nach einer anderen Wahrheit, nach einer Wahrheit außerhalb der Religion, einer Wahrheit der Kunst, die nicht totalitär ist, sondern ästhetisch. Auch hier duldet Grass' Weltbild christliche Motive allein im grenzenlosen Spiel der Kunst. „Wenn der Katholizismus nicht Hand in Hand daherkommt mit Fanatismus und Intoleranz, die eben gleichermaßen auch katholisch sind", so Günter Grass 1979 im Gespräch mit der französischen Autorin und Übersetzerin Nicole Casanova, „dann halte ich ihn für eine sehr lebbare, sehr phantasiereiche, sehr humane Form der Existenz".

Wer unter diesem entvölkerten Himmel einer unheilen Welt in Grass' Werken Themen und Motive aus dem katholischen Raum sucht, wird leicht fündig.

Einer Umfrage der Handy-Community „qep" zufolge, so berichtete die Tageszeitung *Die Welt* am 11.07.2008, ist in Deutschland Superman der beliebteste Held, in den USA hingegen Jesus Christus. Andrew Lloyd Webbers Rockoper *Jesus Christ Superstar* (1971) bietet eine ernste, Terry Jones' Film *Monty Python's Life of Brian* (1979) eine satirische Perspektive auf Leben und Passion Jesu. Monty Python zeigen uns überforderte Jünger, Pontius Pilatus als Schießbudenfigur und eine Jesus-Figur, die, nur weil die Heiligen Drei Könige an der falschen Krippe ankommen, andauernd mit dem echten Erlöser verwechselt wird. Gott als Superheld ist ins Komödienfach gerutscht. Und umgekehrt haben die Helden ihre göttlichen Qualitäten eingebüßt. Sie sind nicht mehr das, was sie einmal waren: außergewöhnliche Akteure mit edler Absicht, Grenzüberschreiter im Alleingang, von der Mitwelt verkannt oder bewundert, von der Nachwelt gerühmt. Aus dem klassischen Helden, der Kriege gewann, sogar Götter bezwang und dabei Tatkraft (wie Achill) wie auch Klugheit (wie (Odysseus) bewies, ist längst ein gewöhnlicher Bürger geworden, verwundbar und fehlbar, oft genug mit zwei Gesichtern. Die 1939 auf den Markt gekommene Comic-Figur *Batman* ist der Prototyp dieser zwielichtigen Helden. Christopher Nolans Batman-Filme (2005, 2008, 2012) inszenieren einen gelangweilten Millionär, der den Glauben an Gott und Weltsinn verloren hat, aber nicht aufhört, im Superfledermauskostüm die gefallene Welt vor ihrem selbstverschuldeten Untergang zu retten, auch mit unlauteren Mitteln.

Wie heroisch aber kann ein todkranker Teenager sein, kein strahlender Held, sondern ein bestrahlter Vierzehnjähriger, ein „Tschernobyl auf zwei Beinen"? Man könnte eine solche Geschichte als Melodram erzählen, als Opfer-Tragödie, oder als Mutmacher-Geschichte. Das erspart Anthony McCarten seiner Figur in dem Roman *Superhero*, der 2005 auf Englisch, 2007 in deutscher Übersetzung erschien und „Buch der Stadt Köln 2017" war. Es ist die ungewöhnliche Story eines sterbenskranken Lebenskünstlers, das Porträt einer Jugend ohne Zukunft, ein mit dem Todesurteil des Helden unterschriebenes „Handbuch des Lebens", wie der Autor im Gespräch mit Martin Oehlen im *Kölner Stadt-Anzeiger* vom 11.11.2017 sagte.

Dieses Handbuch hat einen bemerkenswerten Bauplan. McCarten ist Theaterautor und Drehbuchschreiber. Er weiß, wie man vom Leiden ohne Pathos erzählen kann. So kommt eine Heldenreise unter umgekehrten Vorzeichen zustande. Joseph Campbells berühmtes Buch *The Hero with a Thousand Faces* (1949), aus dem Hollywood lernte, wie man gute Drehbücher schreibt, erzählt diese Reise des Helden in drei Schritten: Aufbruch – Initiation – Rückkehr. Es gibt dabei feste Figuren, der Held hat stets einen Mentor, der ihn anstößt, und einen Widersacher, der ihn um jeden Preis vernichten will. Der Held macht leidvolle Schwellenerfahrungen, besteht Prüfungen und kehrt am Ende als neuer Mensch in die „Freiheit des Lebens" zurück. Dieses Schema ist universell. Es gilt für Abenteuergeschichten aller Art, vom *Dschungelbuch* bis zu *Harry Potter*.

Donald Delp, McCartens Held, bricht auf, aber sein Widersacher ist kein besiegbarer Mensch, sondern der unsichtbare Krebs, der von seiner Mutter, einer Kummerexpertin studiert, von seinem Bruder ignoriert, von den Ärzten versachlicht wird, ein Monstrum oder der „König aller Krankheiten", wie der Harvard-Mediziner Siddharta Mukherrjee meint. Schwellen überschreitet Donald bei seinem kurzen Kampf auch, aber es sind keine Schranken zwischen Krankheit und Gesundheit, sondern fließende Grenzen zwischen Phantasie und Realität, zwischen Kindheit und Erwachsenenalter, zwischen Eros und Tod, die zu überwinden es besonderen Geschicks und eigener Kräfte bedarf. Donald schöpft sie aus seiner Begabung fürs Geschichtenerfinden und Comic-Zeichnen. Und aus der Begegnung mit dem Psychologen Adrian King, der zweiten Hauptfigur des Romans, der sich um die „Unglücklichen, die Fehlerhaften, die dauerhaft Geschädigten" kümmert. Er ist Donalds Mentor und Herold ..., der keine Therapie für den Jungen hat, aber dafür eine ungeheuer unorthodoxe Idee, die ihn später den Job kosten wird: Er entführt Donald aus dem Krankenhaus und initiiert für ihn einen Termin mit der russischen Edelprostituierten Tanya.

Natürlich kommt es dabei anders, als jeder denkt. Donald wird Tanya zeichnen und eine für ihn passende Erklärung der menschlichen Sexualität bekommen. Er wird dann, bevor er stirbt, ein letztes Mal ausreißen und ein Rendezvous mit seiner Jugendliebe Shelly haben, bei Burger King. Seine Rückkehr ins Krankenhaus ist sein Tod. Also bricht seine Heldenreise ab, bevor sie erst richtig anfangen kann?

Nein. Und darin liegt, beruhend auf dem genialen Bauplan, der zweite technische Kniff des Romans. Donald hat einen Superhelden namens Miracle Man erfunden. Eine Kopfgeburt, aber was für eine. Er hat etwas von Superman, dem ersten, immer noch erfolgreichsten und beliebtesten Comic-Helden, der 1938, nach der Großen Depression und vor dem Weltkriegsbeginn, auf den amerikanischen Markt kam und noch 1959 mit 26 Millionen verkauften Heften pro Nummer die Welt eroberte. Aber mindestens genau so viel von Batman, dem gefallenen, zweideutigen, düsteren Superheros aus Gotham City, der weiß, dass man als Held sterben muss – oder so lange leben, bis man böse wird.

Wunsch nach Sterblichkeit

Es ist der Wunsch nach Sterblichkeit, der Donalds Superhelden so sympathisch macht. Er hat zwar übermenschliche Kräfte, kann fliegen und in letzter Minute Katastrophen vereiteln. Aber er ist verwundbar, außen wie innen. Auf diese Weise ist Miracle Man ein Spiegelbild von Donalds sterbenselendem Lebenswillen, ein Superheld, der sterben will und sterben muss, um ein richtiges Leben gelebt zu haben. Das klingt paradox und ist doch stimmig im Roman, der sich damit auf eine andere Ebene hievt: auf das Erzählen in anderen Medien und mit anderen Medien, so wie es Donald mit iPod, Comics und Filmen praktiziert.

Es ist ein gnädiger, fast gottgleicher Regisseur, der hier die intermedialen Fäden zieht. Am Anfang zeigt er uns Donald in einem religiösen Raum. Donald ist beim Sonntagsgottesdienst, aber mit seinen Gedanken woanders. Er schaut sich nach seinem „Traummädchen" um. Doch die kreuzigt ihn mit ihren Blicken. Donald betet. Und stellt die Golgotha-Frage „Gott, wo bist du?" – inbrünstiger als alle anderen in der Kirche. Es ist ein undogmatischer Ruf *de profundis*. Mit der Auferstehungshoffung im Kirchenlied *„Mag der Tod auch schrecken / Gott wird uns erwecken"* kann Donald nichts anfangen. Dagegen setzt er seinen Wunsch, Gott möge ihm ein solches „Erwecken" ersparen.

Als Donald im Krankenhaus stirbt, lässt dieser Erzähler einen „kosmischen Wind" durchs Zimmer fahren, der Donalds Zeichnungen zerfetzt. Das ist ein Fingerzeig auf die biblische Passion. Die Evangelien berichten vom zerrissenen Tempelvorhang nach Jesu Tod (Matthäus 27,51). Auch an Donalds Grab spart der Erzähler nicht mit religiösen Hinweisen. Adrian besucht das Urnengrab seines Schützlings und wundert sich, dass auf der Messingplatte kein Grabspruch steht, nur der Name des Toten und dass er ein geliebter Sohn und Bruder war. Passen würde, denkt sich Adrian: *„Hier liegt Donald F. Delpe. Wer hätte das gedacht."* Mit diesem Satz endet auch McCartens Roman: „Abblende. Ende. Wer hätte das gedacht." Das Requiem auf das tote Kind wird so zu einem ironischen Heldenbekenntnis, das sich in den Comicszenen mit Miracle Man spiegelt.

Und hier, in den Comic- und Film-Dialogen des Romans, geht McCartens Bauplan vollends auf. Er erzählt drehbuchreif, mit schnellen Schnitten, Cliffhangern, Perspektiv- und Szenenwechseln, Regieanweisungen, mit Licht- und Schatteneinfällen, mit drastischen und klassischen Worten, mit Ernst und einem Witz, der ‚Tumor' auf ‚Humor' reimt, auch und gerade wenn das einen anderen Akzent hat. Donalds Heroismus ist eben nicht der „gute Wille zum absoluten Selbstuntergang" (Nietzsche) und auch kein Trotz-Habitus gegen einen unbesiegbaren inneren Feind. Es ist die reine Lust am Fabulieren, an einem lebenslustigen und todesbewussten Erfinden und Erzählen, das den Tod bannen kann, zumindest für eine Zeit lang. Heilsam muss das nicht sein, tröstlich auch nicht unbedingt, aber hilfreich zum Verstehen der neuen Leiden des jungen Donald, der sich selbst mehrfach als „Titan" bezeichnet. Und Titanen waren ja gefallene und fehlbare Helden, von Prometheus bis Batman. Vielleicht auch „Ganz normale Helden" wie in McCartens gleichnamigem Fortsetzungsroman.

Religion im Kinder- und Jugendroman

„Ich gönne mir das Wort Gott": Das Bekenntnis des hessischen Schriftstellers Andreas Maier aus dem Jahr 2005 ist programmatisch für die Renaissance des Religiösen in der Gegenwartsliteratur. Daran hat, nach einer Vorblüte um 1980, verstärkt auch die jüngere Kinder- und Jugendbuchliteratur Anteil. Der Augsburger Theologe und Religionspädagoge Georg Langenhorst zieht in dem von ihm betreuten Sammelband eine ermutigende Zwischenbilanz. Sie dokumentiert erstens: Gott ist quasi-verwandelt in die Kinder- und Jugendbuchliteratur zurückgekehrt, nicht als Botschaftsträger oder unantastbarer Weltenherrscher, sondern als befragbare und fragende Instanz, die außerhalb von uns steht.

Zweitens: Religion ist nicht mehr in die Kirche eingesperrt, sie greift nicht mehr an, sondern ist Stoff, Motiv oder wenigstens Denkanstoß in literarischen Geschichten. Und drittens: Die Beschäftigung mit den einschlägigen Büchern von Catherine Clément (*Theos Reise*, 1997), Cornelia Funke (*Der verlorene Engel*, 2009), Jostein Gaarder (*Sofies Welt*, 1991), Ulrich Hub (*An der Arche um Acht*, 2007), Mirjam Pressler (*Nathan und seine Kinder*, 2009), Jutta Richter (*Der Hund mit dem gelben Herzen ...*, 1998) und Yann Martel (*Schiffbruch mit Tiger*, 2003) vernetzt Leser- und Forscherinteressen. In diesem Schnittfeld von Didaktik, Pädagogik und Wissenschaft leistet der Sammelband gründliche Vorarbeiten zur weiteren Feldvermessung, z.B. durch die Kategorisierung des Religiösen in der Literatur (nach Magda Motté: „ethisch-existentielle Ebene", „transzendental-religiöse Dimension", „christliche Botschaft"). Laut Shell-Studie (2006) kann jeder 2. Jugendliche als religiös bezeichnet werden; da ist ein solcher Sammelband eine Fundgrube für den literarischen Dialog mit den Religionen.

Literatur im Dialog der Religionen

Am 14. Februar 1989, einem Valentinstag, wurde das Leben von Salman Rushdie ein anderes. Über den 1947 in Bombay geborenen und 1965 nach England gekommenen Autor des Romans *Die satanischen Verse* (1988) kam die Fatwa. Für Rushdie begannen Jahre der Isolation. Personenschutz, Sicherheitsprogramm, Abschirmung von der Außenwelt, ständige Aufenthaltswechsel bestimmten die äußeren Bedingungen. Der Autor selbst wurde zu einer Schattenfigur namens Joseph Anton (der Schutzname ist eine Hommage an seine Lieblingsautoren Conrad und Tschechow), die sich inmitten des verfolgten Lebens immer wieder ihres eigentlichen Schreibberufs versichern muss. Erstaunlicherweise gelingt das. Salman Rushdie erzählt, aus der Distanz der dritten Person, minutiös die Vorgeschichte der Fatwa, die sich mit Demonstrationen, Buchverboten in Indien und Südafrika und einer Bücherverbrennung in Bradford ankündigte, und erspart dem Leser kaum ein Detail der langen Nachgeschichte. Ein Übersetzer in Japan wurde ermordet, es gab Anschläge und erneute Todesdrohungen.

Zum religiösen Trend in der Gegenwartsliteratur

Fast ein Wunder, dass der Autor das Lebensvertrauen nicht verlor und später auch wieder öffentliche Auftritte wahrnahm. Er sprach mit Günter Grass, besuchte Wallraff, saß neben Prinzessin Diana in der Oper und wurde von der Rockgruppe U2 auf die Bühne gebeten. Rushdies Autobiographie *Joseph Anton* (2012) erzählt vom gefährlichen Ruhm eines „Meinungsfreiheits-Märtyrers" und „erklärten Gottlosen", der nicht aufhören kann, über Gott und Religion zu schreiben

„Nur wer Hafis liebt und kennt,/Weiß, was Calderon gesungen": Die Dichtung ist für Goethe im *West-östlichen Divan* (1819) Grundvoraussetzung für den Dialog zwischen Abendland und Morgenland. In diesem Geiste der respektvollen Annäherung und des kulturellen Austauschs hat Said seine *West-östlichen Betrachtungen* geschrieben. Said ist ein klassischer Wanderer zwischen den Welten. 1947 geboren, ist er in einer liberalen Familie in Teheran aufgewachsen. Mit 17 Jahren kam er nach München, wo er heute lebt. Der Dichter Said versteht sich als „pilgrim und bürger", der für einen verantwortungsvollen Gebrauch der abendländischen Freiheit und für einen „aufrichtigen und ständigen dialog mit dem andersdenkenden" wirbt. Der deutschen Sprache – als „sprache der freiheit" (in konsequent-demutsvoller Kleinschreibung) – und der Tradition der persischen Dichtung gehört eine fast zärtlich zu nennende Liebe. Der Dichter Hafis hat ihn – wie seinerzeit Goethe – zu klugen Gedanken über das Gespräch der Kulturen inspiriert. Es geht um Heimat und Exil, Fortgehen und Zurückkehren, um Erinnerungen an seine orientalische Kindheit, um die einfühlsame Lektüre der Divan-Gedichte Goethes und um ein Bekenntnis zur abendländischen Demokratie, das kritisch genug ist, ein Europa zu tadeln, „immer sieger, nie aber freund" sein will. Das Kapitel „ich, jesus von nazareth" fällt dabei etwas aus dem Rahmen, weil es das nichtkonforme Bild eines Apostels der Gerechtigkeit entwirft, der Liebe und zugleich Aufstand gepredigt hat. Im „Niemandsland" zwischen den Kulturen herrscht für Said kein Krieg, sondern die Kultur. Sie sorgt für Verständigung, ermöglicht Toleranz und führt im geglückten Fall zur Anerkennung des Anderen in seiner Andersheit.

Über Grenzen

Der autobiographisch geprägte Debütroman der 1987 in Kabul geborenen Schriftstellerin Mariam Kühsel-Hussaini spielt in einem Afghanistan, das es nicht mehr gibt, in den späten 1950er Jahren, als der junge Berliner Kunsthistoriker Jakob Benta als Gast in dem Hause von Sayed Da'ud Hussaini aufgenommen wird, dem berühmten Kalligraphen des letzten afghanischen Königs. Der Gast in der Fremde erfährt die untergegangene große Kultur der Afghanen als etwas Nahes und zugleich Fernes, die Tisch-, Kleidungs- und Familiensitten, Schrift- und Redekultur umfasst. Besonders die Kunst der Handschrift, die in sich die „Kontinuität eines ganzen Zeitalters" trägt und im künstlerischsten aller Fälle sogar eine Koransure auf ein Reiskorn bannen kann, sowie die singenden, empfindsamen Gedichte von Sayed Rafat Hussaini werden ausführlich beschrieben, und das in einer ungeheuer bildprägnanten und bedeutungsreichen, feinsinnigen Sprache, die den Roman zu einem ganz besonderen Lesegeschenk macht. Denn es ist die mit dem Blick aus dem Orient angereicherte deutsche Sprache, in der die Autorin über ihr Herkunftsland und ihre Familiengeschichte schreibt. Am Ende, es ist das Jahr 1979 oder später, sind sowjetische Soldaten in der Stadt, am Gurt Handgranaten, über die Schultern Kalaschnikows, ein Enkel des königlichen Kalligraphen wird erschossen, es gibt dafür „kein Gebet und kein Gedicht"; die Familie geht ins indische Exil. Was bleibt, ist sind die wunderbaren und manchmal schauderhaft-schönen Zwischenwelterzählungen Kühsel-Hussaini, der „Tochter beider Epen", des Okzidents und des Orients.

Literatur

Braun, Michael: Die deutsche Gegenwartsliteratur. Eine Einführung. Köln u. a. 2010.
Braun, Michael: Zur Renaissance biblischer Figuren bei Patrick Roth und Thomas Hürlimann. In: Volker Kapp und Dorothea Scholl (Hrsg.): Bibeldichtung. Berlin 2006, S. 451–470.
Braungart, Wolfgang und Manfred Koch (Hrsg.): Ästhetische und religiöse Erfahrungen der Jahrhundertwenden. Bd. III: um 2000. Paderborn u. a. 2000.
Braungart, Wolfgang: Literaturwissenschaft und Theologie. In: Schreiben ist Totenerweckung. Theologie und Literatur. Hrsg. von Erich Garhammer und Georg Langenhorst. Würzburg 2005, S. 43–69.
Braungart, Wolfgang: Literatur und Religion in der Moderne. Studien. Paderborn 2016.
Detering, Heinrich: „Religion". In: Handbuch der Literaturwissenschaft. Bd. 1. Hrsg. von Thomas Anz. Stuttgart/Weimar 2007, S. 382–395.
Felder, Michael (Hrsg.): Mein Jenseits. Gespräche über Martin Walsers „Mein Jenseits". Berlin 2012.
Frühwald, Wolfgang: Das Gedächtnis der Frömmigkeit. Religion, Kirche und Literatur in Deutschland vom Barock bis zur Gegenwart. Frankfurt a. M. 2008.
Garhammer, Erich: Zweifel im Dienst der Hoffnung. Poesie und Theologie. Würzburg 2011.
Gellner, Christoph: Schriftsteller lesen die Bibel. Die Heilige Schrift in der Literatur des 20. Jahrhunderts. Darmstadt 2004.
Graf, Friedrich Wilhelm: „Götter global". Wie die Welt zum Supermarkt der Religionen wird. München 2014.
Grözinger, Albrecht u. a. (Hrsg.): Religion und Gegenwartsliteratur. Spielarten einer Liaison. Würzburg 2009.
Habermas, Jürgen: Glauben und Wissen. Frankfurt a. M. 2001.
Hess-Lüttich, Ernest W.B. (Hrsg.): Der Gott der Anderen. Interkulturelle Transformationen religiöser Traditionen. Frankfurt a. M. 2009. (Cross Cultural Communication Vol. 15).
Jens, Walter, Hans Küng und Karl-Josef Kuschel (Hrsg.): Theologie und Literatur. Zum Stand des Dialogs. München 1986.
Koopmann, Helmut und Wilfried Woesler, Wilfried (Hrsg.): Literatur und Religion. Freiburg 1984.
Kopp-Marx, Michaela und Georg Langenhorst (Hrsg.): Die Wiederentdeckung der Bibel bei Patrick Roth. Von der „Christus-Trilogie" bis „SUNRISE. Das Buch Joseph". Göttingen 2014.
Kuschel, Karl-Josef: Im Spiegel der Dichter. Mensch, Gott und Jesus in der Literatur des 20. Jahrhunderts. Düsseldorf 1997.
Langenhorst, Georg: Jesus ging nach Hollywood. Die Wiederentdeckung Jesu in Literatur und Film der Gegenwart. Düsseldorf 1998.
Langenhorst, Georg: Theologie und Literatur. Ein Handbuch. Darmstadt 2005.

Langenhorst, Georg (Hrsg.): Gestatten: Gott! Religion in der Kinder- und Jugendliteratur der Gegenwart. München 2011.

Luhmann, Niklas: Die Religion der Gesellschaft. Hrsg. von André Kieserling. Frankfurt a.M. 2000.

Müller, Ernst: „Religion". In: Ästhetische Grundbegriffe. Bd. 5. Hrsg. von Karl-Heinz Barck u.a. Stuttgart und Weimar 2003, S. 227–264.

Pittrof, Thomas: „Kontexte der Gottesfrage" – in germanistischer Perspektive. In: Literaturwissenschaftliches Jahrbuch 43 (2002), S. 391–400.

Said: Das Niemandsland ist unseres. West-östliche Betrachtungen. München 2010.

Schmidinger, Heinrich (Hrsg.): Die Bibel in der deutschsprachigen Literatur des 20. Jahrhunderts. Band 1: Formen und Motive. Band 2: Personen und Figuren. Mainz 1999. 2. Aufl. 2000.

Schöpflin, Kathrin: Die Bibel in der Weltliteratur. Tübingen 2011.

Sorg, Reto/Würffel, Stefan Bodo (Hrsg.): Gott und Götze in der Literatur der Moderne. München 1999.

Zwanger, Helmut (Hrsg.): Gott im Gedicht. Eine Anthologie von 1945 bis heute. Tübingen 2007.

Bruchstücke einer Konfession

Georg Büchners bürgerliche Religion*

Büchners Werke sind Zeugnisse des 19. Jahrhunderts und ragen doch weit über den Horizont seiner Zeit hinaus. Nur schwer lässt sich dieser unklassische Klassiker, entlaufene Romantiker und poetische Realist einordnen. Und doch steht er so fest inmitten des Lese-, Schul- und Forschungskanons, dass es niemand wagt, an seinem Rang und seiner Bedeutung für die Moderne zu rütteln. Über Büchner, so heißt es im Online-Portal „Büchner 12/13" anlässlich der aktuellen Gedenkjahre, „spricht man in Superlativen".[1] Das wird auch öffentlich sichtbar. Der bedeutendste Literaturpreis im deutschsprachigen Raum trägt seinen Namen;[2] 2017 erhielt ihn der Lyriker Jan Wagner.

Wer war dieser 1813 geborene und 1837 gestorbene Autor bahnbrechender Werke, der es in seinem kurzen Leben zum Privatdozenten der Anatomie an der Universität Zürich brachte? Der 1834 mit dem politischen Manifest *Der Hessische Landbote* die Staatsgewalt aufschreckte und mit dem 1835 veröffentlichten Revolutionsdrama *Danton's Tod* am Gewissen der europäischen Aufklärung rüttelte. Der mit dem Lustspiel *Leonce und Lena* (Journaldruck 1838) die Romantik auf den Kopf stellte, mit *Lenz* (erstpubliziert 1839) die erste psychologische Novelle und mit *Woyzeck* (postum 1879 erschienen) die erste Arbeitertragödie der deutschen Literatur schrieb.

Gute Antworten darauf findet man in der Büchner-Biographie des Mainzer Germanisten Hermann Kurzke. Auf sechshundert Seiten hat er eine schlüssige, nur selten ins Spekulative schießende These im Umlauf gesetzt, die These vom religiösen Dichter.[3] Der Autor sei, argumentiert Kurzke gegen die materialistische Büchner-Forschung, weltfromm und religionsskeptisch gewesen, aber eben nicht „als Atheist gestorben".[4] Es spricht einiges dafür, dass man mit diesem Büchner noch nicht fertig ist, der die christliche Religion verbürgerlichte und die ‚religiös musikalischen'

Elemente des Bürgertums seiner Zeit zum Klingen brachte. Von den Dichtern des Jungen Deutschland war er durch seine Zweifel an der Wirksamkeit der „Tagesliteratur" getrennt (313). Umso mehr zählt er als bürgerlicher Anders- und Querdenker, der die „Menschen- und Bürgerrechte" (45) als gottgegebene Grundrechte zu verteidigen wusste, in welche die Regierung nicht eingreifen darf, weil sie nicht „von Gott" ist (51). „Aus Verrat und Meineid", heißt es im *Landboten*, „und nicht *aus der Wahl des Volkes* ist die Gewalt der deutschen Fürsten hervorgegangen, und darum ist ihr Wesen und Tun von Gott verflucht" (51f.).

Mit solchen Worten las der religiöse Büchner seiner Zeit die Leviten, und zwar mit ihrer eigenen, aus Bibeldiktion und Revolutionsgeist merkwürdig gemischten Sprache. Sein (protestantisches) Christentum verleugnete er dabei nicht. Er schätzte dessen volkstümliche und liturgische Grundzüge, er liebte Gebete und Kirchenlieder. Büchner wollte die Religion – wie die Geschichte – so „zeigen wie sie ist", „nicht wie sie sein solle" (306). So liest Büchner die bürgerliche Seele wie ein Geschichtsbuch und wie ein Evangelium zugleich – beides aber unter negativen Vorzeichen. Denn die Geschichte ist für Büchners Figuren ein unvollendetes und unvollendbares Projekt, sie leiden an einem Gott, den sie nicht mehr verstehen. Es fehlt die Aussicht auf Erlösung.

Folgen des Geniemythos

Büchners immense Produktivität hat den Mythos vom Himmelsstürmer und Höhenflieger beflügelt, der jung gestorben ist und daher „seine politische Unschuld nicht an die Geschichte verlieren" konnte.[5] Büchner wurde zum Maßstab der literarischen Moderne. „Er galt als Frühsozialist, Frühnaturalist, Frühexpressionist, er wurde als Nihilist gehandelt, er wurde als ‚heroischer Pessimist' in die Nietzsche-Rezeption eingereiht, er erschien in der Nazizeit als geistiger Führer eines deutschen (im Sinne von: nicht jüdischen) Sozialismus geeignet", summiert Hermann Kurzke.[6]

Auch nach 1945 wurde Büchner immer wieder zum Vorsprecher politischer und ästhetischer Ideen erkoren. Im Wendejahr 1989 adelte Walter Jens Büchner gar als „Kronanwalt der Perestroika".[7] Über den politischen Büchner haben sich Erich Fried (1987 radikal-bekenntnishaft),[8] Peter Rühmkorf (1993 ungleich differenzierter)[9] und zuletzt Michael Kleeberg (2013 sehr skeptisch)[10] geäußert. Von Botho Strauß ist Büchner als „Erfinder der Verstörungsliteratur",[11] von Durs Grünbein als anatomischer Dichter entdeckt worden, der „seine Prinzipien der Physiologie abgewinnt wie andere vor ihm der Religion oder der Ethik".[12]

Diese Rezeption lehrt, was aus Büchner gemacht wurde, nicht, wer er war. Von den Lebenszeugnissen darf man hier nur begrenzt Auskunft erwarten. Knapp 100 Briefe von Büchner sind überliefert, verfasst meist im Schatten der Zensur; dreimal soviel, vermutet die Forschung, hat er insgesamt geschrieben.[13] Ein Tagebuch wurde vernichtet, ebenso wie Büchners Entwurf zum *Landboten* und interne Papiere der von ihm mitbegründeten oberhessischen „Gesellschaft für Menschenrechte".[14] Es gibt einen Stahlstich und eine Bleistiftzeichnung. Sie zeigen einen jungen Mann mit Oberlippenbart, blondem Lockenkopf und gewölbter Stirn. Dazu kann man sich die kräftige, schlanke Statur denken, mit der der Steckbrief der hessischen Regierung am 13. Juni 1835 den landesflüchtigen Büchner beschrieb.

Aber auch dieses Porträt half im Büchnerjahr 2013 nicht wirklich weiter. Dann schon eher Franz Hodjaks lyrische *Variation auf ein Thema von Büchner* aus dem Jahr 1982:

ist friede in den hütten,
ist friede in den palästen –
amen.[15]

Das aus der Französischen Revolution stammende und den *Hessischen Landboten* eröffnende, von Hodjak im zweiten Teil folgenreich abgeänderte Zitat „Friede den Hütten! Krieg den Palästen!" (41) kann man auf ganz verschiedene Weise lesen. Als Feststellung einer klassenlos befriedeten Gesellschaft klingt es banal. Als caritative Ermahnung der Herrschenden, für Frieden im Volk zu sorgen, bleibt es ein frommer Wunsch. Vielleicht lässt uns das Gedicht aber auch an das selbstzufriedene Resümee eines Securitate-Täters nach beendetem Tagewerk denken.[16] Jedenfalls hat die Religion das letzte Wort. Mit dem wunschweisen „Amen" endet auch *Der Hessische Landbote* (65).

Zum religiösen Trend in der Gegenwartsliteratur

Bürgerliche Herkunft

Büchner wurde am 17. Oktober 1813 geboren, an einem Sonntag. Die tags zuvor ausgebrochene Leipziger Völkerschlacht ruhte. Die welthistorische Signatur der Geburtsstunde sollte aber nicht über die soziale und nationale Misere in Deutschland hinwegtäuschen. Büchners Geburtsort Goddelau war ein kleines Bauerndorf im Hessischen, dessen Einwohner von Viehzucht und Torfstechen lebten. Die Armut zog weite Kreise, die allgemeine Lebenserwartung lag bei 45 Jahren, der vierte Stand litt an hoher Kindersterblichkeit, der Arbeitstag dauerte für die Hälfte der Erwerbsbevölkerung 12 bis 18 Stunden, Hunger und landesherrliche Ausbeutung waren an der Tagesordnung. „Unser Leben ist der Mord durch Arbeit", heißt es im *Landboten*. Zugleich war das soziale Elend ein Teil der deutschen Misere. Heine sah Deutschland schnarchen „in sanfter Hut/von sechsunddreißig Monarchen".[17] Büchner lässt keine Gelegenheit aus, diese Kleinstaaterei zu verspotten. In *Leonce und Lena* meldet der Bedienstete auf Geheiß des Königs, er solle sein Reich beobachten, einen durchs Reich streunenden „Hund, der seinen Herrn sucht" (184).

Büchners Vater Ernst entstammte einer alten Wundarztfamilie protestantischer Konfession. Er war ein bürgerlicher Akademiker und ein eifriger Leser medizinischer Fachzeitschriften. Die Berichte über den Kriminalfall des Soldaten Johann Christian Woyzeck, der 1821 seine Geliebte erstach und drei Jahre später hingerichtet wurde, hat Georg Büchner wahrscheinlich der Bibliothek des Vaters entnommen. Mit beflissenem Ernst dokumentierte der Chirurg Ernst Büchner Selbstentmannungen und Selbstmordversuche mit Stecknadeln. Im Winter 1836 sandte er seinem Sohn Georg ein Bücherpaket nach Zürich, darin auch die „Nadelgeschichte" mit dem Hinweis: „Vielleicht kannst Du Deinen Schülern gelegentlich eine Erzählung davon machen."[18] Ob der Sohn daran dachte, als er seinen *Woyzeck* in Zürich an den menschenunwürdigen Experimenten der Medizin leiden ließ?

1812 wurde Büchners Vater Großherzoglicher Distriktarzt. Er nahm Caroline Reuß zu Frau, die Tochter eines Kammerrats und Klinikdirektors. Die Heirat nach oben erleichterte den bürgerlichen Aufstieg. 1816 wurde der Vater als Stadt- und Amtsarzt nach Darmstadt versetzt. „Pensionopolis" nannte Büchners jüngster Bruder Alexander, der wie die Mehrzahl seiner fünf Geschwister später öffentliche Karriere machen sollte, die hessische Residenzstadt, in der jeder fünfte beim Militär, jeder zweite als Beamter diente. „Geht einmal nach Darmstadt und seht, wie die Herren sich für euer Geld dort lustig machen, und erzählt dann euren hungernden Weibern und Kindern, dass ihr Brod an fremden Bäuchen herrlich angeschlagen sei", höhnt der *Landbote* (50). Für Büchners Bildungsweg war das Darmstädter Großherzogliche Gymnasium jedenfalls ein Glück. Er las Homer, Goethe, Jean Paul und Shakespeare, der durch die Schlegel-Tiecksche Übersetzung damals als schulbildender deutscher Dichter galt. Kein Wunder, dass aus dem Zensurspiegel des Abgangszeugnisses Deutsch und Religion hervorragten.

Von Straßburg nach Gießen

Als Büchner nach Straßburg kam, um auf Anraten des Vaters Medizin zu studieren, war die Aristokratie gestürzt. Das erstarkte Bürgertum empfing am 4. Dezember 1831 den polnischen Freiheitskämpfer General Ramorino mit einem begeisterten Demonstrationszug. Büchner marschierte an der Spitze der Studenten mit, überrannte die Stadtwache, sang die Marseillaise, kommentierte aber die Rufe nach Freiheit und nach Abschaffung des *juste milieu* recht skeptisch. „Der König und die Kammern regieren, und das Volk klatscht und bezahlt" (277). Ein Königsmörder war Büchner ebenso wenig wie ein antibürgerlicher Barrikadenstürmer. Unkontrollierte Tragik und unfreiwillige Komik waren die „andere Seite der Wahrheit" der Revolution.[19] Schon früh hatte Büchner die Verhältnisse seiner Zeit als „Komödie" (271, 277) begriffen.

Während die liberale Bewegung durch die Zensurbeschlüsse des Frankfurter Bundestages erlahmte, absolvierte Büchner einen Schnellkurs als bürgerlicher Revolutionär. Er fand Eingang in die französische „Gesellschaft der Menschenrechte", ein Sammelbecken politischer Oppositionsströmungen. Doch hinter den Kraftparolen von „französischer Gewitterluft" und „ewigem Gewaltzustand" verbirgt sich eine empfindsame religiöse Seele. Büchner lehnte die „buntscheckigen Pfaffen" ab, liebte freilich Orgelspiel und Chorgesang (277f.). Wir können uns vorstellen, wie er aus dem Anatomiesaal ins Straßburger Münster ging, ein Vorfahre des Dichterarztes Gottfried Benn, der sich in einem Gedicht von 1913 als „arme(n) Hirnhund, schwer mit Gott behangen" sah.[20]

Am liebsten verkehrte Büchner mit Theologen. Von dem Freund Alexis Muston, Sohn eines waldensischen Pfarrers, ist ein Gespräch mit Büchner auf einer Vogesenwanderung überliefert. Büchner habe die religiösen Kultfossilien abschaffen wollen, keineswegs aber die Religion selbst.[21] Und nicht zu vergessen: Büchner nahm in Straßburg Quartier bei dem verwitweten Pfarrer Johann Jakob Jaeglé, mit dessen Tochter Wilhelmine er sich im Frühjahr 1832 verlobte (damals eine vornehme Umschreibung für voreheliche Sexualität). Seine Revolution der Religion war eine sinnliche und zugleich eine intellektuelle.

Nach vier Semestern, im Herbst 1833, rief das Landesrecht Büchner aus Straßburg nach Hessen zurück. Der Erkenntnishunger des zwanzigjährigen Studenten war gewaltig. Er dehnte seine Studien zur Anatomie und Physiologie auf die Philosophie aus und vertiefte sich in die Geschichtswerke zur Französischen Revolution. Ein Ergebnis ist der Brief, wohl Büchners wichtigster, an die Braut vom März 1834:

„Ich fühlte mich wie zernichtet unter dem gräßlichen Fatalismus der Geschichte. Ich finde in der Menschennatur eine entsetzliche Gleichheit, in den menschlichen Verhältnissen eine unabwendbare Gewalt, allen und keinem verliehen. Der einzelne nur Schaum auf der Welle, die Größe ein bloßer Zufall, die Herrschaft des Genies ein Puppenspiel, ein lächerliches Ringen gegen ein ehernes Gesetz, es zu erkennen das Höchste, es zu beherrschen unmöglich. Es fällt mir nicht mehr ein, vor den Paradegäulen und Eckstehern der Geschichte mich zu bücken. Ich gewöhnte mein Auge ans Blut. Aber ich bin kein Guillotinenmesser. Das *muß* ist eins von den Verdammungsworten, womit der Mensch getauft worden. Der Ausspruch: es muß ja Ärgernis kommen, aber wehe dem, durch den es kommt, – ist schauderhaft. Was ist das, was in uns lügt, mordet, stiehlt?" (288)

Büchners Danton wird diese Frage noch zuspitzen: „Was ist das, was in uns hurt, lügt, stiehlt und mordet?" (100). Selten ist so kurz und so gewaltig auf die Ohnmacht des Menschen im Kosmos gepocht worden. Büchners Angst vor der gottverlassenen Geschichte ist die Ernüchterung des Romantikers, der Gott sucht und ihn nirgends mehr finden kann. Davon kündet schon Jean Pauls *Rede des toten Christus vom Weltgebäude herab, daß kein Gott sei* (1796/97), eines der „eindringlichsten Zeugnisse des ‚poetischen Nihilismus der Romantik'".[22] Auch Büchners Brief über den „gräßlichen Fatalismus" zeugt von diesem Schreckensblick in die Abgründe des Menschen, wo Lüge und Gewalt lauern. „Er hatte *Nichts*", heißt es in Büchners Erzählung über den halbwahnsinnigen Lenz (155). Das „Nichts" ist hier großgeschrieben. Es ist eine paradoxe Habe in einer Welt, in der sich „bös und gut, selig und leidend" aufheben, so dass es am Ende immer „zum Nichts" kommt.[23] Vor der Angst des Gottesverlusts rettet allein die dichterisch anverwandelte Sprache der Bibel, die Sündenlitanei von Hosea 4,2 und das vorhergehende Jesuszitat (Lukas 17,1) im Fatalismus-Brief. „Seinem Urgestein nach ist das Büchner-Gebirge christlich", kommentiert Kurzke.[24] Von einem atheistischen Manifest ist das noch meilenweit entfernt.

Der Hessische Landbote: Aufstand des Geistes

„Im Jahr 1834 siehet es aus, als würde die Bibel Lügen gestraft. Es sieht aus, als hätte Gott die Bauern und Handwerker am 5ten Tage, und die Fürsten und Großen am 6ten gemacht, und als hätte der Herr zu diesen gesagt: Herrschet über alles Getier, das auf Erden kriecht, und hätte die Bauern und Bürger zum Gewürm gezählt. Das Leben der Fürsten ist ein langer Sonntag; das Volk aber liegt vor ihnen wie Dünger auf dem Acker. Der Bauer geht hinter dem Pflug, der Beamte des Fürsten geht aber hinter dem Bauer und treibt ihn mit den Ochsen am Pflug; der Fürst nimmt das Korn und läßt dem Volke die Stoppeln. Das Leben des Bauern ist ein langer Werktag; Fremde verzehren seine Äcker vor seinen Augen, sein Leib ist eine Schwiele, sein Schweiß ist das Salz auf dem Tische des Zwingherrn." (41).

Zum religiösen Trend in der Gegenwartsliteratur

Der Hessische Landbote, „das wichtigste Dokument der politischen Publizistik im Vormärz und zugleich das erste sozialrevolutionäre Pamphlet des europäischen Kulturraums",[25] beginnt mit einem biblischen Paukenschlag. Der Bibeleinfluss geht zwar weitgehend auf den Mitverfasser des *Landboten*, auf Friedrich Ludwig Weidig zurück, seines Amtes Pastor und Rektor der Butzenbacher Lateinschule. Weidig brach Büchners Urfassung des *Landboten* einerseits die sozialkritische Spitze ab (statt „Reiche" setzte Weidig „Vornehme"), andererseits reicherte er den Text, stärker noch als Büchner, mit der Sprache an, die dem einfachen leseunkundigen Volk vertraut und verständlich war: der Sprache der Bibel. Aber es besteht kein Zweifel daran, dass gerade auch für Büchner die Religion das beste Mittel war, um die Bevölkerung aus dem Schlaf der Unwissenden zu rütteln.

Die Umkehrung der Schöpfungsgeschichte ist ein raffinierter rhetorischer Schachzug. Hinter der Vertierung des vierten Standes durch die Herrschenden kann jedoch kein göttlicher Wille stecken. Vielmehr wird deutlich gemacht, dass sich die „Fürsten" gottgleich gebärden. Es ist eine religiöse Empörung, die Büchner durch das empörende Bild von der Störung der göttlichen Ordnung wecken will. Darin steckt der Wunsch, der Mensch möchte sich über seinen „Zwingherrn" erheben, ein Aufruf zum Aufstand des Geistes. Jeder sollte sehen, dass in Wahrheit nicht die Bibel Lügen gestraft wird, sondern die herrschende Gesellschaft. Dort indes kam die Flugschrift nur bedingt an. Viele Bauern lieferten gefundene Exemplare des *Landboten* bei der Polizei ab, Patrioten distanzierten sich von der Flugschrift.

Der Hessische Landbote hatte eine kurze und abenteuerliche Geschichte, die Frederik Hetman spannend für Kinder nacherzählt hat.[26] Als sich die Drucklegung verzögerte, machte sich Büchner am 5. Juli 1834 mit einem Freund nach Butzbach auf, um die dort von Weidig in einem Heuschober versteckte Flugschrift abzuholen und zum Drucker nach Offenbach zu bringen. Das Manuskript wurde in Botanisiertrommeln versteckt. Über 1.200 Exemplare wurden dann im Juli 1834 illegal gedruckt, die meisten davon wurden verbreitet. Als Büchner erfuhr, dass einer der Mitverschworenen durch Verrat am 1. August am Gießener Stadttor mit

Bruchstücke einer Konfession

eingenähten Exemplaren des *Landboten* verhaftet worden war, eilte er zu Fuß nach Butzbach, Offenbach und Frankfurt, um Weidig und die Freunde zu warnen. In der Zwischenzeit ließ der Universitätsrichter Georgi auf eine erneute Denunziation hin Büchners Gießener Wohnung durchsuchen und versiegeln. Der Mutbürger trat die Flucht nach vorn an und beschwerte sich „mittels des höflichsten Spottes" bei Georgi (294). Das bescherte ihm einstweilen eine unbehelligte Zeit. Doch die Ermittlungen liefen weiter. Den Herbst und Winter 1834/35 verbrachte Georg Büchner in Darmstadt. Dort entstand in fünfwöchiger Schreibklausur die nächste „Botschaft" (so der Untertitel des *Landboten*), diesmal als dramatische Geschichtsschreibung: *Danton's Tod*.

Gottesbestreiter und Wankelbürger in Danton's Tod

Danton's Tod ist auch ein Drama über den Untergang der Religion in der Revolution. Danton und Robespierre, die Antagonisten, können mit dem Aufklärungsgott, der das Leiden toleriert, nichts mehr anfangen. Der eine praktiziert den Terror der Tugend, die durch den Schrecken herrscht, ein „Blutmessias, der opfert und nicht geopfert wird", und „Polizeisoldat des Himmels", während der andere, Danton, „ein Atheist" (119), sich jenseits von Gut und Böse platziert: „Es gibt nur Epicuräer und zwar grobe und feine, Christus war der feinste. (...) Jeder handelt seiner Natur gemäß d. h. er tut, was ihm wohl tut" (86). „E s   g i b t   k e i n e n   G o t t" (105), lässt Büchner den englisch-amerikanischen Philosophen Thomas Payne (1737–1809) in *Danton's Tod* sagen, der sich in seinen Schriften gegen Kirche und Bibel, aber nicht gegen die Religion gewandt hat. Das Zitat im Drama ist durch Sperrdruck hervorgehoben, es versperrt sich einer theologischen Erklärung. Sie zerbricht an der Existenz des Schmerzes: „warum leide ich? Das ist der Fels des Atheismus. Das leiseste Zucken des Schmerzes und rege es sich nur in einem Atom, macht einen Riß in der Schöpfung von oben bis unten", argumentiert Payne (107). Am Erkenntnishorizont des Menschen zerreißt der metaphysische Vorhang. Das „Grundlose an der Seinsstruktur" wird sichtbar, aber auch der „Mut zur Angst vor dem Tode".[27] Bezeichnenderweise lässt Büchner Dantons Atheismusdiskurs im Gefängnis spielen. Seine Gottesbestreiter sind Gefangene der von ihnen selbst angezettelten religiösen Revolte.

Das gilt auch für die Bürger, die in *Danton's Tod* zu einem wesentlichen Mitspieler der Handlung werden, zu einem wankelmütigen und „unweisen" Tragödienchor.[28] Büchner ist einer der ersten Autoren der deutschen Literatur, die das Volk aus seiner Statistenrolle im Drama befreien. Revolutionshelden aber bringt er damit nicht auf die Bühne. Im Gegenteil. Die Bürger in *Danton's Tod* sind von den Phrasen der Revolution reichlich überfordert. Sie wollen tüchtige Republikaner sein und bleiben doch entmündigte Untertanen. Der Bürger Simon streitet sich (in der zweiten Szene des ersten Aktes) mit seiner Frau, weil sie aus Geldnot ihre Tochter prostituiert. Andere Bürger schalten sich mit obszönen Zwischenrufen ein. Der Zank ufert aus zur Lynchjustiz, als ein junger Aristokrat, der zufällig in der Nähe ist, gehängt werden soll. Gegenüber Robespierre, der auf der Szene erscheint, um nach dem Willen des Volkes zu fragen, rechtfertigt sich der „1. Bürger": „Wir sind das Volk und wir wollen, daß kein Gesetz sei, ergo ist dieser Wille das Gesetz, ergo im Namen des Gesetzes gibt's kein Gesetz mehr, ergo totgeschlagen!" (75). Mit schärferer Ironie als in dieser Szene ist die mörderische Rhetorik des unkontrollierten Volkswillens in der Literatur bislang nicht dargestellt worden. Büchner war Realist genug, um das bürgerliche Volk nicht einfach „blindlings zu erhöhen, sondern am Niedrigen die schmählich vertane ‚Möglichkeit des Daseins' anklagend vorzuführen".[29]

Lenz liest die Bibel

„Leben, Möglichkeit des Daseins": Das ist für Büchners Lenz „das einzige Kriterium in Kunstsachen" (144). Lenz, der das Leiden nicht ertragen kann und versucht, Tote zu erwecken, ist ein verzweifelter, seines Glaubens beraubter Gottessohn. Die erste Figur der deutschen Literatur, die radikal vom „Atheismus" erfasst wird: „es war ihm, als könne er eine ungeheure Faust hinauf in den Himmel ballen und Gott herbei reißen und zwischen seinen Wolken schleifen; als könnte er die Welt mit den Zähnen zermalmen und sie dem Schöpfer in's Gesicht speien; er schwur, er lästerte" (151). Freilich lässt Büchner seine Angstfigur nicht ganz in dieser inneren Hölle allein. Es ist „unendlich viel Hoffnung in der Welt", nur nicht für Lenz, kann man mit Kafka sagen.[30] Das zeigt vor allem der philanthropische Pfarrer Oberlin, bei dem Lenz Unterkommen fand. Den Bericht Oberlins über Lenz' Aufenthalt in Waldersbach im Winter 1778, seine wichtigste Quelle, hat Büchner entmoralisiert und psychologisiert. Aus dem Gedankenprotokoll des Pfarrers im Steintal machte er eine innere Chronik exemplarischen menschlichen Leidens, ein „Seelen-Seismogramm",[31] die „Fallstudie eines künstlerischen, psychischen und damit auch sozialen Grenzgängers".[32]

Mit dem Schicksal des Sturm und Drang-Dichters Lenz (1751–1792) wurde Büchner schon während seines ersten Straßburger Aufenthalts im Herbst 1831 bekannt. Lenz war im Elsaß eine lebendige Lokallegende. Büchner stieß auf einen wahlverwandten Dichter; auch er war seit März 1835 landesflüchtig, auch er fühlte sich seither in Straßburg als äußerer und innerer Emigrant, auch er liebte eine elsässische Pfarrerstochter. So konnte Büchner das vergebliche Liebeswerben des historischen Lenz um die von Goethe verlassene Pfarrerstochter Friederike Brion schwerlich entgehen. Georg Büchners Bruder Ludwig sah in Lenz „halb und halb des Dichters eigenes Porträt".[33] Doch auch wenn Georg Büchner den unaufhaltsamen Weg von Lenz in den Wahnsinn einfühlsam beschreibt, so kann er doch auf den medizinischen Blick nicht verzichten.

Büchners *Lenz* beschreibt an einer Stelle das Gemälde *Christus erscheint den Jüngern in Emmaus* des niederländischen Malers Carel de Savoy,[34] das man zu Büchners Zeit noch Rembrandt zugeschrieben hatte:

„Christus und die Jünger von Emaus. Wenn man so liest, wie die Jünger hinausgingen, es liegt gleich die ganze Natur in den Paar Worten. Es ist ein trüber, dämmernder Abend, ein einförmiger roter Streifen am Horizont, halbfinster auf der Straße, da kommt ein Unbekannter zu ihnen, sie sprechen, er bricht das Brod, da erkennen sie ihn, in einfach-menschlicher Art, und die göttlich-leidenden Züge reden ihnen deutlich, und sie erschrecken, denn es ist finster geworden, und es tritt sie etwas Unbegreifliches an, aber es ist kein gespenstisches Grauen; es ist wie wenn einem ein geliebter Toter in der Dämmerung in der alten Art entgegenträte, so ist das Bild, mit dem einförmigen, bräunlichen Ton darüber, dem trüben stillen Abend" (145f.).

Büchner lässt seine Figur ein biblisches Bild lesen (Lk 24,13–35). Die Bibel dient aber nicht als religiöser Rettungsanker, nicht als Werkzeug der Erlösung, sondern als Mittel des Verstehens. Auch Woyzecks untreue Geliebte Marie kann in der Bibel lesen, aber nicht mehr damit beten (231). In *Lenz* kommt es durch die visuelle Bibellektüre zu einer – allerdings im Abendlicht getrübten – Wiedererkennung von Gott und Mensch. Die Jünger sprechen, der „Unbekannte" bricht das Brot; und an dieser sprechenden Geste, an den „göttlich-leidenden Zügen" erkennen sie den auferstandenen Jesus (Lk 24,30). Der Doppelbezug des Satzteils „in einfachmenschlicher Art" auf die Jünger und auf Jesus stiftet eine neue, wenngleich brüchige Gemeinschaft zwischen Menschensohn und Mensch. Büchners Erbarmen mit der geschundenen Kreatur ist, zumal in seinem letzten Drama *Woyzeck*, ein zweischneidiges Mitleiden, ein Sezier- und Schmerzmittel zugleich. Das poetische Rezept für dieses „Erbarmen mit dem Seziermesser" ist, so heißt es in Arnold Stadlers einsichtsvoller Büchnerpreisrede von 1999, eine aus den Klagebüchern des Alten Testament geborgte, zugleich mit dem Fatalismus der Geschichte und mit naturwissenschaftlicher Erkenntnis geschärfte Sprache.[35]

„Karfreitag ohne Ostern"

Neben der Verzweiflung von Lenz, der wahnsinnig, und von Woyzeck, der zum Mörder wird, steht die Komik Valerios, einer Shakespeareschen Narrenfigur aus Büchners Komödie *Leonce und Lena*. Am Ende, als das Paar „in das Paradies" geflohen ist und nicht mehr aus ihm hinaus, bittet Valerio Gott „um Makkaroni, Melonen und Feigen (…) und eine kommode Religion" (189). Mit einer „kommoden Religion", deren Ausübung auch vom postrevolutionären Staat toleriert wird, wäre allen gut gedient. Doch die Lesart in der Handschrift ist – wie so oft bei Büchner – nicht ein-

deutig. Manche Herausgeber lesen „kommende Religion". Das ist etwas Anderes. Suchte Büchner nach einem Platz für die Religion in einer bürgerlichen Gesellschaft? Vielleicht kann man, mit Paul Celan, die Stelle auch im „Lichte der Utopie" lesen.[36]
Zwischen dem „Kommoden" und den „Kommenden" steht Büchners widerspenstige Religion. Sie nimmt dem aufgeklärten Bürger nicht die Vorstellung Gottes, wohl aber die Idee eines göttlich geordneten Weltplans. So ist Büchners Christentum ein „Karfreitag ohne Ostern".[37] An Stelle der Erlösung rückt das Verstehen, an die Stelle der Auferstehung tritt das Kreuz, ein tragendes Symbol in den Werken des „Kreuzträgers" (274) Büchner. „Unsere Zeit braucht Eisen und Brod – und dann ein *Kreuz* oder sonst so was" (320), schreibt er an seinen Förderer Karl Gutzkow, gegenüber dem er wohl am deutlichsten Klartext sprach. Im Unterschied zu Goethe, dessen Werk „die Geschichte einer Gottes- und Selbstsuche" beschreibt, geht es in Büchners Werken um die „Geschichte eines Gottes- und Selbstverlusts". Hier verortet Wolfgang Frühwald Büchner im „Gedächtnis der Frömmigkeit".[38] Und wenn es für Büchner einen Gott gibt, dann ist es ein aus dem Himmel gefallener Gott, der, wie es bei Heine heißt, „demokratisch gesinnt" ist, „ein Bürger-Gott, un bon dieu citoyen".[39]

Anmerkungen

[*] Hier überarbeitete Fassung meines Aufsatzes: Bruchstücke einer Konfession. Georg Büchners bürgerliche Religion. In: Stimmen der Zeit 138 (2013) H. 10, S. 691–701.
[1] http://www.buechner1213.de/georg-buechner (Abfrage am 16.5.2013). – Büchners Werke werden im Folgenden zitiert mit Seitenzahl nach der Münchner Ausgabe: Georg Büchner: Werke und Briefe. Hrsg. von Karl Pörnbacher u. a. 6. Aufl. München 1997.
[2] Vgl. Judith S. Ulmer: Geschichte des Georg-Büchner-Preises. Soziologie eines Rituals. Berlin/New York 2006.
[3] Hermann Kurzke: Georg Büchner. Geschichte eines Genies. München 2013, S. 24. Etwas zu weit führt wohl die Rede von Büchners „jesuanischem Urchristentum" (418).
[4] Hans Mayer: Georg Büchner und seine Zeit. Frankfurt a.M. 1972, S. 351.
[5] Jan-Christoph Hauschild: Georg Büchner. Verschwörung für die Gleichheit. Hamburg 2013, S. 333.
[6] Kurzke: Büchner (Anm. 3), S. 24.

7 Zit. in: Georg Büchner und die Moderne. Texte, Analysen, Kommentar. Bd. 3: 1980–2000. Hrsg. von Dietmar Goltschnigg. Berlin 2004, S. 451.
8 Ebd., S. 410.
9 Ebd. S. 524–529.
10 Michael Kleeberg: Wut- oder Mutbürger Büchner? In: Merkur 67 (2013) H. 8, S. 752–760.
11 Goltschnigg (Anm. 6), S. 472.
12 Goltschnigg (Anm. 6), S. 541.
13 Vgl. Helmuth Kiesel: Gern mit Hochmuth. Alles echt: Büchners Briefwechsel. In: FAZ, 11.4.1995.
14 Thomas Michael Mayer: Büchner und Weidig. In: Georg Büchner. Text+Kritik. Bd. I/II. Hrsg. von Heinz Ludwig Arnold. München 1979, S. 27f.
15 Zit. in Goltschnigg (Anm. 7), S. 80.
16 Kurzke: Büchner (Anm. 3), S. 468f.
17 Heinrich Heine: Der Tannhäuser. In: Sämtliche Schriften. Bd. 5. Hrsg. von Klaus Briegleb. Frankfurt a.M. 1981, S. 701.
18 Zit. in: Ernst Büchner: Versuchter Selbstmord durch Verschlucken von Stecknadeln. Hrsg. von Heiner Boehncke und Hans Sarkowicz. Berlin 2013, S. 119.
19 So die empathische Romannacherzählung von Udo Weinbörner: Georg Büchner. Das Herz so rot. Leipzig und Berlin 2012, S. 49.
20 Gottfried Benn: Untergrundbahn. In: Gedichte. Hrsg. von Dieter Wellershoff. Frankfurt a.M. 2003, S. 31.
21 Vgl. Kurzke: Büchner (Anm. 3), S. 169.
22 Wolfgang Braungart und Joachim Jacob: Stellen, schöne Stellen oder: Wo das Verstehen beginnt. Göttingen 2012, S. 84.
23 Vgl. Danton's Tod II,1, 107.
24 Kurzke: Büchner (Anm 3), S. 314.
25 Jürgen Seidel: Georg Büchner. München 1998, S. 73.
26 Frederik Hetmann: Georg B. oder Büchner lief zweimal von Gießen nach Offenbach und wieder zurück. Weinheim 1993.
27 Hartmut Lange: Positiver Nihilismus. Meine Auseinandersetzung mit Heidegger. Berlin 2012, S. 24, 32.
28 Kurzke: Büchner (Anm. 3), S. 444.
29 Theo Buck: „Riß in der Schöpfung". Büchner-Studien II. Aachen 2000, S. 15.
30 Zit. nach Max Brod: Über Franz Kafka. Franz Kafka. Eine Biographie. Frankfurt a.M. 1983, S. 71.
31 Walter Hinck: Georg Büchner. In: Deutsche Dichter des 19. Jahrhunderts. Ihr Leben und Werk. Hrsg. von Benno von Wiese. Berlin 1969, S. 209.
32 Jan-Christoph Hauschild: Georg Büchner. Eine Biographie. Berlin 1997, S. 624.
33 Zit. in: Der widerständige Klassiker. Einleitungen zu Büchner vom Nachmärz bis zur Weimarer Republik. Hrsg. von Burghard Dedner. Königstein 1990, S. 132.
34 Büchner kannte das Gemälde von einem Besuch des Darmstädter Großherzoglichen Museums; vgl. Heinz Fischer: Georg Büchner und Alexis Muston. Untersuchungen zu einem Büchner-Fund. München 1987, S. 259.

[35] Arnold Stadler: Erbarmen mit dem Seziermesser. Über Literatur, Menschen und Orte. Köln 2000, S. 14–27.
[36] Paul Celan: Der Meridian (1959). In: Gesammelte Werke. Bd. 3. Hrsg. von Beda Allemann. Frankfurt a.M. 2000, S. 202.
[37] Kurzke: Büchner (Anm. 3), S. 492.
[38] Wolfgang Frühwald: Das Gedächtnis der Frömmigkeit. Religion, Kirche und Literatur in Deutschland vom Barock bis zur Gegenwart. Frankfurt a.M. und Leipzig 2008, S. 113.
[39] Heinrich Heine: Reisebilder. Vierter Teil. In: Sämtliche Schriften. Bd. 3 (Anm. 16), S. 409f.

Geheimes Wissen, verborgene Sprache, verbotene Bilder

Was ist tabu?

Mit seiner Essaysammlung *Totem und Tabu* (1913) hat Sigmund Freud, ein Geistesrevolutionär des 20. Jahrhunderts, eine große Bresche für die Tabu-Forschung geschlagen. Das Buch, das zu den „kühnen und umwälzenden Beiträgen Sigmund Freuds zur Erkenntnis des Menschlichen" gehört,[1] ging schon 1934 in die fünfte Auflage und wurde zu Lebzeiten des Autors in acht Sprachen übersetzt.

Doch Freuds Tabu-Untersuchung enthält ein Problem: „Die Tabuverbote entbehren jeder Begründung; sie sind unbekannter Herkunft; für uns unverständlich, erscheinen sie jenen selbstverständlich, die unter ihrer Herrschaft stehen".[2] Wie kann etwas erforscht werden, dessen Herkunft im Dunklen liegt und dem jede Begründung abgeht? Das Geheimnis des Tabus hat Freud nicht lüften können; er dekliniert übrigens das Wort „Tabu" nicht, weder im Genitiv noch im Plural, als hielte ihn eine Scheu davor zurück, das Wort grammatisch anzutasten. Auch für die Forscher scheint so das Tabu letztlich unter einem Tabu zu stehen. Wenn das Wissen verboten, geheiligt und unantastbar ist, dann bleibt es ein unfreies, unausgesprochenes, ungeschriebenes Wissen. Ein prekäres Wissen, das in Nischen überwintert und bei der Übermittlung den Absender und den Empfänger in Gefahr bringen kann.[3] Und wer dennoch vom Tabu spricht, der hat es schon gebrochen.

Diesem Widerspruch begegnet man in vielen Tabu-Erzählungen. Juli Zehs Internet-Novelle *Brauchen wir noch Tabus?* (2002)[4] ist eine Fahndungsgeschichte über die letzten Tabus auf einem beinahe vollständig enttabuisierten europäischen Markt. Eine junge Frau sucht im Supermarkt nach „Tabus made in Germany". Die Verkäufer haben keine Ahnung, schicken sie in die Kosmetikabteilung oder in den Baumarkt. Bis ein Verkäufer mit Nietzscheschnauzbart sie verschwörerisch ins Vertrauen – und ins Lager zieht. Dort stehen leere Kartons, und man sieht: die letzten Tabus sind ausverkauft, es waren Artikel zu Schleuderpreisen, mit längst abgelaufenem Verfallsdatum. Tabus erkennt man also erst, wenn sie nicht mehr gültig sind.

Diese begriffseigentümliche Dialektik gehört zu den Elementen, die den Begriff des Tabus konstituieren. Wir wissen über das Tabu stets mehr, als wir zu verstehen meinen. Freuds Formel dafür lautet: „Wir wissen, ohne es zu verstehen".[5] Mit dieser Aura des Geheimnisvollen fällt das Tabu aus dem Bereich des rational Erforschbaren heraus. Trotzdem haben sich Religionswissenschaft, Psychologie, Anthropologie, Soziologie und seit einigen Jahrzehnten auch die Kulturwissenschaften des rätselhaften Phänomens angenommen und erleuchtende Einsichten beigetragen, die uns helfen zu verstehen, was gemeint ist, wenn wir heute über das Tabu sprechen. Welche Bedeutung haben Tabus noch, wenn, einem Bonmot Arnold Stadlers zufolge, Gott und das Bankgeheimnis die letzten Tabus sind?

Was ist tabu?

Es ist daher wenig sinnvoll, nach einer allgemeingültigen Nominaldefinition des Begriffs zu suchen („Was ist ein Tabu?"), zumal der Begriff ungleich jünger ist als die Sache, die stets zu einem anthropologischen Ursprung führt. Nützlicher wäre eine Realdefinition. Sie kreist um die Suche nach dem Unausgesprochenen, das zwischen Unverständlichkeit und Selbstverständlichkeit schillert. Und genau hier kommt die Literatur ins Spiel, die Hüterin und zugleich Feindin des Tabus ist. Die Frage lautet also: Was ist tabu? Es ist die Frage nach dem religiösen und kulturellen Referenzort des Tabus, nach seinen semantischen und applikativen Eigenschaften. So verbirgt die alltagssprachliche Redewendung „Das geht *gar* nicht" ein meist nonverbales Tabu. Wer „Das geht gar nicht" sagt, artikuliert Abscheu und moralische Entrüstung gegenüber dem, der nicht weiß, warum etwas eben „gar nicht" geht, und verbucht dadurch einen Distinktionsgewinn.

Geheimes Wissen, verborgene Sprache, verbotene Bilder

Tabu im Paradies

Die biblische Paradiesgeschichte liefert sozusagen das Drehbuch der Tabu-Tradition. Vielfach gedeutet von Dante über Milton und Calderón bis zu Nietzsche und Thomas Mann, ist sie eine klassische Tabu-Erzählung, die „erste symbolische Begegnung des Menschen mit dem Tabu",[6] und zugleich ein Gründungsmythos, eine Ursprungsgeschichte, die vom Herkommen des Tabus, aber auch vom Wegkommen und Entkommen erzählen kann.

Der Inhalt ist bekannt: Das erste Menschenpaar hat den Auftrag, den Paradiesesgarten zu bewahren und zu bebauen. In den Garten hat Gott den Baum der Erkenntnis von Gut und Böse und den – aus den ägyptischen Göttergeschichten tradierten – Baum des Lebens gepflanzt. James Cameron hat das Motiv in seinen Science Fiction-Film *Avatar* (2011) eingebaut. Auf dem fernen Planeten Pandora steht ein mehrgeschossiger „Heimatbaum", Verbindung zu den Ahnen stiftend, ewiges Leben versprechend, ein mythisches Ursprungssymbol der Menschheit.[7]

An dieser Stelle bringt die biblische Geschichte das Tabu ins Spiel. Gott verbietet es, vom Baum der Erkenntnis von Gut und Böse zu essen; es ist das „erste Nein" in der Geschichte der Menschheit. Damit wird eine Tabuzone markiert. Man darf nicht alles tun, man darf nicht alles wissen, man muss Verbotenes als Verborgenes respektieren. Doch das Verbot enthält bereits die Übertretung: „Das Verbot schafft die Erkenntnis, die es verbietet".[8] Der Mensch weiß, dass es nicht gut ist, vom Baum der Erkenntnis zu essen, weil eben dies verboten ist; und er kann, sobald er von diesem Baum weiß, bereits theoretisch zwischen Gut und Böse unterscheiden. Deshalb nennt Thomas Mann diesen Erkenntnisbaum einen „schlimmen Baum".[9] Es kann aber auch ein „guter" Baum sein. Darin besteht das Paradox des Tabus. „Mithin", so fragt Heinrich von Kleists Aufsatz *Über das Marionettentheater* (1810), „müßten wir wieder vom Baum der Erkenntnis essen, um in den Stand der Unschuld zurückzufallen?"[10]

Gottes Begründung des Essverbots hat eine negative Konsequenz: Der Mensch muss sterben, sobald er eine Frucht von diesem Baum kostet. Wir wissen, was dann passiert. Die Schlange

Zum religiösen Trend in der Gegenwartsliteratur

verführt die Menschen zum Sündenfall. Sie lügt, indem sie die Sterblichkeit als Folge der Verbotsübertretung leugnet, und sie enthüllt das Tabu: „Mitnichten werdet ihr sterben, sondern Gott weiß, dass, sobald ihr davon esset, euch die Augen aufgehen werden und ihr wie Gott sein und wissen werdet, was gut und böse ist" (Gen 3,4f.). Das Verbot, vom Baum der Erkenntnis zu essen, ist ein moralisches, ein intellektuelles und auch ein sexuelles Differenzierungsverbot. Erst nach dem übertretenen Verbot haben Mann und Frau ein Gewissen und ein Selbst-Bewusstsein. Sie erkennen ihre Geschlechtsdifferenz und verbergen sie. Scham und Schuld hängen hier eng mit Wissen und Erkenntnis zusammen. Ein neues Tabu entsteht aus dem alten, das gebrochen wurde. Ein jüngeres Beispiel dafür ist die Traumatisierung heimgekehrter Soldaten, die im Krieg getötet haben und nicht über das Tötungstabu sprechen können.

Dieses neue Tabu tritt – nach dem ausgesprochenen Verbot – in der biblischen Geschichte als ein unausgesprochenes Verbot in Kraft. Es betrifft den ebenfalls im Paradies stehenden Baum des Lebens, von dem zuvor nicht eigens die Rede war. Dieser Baum schenkt ewiges Leben. Das aber haben Adam und Eva durch den Sündenfall verspielt. Um zu verhindern, dass sie nun auch die Hand nach dem Baum des Lebens ausstrecken, werden sie von Gott aus dem Garten Eden verbannt, ein Engel am Eingang des Paradieses verhindert die Rückkehr.

Die Bäume in der Paradiesgeschichte sind die Symbole für korrespondierende und konkurrierende Tabuzonen. An den Grenzen des Lebens stoßen wir auch auf die Grenzen der Erkenntnis. Aber Unsterblichkeit ist kein Privileg des tabubrechenden Menschen mehr. Deshalb wird nach dem Tabubruch der Baum der Erkenntnis zum Baum des Todes. „Indem der Mensch ‚Wissen' wählte, bekam er den Tod", heißt es in der jüdischen Auslegung der Tora.[11]

Tabu als symbolische Grenzwacht

Die biblische Paradiesgeschichte lüftet nicht das Geheimnis des Tabus, aber sie erzählt, wie unlösbar Tabu und Tabubruch zusammenhängen. Die Menschen im Paradies haben einen „„Zaun vor religiösen oder sozialen Werten'"[12] niedergerissen. Ihre Grenzübertretung ist mit religiösen oder sozialen Sanktionen verbunden. Tabus markieren solche Grenzen, meist im Raum sozialer, moralischer und religiöser Verbote. Damit ist eine erste Definition gewonnen, die dem pejorativen Begriffsgebrauch in der Umgangssprache entspricht: das Tabu ist eine Grenzmarkierung. Es hat, indem es der affektiven Stabilisierung symbolischer Grenzen dient, eine defensive Funktion.

Doch anders als Verbote, die auf ausformulierten Gesetzen und kodifizierten Sitten beruhen, für deren Missachtung es ebenfalls klar geregelte Sanktionen gibt, setzen Tabus kein juristisches, sondern ein symbolisches Wissen voraus. Ein Tabu ist etwas, das nicht erlaubt ist, aber warum das so ist, was nicht erlaubt ist, das wird nicht gesagt; „ein Verbot, bei dem man an einen Verstoß nicht einmal denken will", schreibt Juli Zeh. Es verbietet sich von selbst. Infolge dieses Legitimationsdefizits wird die Aufmerksamkeit vom Inhalt auf die Wirkung gelenkt. Tabus sind Verbote ohne Ursache, aber mit Folgen. Nicht auf das, was durch Übertreten oder Ignorieren verletzt wurde, kommt es an, sondern auf den Prozess und die Wirkung des Tabubruchs. Erst der Tabubruch demaskiert das Tabu und bewirkt paradoxerweise, dass es keines mehr ist, obwohl es durch die Verletzung doch gerade als Tabu zur Kenntlichkeit entstellt worden ist.

Mit dieser produktiven Schubkraft ist eine erweiterte Definition des Tabus gewonnen, die dem komplexen Begriff auch eine positive Bedeutung verleiht: Das Tabu als Wissenwollen an der Grenze zum Wissendürfen ist eine „kognitive Leidenschaft".[13] Es hat das Erkenntnisinteresse der Neuzeit legitimiert. Neugier ist eine Wissbegierde, die einem Verbot entspringt und zur Übertretung dieses Verbots provoziert. Als Petrarca im Jahr 1336 den Mont Ventoux in der Provence bestieg, erhob er sich wie Gott über die Natur. Vom Gipfel sah Petrarca wie Gott auf die Welt hinab. Im weiten Blick in den Raum der Schöpfung – es war wahrscheinlich das erste Panorama eines Europäers auf mehrere Länder zugleich – entdeckte er ein bis dahin verbotenes, nur dem Schöpfer vorbehaltenes Vergnügen.[14]

Zum religiösen Trend in der Gegenwartsliteratur

Faustische Tabubrüche der Neuzeit

Auf diesem Weg der neuzeitlichen Erkenntnisneugier sind viele Tabutafeln, die bis zum christlichen Mittelalter vollgültig waren, zerbrochen. Aus dem ketzerischen Scharlatan des Volksbuchs aus dem 16. Jahrhundert machte Goethe zwei Jahrhunderte später den nach dem Ganzen strebenden, Grenzen des Wissens überschreitenden Wissenschaftler Faust, einen tragischen metaphysischen Helden.[15] Dieser faustische Mensch bricht beim Erforschen des „Prinzips Übermaß"[16] ein Tabu nach dem anderen. Er vernichtet Gretchens ganze Familie, er ruiniert Land und Leute, er lästert Gott, aber er erzeugt auch ein neues Tabu: das Tabu des Kontrollverlusts über die eigene Schöpfung. Der Mediziner Frankenstein, der oft mit dem von ihm geschaffenen Monster verwechselt wird, ist der *moderne Prometheus*. So lautete der Untertitel von Mary Shelleys Roman, der 1818, zwölf Jahre nach Goethes *Faust I* erschien. Der prometheische Mensch, der an der „Vervollkommnung des Menschen durch den Menschen" arbeitet,[17] ist ein mörderischer neuer Adam und ein radikalisierter Faust. Er verletzt die Grenzen der Menschheit. Im Grunde will er nicht anders als seine Stammeltern in Paradies von der verbotenen Frucht der Erkenntnis kosten. Der Apfel vom Baum der Erkenntnis, der seinen Namen nicht der Biologie, sondern dem lateinischen Wort *malum* verdankt, das „Apfel" und „Übel" bedeuten kann, ist selbst ein Tabu, wie es im Buche steht.

Die Tabu-Kennzeichen: Religion, Affirmation, Narration

Die erste Tabu-Erzählung der abendländischen Kultur liefert uns also keine Begründung des Tabus, aber eine Beschreibung seiner Auswirkungen.
1. Die älteste Spur der Bedeutungsgeschichte führt in die Religion, die bis heute auch die stärkste Tabuzone bildet. Als religiöser Begriff ist das „Tabu" doppeldeutig. „Es heißt uns einerseits", schreibt Freud, „heilig, geweiht, anderseits: unheimlich gefährlich, verboten, unrein".[18] Die Aura des Sakralen ist zugleich ein fluchbeladener Sperrbezirk. Die Schutzfunktion des

Heiligtums entspricht der Abschreckungsfunktion des Verbots. Die Ambivalenz dieses religiösen Ursprungs des Tabus lässt sich in den künstlerischen Strafphantasien der Moderne gut verfolgen. Kafka inszeniert Straf-Tabus als Gottesdienst und Teufelskult zugleich.

2. Tabus bedürfen einer kollektiven Affirmation. Sie sind zwar in einer Dunkelzone der Gesellschaft angesiedelt, aus der das Licht der Aufklärung ferngehalten wird. Aber die Aufklärung produziert selbst das Tabu, dass nichts außerhalb ihrer selbst liegen darf. Sie schafft, im Überwinden des Mythos, einen neuen Angstmythos. Tabus und Tabubrüche sind der blinde Fleck im Fokus der aufgeklärten Öffentlichkeit.

3. Tabus haben einen narrativen Kern. Darin besteht der ästhetische Effekt von Tabus. Wenn das Verbot eine künstlerische Struktur bekommt, dann so, dass die Maske des Oberflächentextes zwar das Tabu wahrt, der Subtext aber Signale für Eingeweihte gibt. Durch diese Tabu-Signale wird die Sprache erweitert: Spracherweiterung durch Sprechverbot. Allerdings ist auch hier zu beachten, dass die Interpretationen literarischer Tabu-Texte uns stets eine andere Geschichte zurückgeben, als die Texte erzählt haben. Das 1837 publizierte Märchen *Die kleine Seejungfrau* von Hans Christian Andersen erzählt die Geschichte der Seejungfrau, die sich um der Liebe zu einem schönen Prinzen willen in ein stummes amphibisches Wesen verwandelt. Sie tauscht ihre Stimme gegen menschliche Beine ein, die sie bei jedem Schritt wie Messer schmerzen; doch der Prinz heiratet eine andere. Die kleine Seejungfrau ist eine homoerotische Spiegelfigur des Autors, der keine Sprache für seine Neigung zum gleichen Geschlecht fand, weder im Leben noch in seinen Briefen (an den Patriziersohn Edvard Collin) und deshalb auf die Camouflage im Märchen angewiesen war. Im Preußischen Landrecht von 1794 wird die Homosexualität als etwas „wegen seiner Abscheulichkeit" Unaussprechliches umschrieben; die Norm, so die Autorin und Juristin Juli Zeh, schlägt sich hier selbst die Hände vors Gesicht. Die Seejungfrau als Modell unerfüllter Liebe und geschlechtlichen Außenseitertums, als verkappter oder verhinderter Mann: Dieses Tabu

hat Heinrich Detering als „offenes Geheimnis" des Märchens herausgearbeitet. In der Odenser Handschrift des Textes hat Andersen aus dem femininen „sie" ein „er" gemacht.[19]

Der Reiseweg des Tabus

„Tabus" ist ein fremdes Wort und ein Wort aus der Fremde. Das aus dem polynesischen Raum stammende Substantiv „Tabu" wurde von James Cook 1785 von seiner dritten Südseereise nach Europa importiert. Es bezeichnete in der französisch-neuenglischen Lehnübersetzung zunächst Handlungen in einem geheiligten Bezirk oder unberührbare geweihte Gegenstände.[20] Adalbert von Chamisso, der den Begriff in seiner 1836 erschienenen *Reise um die Welt* in die deutsche Literatur einführte, berichtet von seinen Beobachtungen auf den Sandwich-Inseln im Südpazifik (1815–1818). Tabu war es zum Beispiel, einen Häuptling und eine Frau nebeneinander zu porträtieren. Der Maler, der dies tat, ließ das Blatt durchschneiden; so gebrochen, existierte das Tabu nicht mehr.[21]

„Tabu" war also ein Fundstück reisender Aufklärer, um das Unerklärliche zu erklären. Aus ihrem Blick auf das Fremde ist im Laufe der protestantischen Missionsoffensive im 19. Jahrhundert ein widersprüchlicher religiöser Begriff geworden. Südsee-Missionare bezeichneten das Tabu als „‚Satans bedeutenden Einfluss'",[22] weil es einerseits wie ein religiöses Gesetz die Herrschaft über alle Dinge beanspruche, andererseits aber die Bemühungen der christlichen Mission scheitern lasse. Insofern haben die Missionare das „Tabu" als exotische Religion erfunden, obwohl es auch im Abendland eine unausgesprochene Tradition des Tabu gab. Das entspricht der universalistischen These, dass alle Gesellschaften Tabus haben, nur einige, ohne einen Begriff davon geben zu können. Die jüngere Forschung hat anhand von Reiseberichten, Missionszeitschriften und Hygiene-Katalogen gezeigt, dass sich diese religiöse Begriffsgeschichte entlang der Demarkationslinie von ‚Reinheit' und ‚Unreinheit' als „diffuses Wissen"[23] durch das lange 19. Jahrhundert zieht und als eben eine solche stille Wissensform, von der die Zeitgenossen mehr wussten, als sie erzählen konnten, eine beträchtliche Wirkungsmacht hatte. Das Tabu ist insofern ein stilles, aber wirkungsvoll mitmischendes Ingrediens im Laboratorium der Moderne.

Ethnologischer Auftritt des Tabus

Aus dem religiösen Bereich ist der Begriff dann rasch in den allgemeinen Sprachgebrauch übernommen worden; bereits Mitte des 19. Jahrhunderts findet sich das Wort im Konversationslexikon (im *Meyer's* 1851, im *Brockhaus* 1854, in der *Encyclopaedia Britannica* 1888), das Wortfeld differenzierte sich, es entstanden Verbalbildungen wie „enttabuisieren" und „tabuisieren". Der Begriff etablierte sich in der Umgangssprache und wurde im späten 19. Jahrhundert zum Forschungsgegenstand der Ethnologie. Die Ethnologie wurde dann zur Bühne für den Auftritt des Tabus in der Moderne.

Das ist zunächst erstaunlich, weil es schwierig ist, den Begriff zu übersetzen; er fiel in eine europäische Wortschatzlücke und besetzte ein Schlupfloch in der Imagologie der Moderne. „Tabu" bezeichnet in der Sprache der neuseeländischen Ureinwohner, der Maori, das, was zum Besitz und Herrschaftswissen des Königs gehört und als verbotener Bereich markiert ist. Dementsprechend wird in der Forschung als wahrscheinlichste Deutung angegeben, dass „ta" *kennzeichnen* und „pu" *kräftig* bedeutet; das Tabu ist also das „kräftig Markierte",[24] allen bekanntes, aber unantastbares Herrschaftswissen.

Nach einer Art Inkubationszeit hat der Begriff des Tabu in der Medien- und Literaturgeschichte des 20. Jahrhunderts zwei wechselvolle Karrieren erlebt, eine kulturgeschichtliche und eine politische Karriere. Beschleunigt wurden diese Karrieren durch die Überbietungswettkämpfe der Autoren, die mit fortschreitenden Übersteigungen der Tradition, des Vorbilds, der Formvorgabe die Neuheit ihres Werkes rechtfertigten. Das gelang umso besser, je öffentlichkeitswirksamer eine Grenze überschritten, ein Tabu gebrochen, einen Skandal provoziert wurde.

Zum religiösen Trend in der Gegenwartsliteratur

Moralische Dimension als Lustverzicht

Um 1900 entwickelte sich der ethnologische Terminus zu einem Schlüsselbegriff der Kulturanthropologie und Religionswissenschaft. Freud hat aus der ethnologischen Feldbeobachtung eine analytische Gesprächssituation gemacht und den vermeintlich Primitiven in den Status des Patienten erhoben. Der sündige Südsee-Heide als klinisches Subjekt der Analyse: Das führte Freud dazu, die moralische Dimension des Tabus zu entdecken und seine Beziehung zum Unbewussten und zum Gewissen zu skizzieren:

„Das Tabu ist ein uraltes Verbot, von außen (von einer Autorität) aufgedrängt und gegen die stärksten Gelüste der Menschen gerichtet. Die Lust es zu übertreten, besteht in deren Unbewußtem fort; die Menschen, die dem Tabu gehorchen, haben eine ambivalente Einstellung gegen das vom Tabu Betroffene. [...] Die Sühne der Übertretung des Tabu durch einen Verzicht erweist, dass der Befolgung des Tabu ein Verzicht zugrunde liegt."[25]

Das Tabu ist für Freud wie der Ödipuskomplex ein Urkonflikt. Was das Unbewusste verdrängt, die Lust nämlich, das Tabu zu brechen, das wird vom Bewusstsein als Lustverlust kontrolliert oder als Lustverzicht blockiert. Der Mensch befindet sich also in einer *double bind*-Situation gegenüber dem verbotenen Objekt seiner Begierde. Goethes Faust in der bezeichnenden Szene „Wald und Höhle" weiß um die Grenzen seiner Erkenntnis: „So tauml' ich von Begierde zu Genuß, / Und im Genuß verschmacht' ich nach Begierde."[26]

Ur-Tabubrüche des 20. Jahrhunderts

In Tabuzonen der bürgerlichen Doppelmoral brachen um 1900 Dramen Frank Wedekinds, Romane Heinrich Manns und Erzählungen Arthur Schnitzlers ein. Schnitzlers *Reigen* praktiziert so etwas wie den literarischen Ur-Tabubruch des Jahrhunderts. Punktierte Linien stellen in dem zehnteiligen Drama über wechselnde Liebesbegegnungen einen tabuisierten Höhepunkt dar, einen Akt im Akt, welchen die Phantasie des Regisseurs, des Publikums oder des Lesers jeweils auszufüllen hatte. Das 1900 als Privatdruck und 1903 erstveröffentlichte Drama erlebte seine deutschsprachige Uraufführung 1920 (in Berlin) bzw. 1921 (in Wien) und kam, nachdem der frustrierte Autor im Jahr darauf weitere Inszenierungen untersagt hatte, erst sechzig Jahre später, 1981, wieder auf die Bühne. Die *Reigen*-Handschrift enthüllt, wie aufmerksam der Autor auf Kommunikations- und Sprachtabus seiner Zeit achtete. Er tilgte aus der Handschrift allzu direkte Sexualanspielungen aus den Regieanweisungen (so entfiel die Berührung der Brüste der Gräfin, aus den Dessous wurde ein Hemd) und strich skandalverdächtige Ansätze zur Ärztesatire und Aussagen über das Judentum aus seinem Stück heraus.[27] „Es gibt Dinge, die jeder weiß und die doch keiner wahrhaben will. Ihnen möchte ich sie nicht zu lesen geben – weil ich fürchte, ich könnte Ihnen durch den Inhalt unsympathisch werden", so rechtfertigte Schnitzler gegenüber seiner Frau sein Verständnis des Tabus.[28]

Das Tabu in Politik und Postmoderne

Um 1968 wurde der Begriff des Tabus politisiert. Eine wichtige Wegmarke ist Alexander und Margarete Mitscherlichs Buch *Die Unfähigkeit zu trauern. Grundlagen kollektiven Verhaltens* aus dem Jahr 1967. Es ist mit 29 Auflagen (bis 2007) und einer Viertelmillion verkaufter Exemplare das wohl erfolgreichste Buch der modernen Sozialpsychologie. Bei den Mitscherlichs wird das Tabu als „*Denkhemmung*" und Frageverbot, also auf einer sprachkritischen Ebene definiert. Die unheilvolle Kettenreaktion, die die Mitscherlichs ausmachen, lautet: „[Vom] Tabu [über das] Ressentiment [bis zur] Rückständigkeit". Ihre Schlussfolgerung: „Tabu befördert Ressentiment, dieses blockiert ein freieres Urteil und vermehrt die Rückständigkeit."[29] Als jüngstes geschichtliches Beispiel führen die Mitscherlichs das Verschweigen und Verdrängen der nationalsozialistischen Vergangenheit an. Von den Söhnen der Täter-Väter wird Tabukritik und Selbstaufklärung gefordert.

Zugleich öffnete sich um 1968 die Literatur für Tabubrüche im Spannungsfeld von Protest und Postmoderne. Der Freiburger Vortrag des amerikanischen Literaturwissenschaftlers und Kritikers Leslie Fiedler *Cross the border, close the gap* aus dem Jahr 1968, ein

Schlüsseltext der Postmoderne, der in so unterschiedlichen Medien wie *Playboy* und *Christ und Welt* erschien, brach mit den rationalistischen und ästhetizistischen Übereinkünften der Moderne. Fiedler warb für die Verbindung von Trivial- und Hochkultur, forderte die Annäherung zwischen Pornographie und Literatur und plädierte für die Nutzung von Drogen zur künstlerischen Bewusstseinserweiterung. Damit wurden Tabubrüche markiert,[30] die in der Folge von den Autoren in selbstvermarktender Absicht ausgenutzt werden konnten. Der kalkulierte Tabubruch beschleunigte den Erwerb symbolischen Kapitals. Berühmtestes Beispiel ist Rainald Goetz' öffentlichkeitswirksamer Auftritt bei dem Klagenfurter Bachmann-Wettbewerb 1983. Der vorlesende Dichter, der sich als Arzt offenbar bewusst ware, was er tat, schlitzte sich vor laufenden Fernsehkameras bei den Worten „Ihr könnt's mein Hirn haben" die Stirn auf und ließ sein Blut auf das vor ihm liegende Papier, von dem er weiterhin ungerührt ablas, tropfen.

Tabu zwischen Terror und ironischem Spiel

Für die Universalisten, die annehmen, dass alle Gesellschaften Tabus haben, auch wenn sie nicht darüber reflektieren können, gilt das ironische Spiel mit dem Tabu und dem Tabubruch.[31] Es ist freilich ein Spiel mit dem Feuer, dessen Regeln von der Medienkultur bestimmt wird, die den Tabubruch als Skandal ausruft. In der anderen Variante geht vom Tabu eine Gewalt aus, die sich nicht im künstlerischen Spiel zähmen lässt. Hier kommt eine relativistische Auffassung zur Geltung: Es gibt Kulturen mit Tabus und Kulturen ohne Tabus, und die entscheidende Frage ist, welche die bessere ist.

Martin Mosebach kann als Vertreter der relativistischen Tabuistik bezeichnet werden. Der Autor gilt als Kronzeuge für eine Renaissance des Bürgertums und als Verfechter einer vorkonziliaren Liturgie mit gregorianischen Chorälen. Die Figuren in seinen eleganten Romanen sind unangepasste Helden, die Tabus achten, weil sie die Welt für unrettbar schlecht halten, so gut sie auch meist darin zurechtkommen. Mit dem Prädikat „Katholischer Schriftsteller" kann der Autor, der 2007 mit dem Georg Büchner-Preis geehrt wurde, gut leben.[32]

Im Frühjahr 2012 hat Martin Mosebach für ein Blasphemieverbot plädiert und damit selbst ein markantes Tabu aufgegriffen. Sein Artikel[33] relativiert die Unantastbarkeit der Kunstfreiheit. Literatur und Kunst dürften sich nach Übereinkunft der aufgeklärten Moderne von keinem Staat, von keiner Religion und auch von keinem inneren Zensor vorschreiben lassen, was darstellbar sei und was nicht. Mosebach aber zeigt, wie man den „Wert des Verbietens" kunstfern begründen könne, nämlich juristisch mit der verfassungstheoretisch garantierten Balance zwischen bürgerlichem Gehorsam und staatlichem Schutz: Wenn die Empörung verletzter Gläubiger ein gewisses Maß erreicht und überschritten habe, sei die staatliche Ordnung gefährdet. Doch das Problem ist auch eines der Ästhetik. Wenn Blasphemie wieder gefährlich für den Künstler werden sollte, so entstünde ein neues Tabu, das allein ein demokratischer Paragraph nur schwerlich reglementieren, geschweige denn sanktionieren könnte: ein Blasphemieverbot als religiös markierte Grenze der Kunst.

Gewalt und Schuld in Michael Hanekes Film „Das weiße Band"

Gewalt, Scham und Schuld sind der Nährboden, auf dem sich das Tabu in Michael Hanekes oscarprämiertem Film *Das weiße Band* (2009) entfaltet. Haneke lässt seinen Film, der als präfaschistische Parabel, als schwarzromantische Anti-Idylle, als kriminalistischer Historienfilm deutbar ist, im Jahr 1913 spielen, unmittelbar vor dem Ausbruch des Ersten Weltkriegs. Es ist das Jahr, in dem Freuds Tabu-Studie erschien.

Der Film erzählt von mehreren Unglücksfällen, die sich in einem norddeutschen Dorf abspielen. Der Dorfarzt stürzt über einen Draht, Kinder werden entführt und misshandelt, Felder werden verwüstet, ein Gutshof brennt ab. Die Übeltäter bleiben unentdeckt, aber stets sind Kinder in der Nähe des Tatorts, die sich auf Nachfrage schweigend oder verdächtig verhalten. Wie sie in die Verbrechen verstrickt sind, bleibt unklar. Das Tabu, das wie eine dunkle Wolke über dem Dorf hängt, besteht in dem Schweigen der Kinder und dem Verschweigen der Eltern. Allein der junge Dorflehrer, der teilnehmender Beobachter, partieller Zeuge und später auch der Off-Kommentator der Ereignisse ist, versucht Licht ins Dunkel zu bringen.

In der Bezweiflung und Antastung der vermeintlichen Unschuld der Kinder wird ein neues Tabu erzeugt. Eine Schlüsselszene des Films zeigt den etwa 12jährigen Martin im Arbeitszimmer seines Vaters, des Dorfpfarrers. Er will seinen Sohn zum Geständnis einer Handlung zwingen, die wie das Wort, das es für sie gibt, damals unter einem mächtigen Tabu stand. Die Umschreibung, dass sich jemand „an den feinsten Nerven seines Körpers schadet, dort wo auch Gottes Gebot heilige Schranken auferlegt hat", verweist auf den religiösen Ursprung des Onanieverbots (Gen 38,9f.).

Interessant ist die filmische Umsetzung des Tabus. Vater und Sohn schauen sich bei dem Gespräch, das eher ein Verhör ist, nicht ins Gesicht. Martin weicht dem Blick des Vaters aus. Der reinigt erst den Vogelkäfig – eine symbolische Verzichthandlung – und erzählt die abschreckende Geschichte von einem jungen ausgemergelten Onanisten, was bei Martin aber Mitleid statt Selbsterkenntnis auslöst. Er weiß um das Tabu, ohne es zu verstehen, und weil er es genau so wenig aussprechen kann wie sein Vater, spricht seine Miene statt des Mundes. Martin und sein Vater weinen, heißt es in der Regieanweisung.[34] Die Tränen verschleiern das Masturbations-Tabu. Hanekes Film zeigt weder die Tabus noch die daraus resultierenden Tabubrüche, lässt aber die schlimmen Folgen, die ins Bild kommen, von einem jungen Lehrer kommentieren, dem einzigen, der über das Geschehene spricht. Doch eine Sprache für das Tabu fehlt auch ihm. Aus einer Kultur mit Verboten und rigiden moralischen Grenzen kann nichts Gutes entstehen. Die Kinder von 1913 sind die Naziwähler von morgen. Das ist eine gängige Interpretation des Films.[35]

Die Geschichte des Films lässt sich als Befreiung des Films vom Terror des Tabus und als Hinwendung zu ernsten, dann ironischen Tabubrüchen verstehen. Dieser Entwicklungsprozess ist abhängig von der Lockerung der Zensur. Anfang des 20. Jahrhunderts gab es in den USA regionale Lizenzkontrollen für Filme. Polizeifilme in Chicago wurden wegen angeblich nachahmungsfreundlicher Gewaltszenen als bedenklich eingestuft. Um ein nationales Zensurgesetz zu verhindern, schlossen sich 1922 die Filmproduzenten

Aktuelle Fragen und Hintergrundwissen

Die Herder Korrespondenz bietet einen umfassenden Überblick sowie Hintergründe und Analysen zu den wichtigsten Themen aus Religion und Gesellschaft. Sie greift Debatten aus Kirche, Theologie und Kultur auf. Wer die Herder Korrespondenz liest, weiß Bescheid und kann mitreden.

Breites Themenspektrum

In einer säkularen Gesellschaft braucht es den verstärkten Diskurs über Fragen der Religionen, des Glaubens und der Ethik. Die Herder Korrespondenz ist dafür die Plattform. Jedes Heft enthält ein Interview mit einer Persönlichkeit aus Kirche, Wissenschaft und Politik. Der Leitartikel widmet sich pointiert religiös-gesellschaftlichen Zeitfragen.

Katholisch ohne Scheuklappen

Die Herder Korrespondenz analysiert für Sie kompetent und fair kirchliche Verlautbarungen und berichtet unvoreingenommen über das Leben der katholischen Kirche sowie über vatikanische und weltkirchliche Vorgänge.

Ökumene und Religionsdialog

Die Herder Korrespondenz hat von Anfang an die Ökumenische Bewegung und das ökumenische Engagement der katholischen Kirche begleitet. Sie informiert über die nichtkatholischen christlichen Kirchen und widmet sich intensiv dem interreligiösen Diskurs.

Geheimes Wissen, verborgene Sprache, verbotene Bilder

und Verleiher zur MPPDA (der Motion Pictures Producers and Distributors Association) zusammen. Ihr Vorsitzender Will Hays, ein ehemaliger hochrangiger Wahlkampfmanager, entwickelte dann einen Production Code. Dieser Hays Code reglementierte, was in Filmen gezeigt werden durfte und was nicht. Besonders Gewalt- und Sexualdarstellungen unterlagen einer freiwilligen Selbstzensur. Küsse durften nur sechs Sekunden lang gezeigt werden, leidenschaftliche Umarmungen waren tabu, ein Paar im Bett zu zeigen war nur dann statthaft, wenn jeder wenigstens einen Fuß auf dem Boden hatte. Hitchcocks *Psycho* (1960) erzählt insofern nicht nur vom Tabu einer inzestuös-nekrophilen Mutter-Sohn-Beziehung, sondern ist auch die Tragödie der unehelichen Affäre der Titelheldin Marion, die nach einem Drittel des Films ermordet wird. Eine solche tabuisierte Affäre „zuzugestehen, ohne daß die Inkulpanten von der Strafe ereilt würden", so Adorno, war im Nachkriegsfilm „mit einem strengeren Tabu belegt, als daß der zukünftige Schwiegersohn des Millionärs in der Arbeiterbewegung sich betätigt."[36] Doch der Hays Code wurde in den 1950er Jahren allmählich aufgelöst. Arthur Penns Film *Bonnie & Clyde* (1968), der den Tod der Gangsterpärchens in einem zeitlupenhaften Showdown zeigt, ist das Einfallstor für neue Darstellungsmöglichkeiten filmischer Gewaltakte. In Filmen wie Oliver Stones Drogenthriller *Savages* (2012) wurden auch in formaler Hinsicht Grenzen der Gewaltvisualisierung überschritten.[37]

Gerade der Film zeigt, wie durchlässig die Grenzen zwischen Tabu und Tabubruch sind. Die letzten Tabus unserer Zeit machen sich selber Konkurrenz, während das Tabu als Einzelgänger im Feld der Kunst hingegen ausgestorben zu sein scheint, seitdem nichts mehr heilig ist und alles gesagt und gezeigt werden kann. Doch die paradoxe Konsequenz aus dem Großreinemachen in den letzten Sperrzonen der Moderne ist, dass mit dem Bruch des Tabus das Tabu nicht etwa abgeschafft ist, sondern dessen rätselhafter Charakter nur noch verschärfter hervortritt.

Zum religiösen Trend in der Gegenwartsliteratur

Krach um Christian Kracht

Das ist der Fall bei künstlerischen Werken, die im Modus von Ironie und Parodie mit dem Tabu experimentieren. Christian Kracht, der schon mit seinem Deutschlandroman *Faserland* (1995) und dem Gesprächsband *Tristesse Royale* (1999) an die postmodern-politische Tradition des Tabubruchs angeknüpft hat, trat Anfang 2012 mit dem Roman *Imperium* auf den Plan. Das Buch wurde schon vor seiner Auslieferung im Wochenmagazin *Der Spiegel* verrissen.[38] Der Roman wurde unter den Generalverdacht eines antimodernen Fundamentalismus gestellt, der Autor von *Imperium* – so heißt es – sei „der Türsteher der rechten Gedanken".[39]

Worum ging der Krach um Kracht? *Imperium* erzählt auf der Grundlage wahrer Begebenheiten eine Aussteigergeschichte im imperialistischen Südseemilieu aus der Zeit um 1900. Der Apothekersohn August Engelhardt zieht sich auf eine kleine Pazifikinsel zurück, um ein aus Kokosnussernährung und Sonnenanbetung bestehendes Paradies zu gründen. Die Zivilisationsflucht ist ein Bruch mit dem Tabu der zivilisatorischen Moderne, die keine Alternative zum Fortschritt des technischen Zeitalters zulässt. Kracht spielt mit diesem Tabubruch. Er schleust reale Figuren aus der Geschichte in die Romanhandlung ein, die ihrerseits für gute und schlimme Tabubrüche stehen. So stehen Thomas Mann, Kafka, Hesse auf der einen, Hitler steht auf der anderen Seite. Thomas Mann taucht als Tabuwächter an einem Ostseestrand auf, um den dort nacktbadenden Romanhelden zu denunzieren. Hier konkurriert das soziale Tabu des Nudismus mit dem Tabu vom homoerotischen Autor, das Thomas Mann in seinen erst postum zur Veröffentlichung freigegebenen *Tagebüchern* lüftete, von denen er zu Lebzeiten sagte: „es kenne mich die Welt, aber erst wenn alles tot ist. Heitere Entdeckungen dann" (13.10.1950). Das Tagebuch ist ohnehin ein bevorzugter Ort für Tabus; der „Weltmitschreiber" Peter Rühmkorf hat deshalb sein Tagebuch unter dem Titel *Tabu* veröffentlicht.[40]

Ein politischer Tabubruch ist Krachts Umgang mit der Figur Hitlers. Pathosallergie, Ironiesignale, Entdämonisierung und Historisierung signalisieren die Distanzzone des künstlerischen

Geheimes Wissen, verborgene Sprache, verbotene Bilder

Hitler-Tabus. Krachts Roman wurde vorgeworfen, dass der Held als Miniatur-Hitler verkauft werde, als verhinderter Romantiker, gescheiterter Künstler, der zu „unvorstellbaren Grausamkeiten" fähig sei und das 20. Jahrhundert zu einem „Jahrhundert der Deutschen" machen wolle, das „seinen rechtmäßigen Ehren- und Vorsitzplatz an der Weltentischrunde einnehmen würde".[41] Doch dabei wird übersehen, dass Krachts Hitler eine Schöpfung der Fiktion ist, die mit der Figur aus den Geschichtsbüchern kaum mehr als die äußeren Lebensdaten teilt. Die epische Aufgabe dieser Figur ist die Inszenierung des Tabubruchs, die Demonstration des Spiels mit den Fakten und auch die Integration der einstigen deutschen „Sonderlingsgroßmacht" in das gegenwärtige „Imperium der Populärkultur". Kracht betont das „Unvergleichbare der beiden Irren".[42] Er stellt ein Differenzierungsgebot auf, pathetisch gesagt: einen Baum der Erkenntnis im Garten der Kolonialgeschichte. In dem exotischen Paradies, das der Held mit dem sprechenden Namen Engelhardt behaust, gibt es zunächst keine Tabus. Doch mit der tabulosen Weltöffentlichkeit, die sich für sein Schicksal interessiert, kommen mit künstlerischen, wirtschaftlichen und politischen Interessen auch neue Tabuverletzungen ins Spiel. Der Friedensjünger Engelhardt wird zum Antisemiten, der einen „radikalen neuen Menschen" erträumt und sein Projekt als eigenes „Kunstwerk" feiert.[43]

Was bleibt? Das Tabu *ist* nicht etwas Bestimmtes, sondern es kommt erst dann zum Vorschein, wenn es in der künstlerischen Form von Maske und Symbol dargestellt wird. Literatur und Film sind die immer noch freien Künste, in denen das Tabu in seiner schillernden Doppelgestalt inszeniert werden kann. Das „Tabu" ist ein Phönixbegriff, der sozusagen aus der Asche gebrochener Tabus aufsteht, nur in Widersprüchen fassbar, als „offenes Geheimnis", als verbotene Begierde, als Meidungsgebot, als mit Abscheu gemischte Ehrfurcht.

Zum religiösen Trend in der Gegenwartsliteratur

Anmerkungen

1. Thomas Mann: Die Stellung Freuds in der modernen Geistesgeschichte. In: Thomas Mann: Essays. Bd. 3: Ein Appell an die Vernunft 1926–1933. Hrsg. von Hermann Kurzke und Stephan Stachorski. Frankfurt a.M. 1994, S. 122. – Hier überarbeiteter Erstdruck aus: Stimmen der Zeit 138 (2013) H. 2, S. 97–110.
2. Sigmund Freud: Totem und Tabu. In: Studienausgabe. Bd. IX. Hrsg. von Alexander Mitscherlich u.a. Frankfurt a.M. 2000, S. 311.
3. Vgl. Martin Mulsow: Prekäres Wissen. Eine andere Ideengeschichte der Frühen Neuzeit. Berlin 2012, S. 24f.
4. Nachzulesen im Online-Portal www.lyrikwelt.de/gedichte/zehg1.htm (Abfrage am 7.11.2012).
5. Freud (Anm. 2), S. 324.
6. Roger Shattuck: Tabu. Eine Kulturgeschichte des verbotenen Wissens. Aus dem Amerikanischen von Harald Stadler und Thorsten Schmidt. München und Zürich 2003, S. 72.
7. Vgl. Handbuch Theologie und populärer Film. Hrsg. von Thomas Bohrmann u.a. Paderborn 2012.
8. Rüdiger Safranski: Das Böse oder Das Drama der Freiheit. Frankfurt a.M. 1997, S. 23.
9. Thomas Mann: Gesammelte Werke. Bd. IV: Joseph und seine Brüder. Bd. 1. Frankfurt a.M. 1990, S. 35.
10. In: Heinrich von Kleist: Werke und Briefe. Bd. 3. Berlin und Weimar 1978, S. 480.
11. Gunther Plaut: Die Tora in jüdischer Auslegung. Autorisierte Übersetzung und Bearbeitung von Annette Böckler. Gütersloh 1981, S. 97.
12. In: Historisches Wörterbuch der Philosophie. Bd. 10. Hrsg. von Joachim Ritter u.a. Basel 1998, S. 877–879.
13. Vgl. Lorraine Daston: Wunder, Beweise und Tatsachen: Zur Geschichte der Rationalität. Frankfurt a.M. 2001.
14. Vgl. Shattuck (Anm. 6), S. 48; Stephen Greenblatt: Die Wende. Wie die Renaissance begann. München 2012, S. 129–134 u.ö. Vgl. auch Alberto Manguel: Eine Geschichte der Neugierde. Aus dem Englischen von Achim Stanislawski. Frankfurt a.M. 2015.
15. Vgl. Shattuck: Tabu (Anm. 5), S. 378.
16. Ebd., S. 130.
17. Nachwort, in: Mary Shelley, Frankenstein oder Der moderne Prometheus. Die Urfassung. Aus dem Englischen von Alexander Pechmann. München 2006, S. 292.
18. Freud (Anm. 2), S. 311.
19. Heinrich Detering: Das offene Geheimnis. Zur literarischen Produktivität eines Tabus von Winckelmann bis zu Thomas Mann. Göttingen 2002, S. 202–205.
20. Friedrich Kluge: Etymologisches Wörterbuch der deutschen Sprache. 23. Aufl. Berlin und New York 1999, S. 812.
21. Adalbert von Chamisso: Sämtliche Werke. Bd. 2. Reise um die Welt. Aufsätze. Darmstadt 1975, S. 135f.

[22] Zit. nach Alexandra Przyrembel: Verbote und Geheimnisse. Das Tabu und die Genese der europäischen Moderne. Frankfurt a.M. 2011, S. 30.
[23] Ebd., S. 16.
[24] Vgl. Hans-Jürgen Greschat: Art. „Mana und Tabu". In: Theologische Realenzyklopädie. Bd. 22. Berlin und New York 1990, S. 13–16; U. Kocher: Art. „Tabu". In: Historisches Wörterbuch der Rhetorik. Bd. 9. Tübingen 2009, S. 403–409; Georg Braungart: Art. „Tabu". In: Reallexikon der Literaturwissenschaft. Bd. 3. Berlin und New York 2003, S. 570–573; Hartmut Eggert und Janusz Golec (Hrsg.): Tabu und Tabubruch. Literarische und sprachliche Strategien im 20. Jahrhundert. Stuttgart und Weimar 2002; Hartmut Schröder: Phänomenologie und interkulturelle Aspekte des Tabus – Ein Essay. In: Verbotene Worte. Eine Anthologie. Hrsg. von Tzveta Sofronieva. München 2005, S. 287–314, hier S. 288; Michael Braun (Hrsg.): Tabu und Tabubruch in Literatur und Film. Würzburg 2007, S. 7; ders. (Hrsg.): Was ist tabu? Sonderheft der Germanistischen Mitteilungen 41. Heft 1. Heidelberg 2015.
[25] Freud (Anm. 2) 326.
[26] Johann Wolfgang von Goethe: Sämtliche Werke. Münchner Ausgabe. Bd. 6.1. Hrsg. von Victor Lange. München und Wien 1986, S. 630.
[27] Vgl. Arthur Schnitzler: Ein Liebesreigen. Die Urfassung des Reigen. Hrsg. von Gabriella Rovagnati. Frankfurt a.M. 2004.
[28] Olga Schnitzler: Spiegelbild der Freundschaft. Salzburg 1962, S. 27.
[29] Alexander und Margarete Mitscherlich: Die Unfähigkeit zu trauern. Grundlagen kollektiven Verhaltens. Leipzig 1990, S. 123.
[30] Vgl. Helmuth Kiesel: Geschichte der literarischen Moderne. Sprache, Ästhetik, Dichtung im 20. Jahrhundert. München 2004, S. 294–297.
[31] Wolfgang Braungart: Tabu, Tabus. Anmerkungen zum Tabu ‚ästhetischer Affirmation'. In: ders. u.a. (Hrsg.): Wahrnehmen und Handeln. Perspektiven einer Literaturanthropologie. Bielefeld 2004, S. 297–327, hier S. 305.
[32] Martin Mosebach: Was ist katholische Literatur? In: ders.: Schöne Literatur. Essays. München 2009, S. 105–129.
[33] Martin Mosebach: Vom Wert des Verbietens. In: Frankfurter Rundschau, 18.06.2012.
[34] So das Dialogdrehbuch: Michael Haneke: Das weiße Band. Berlin 2009, S. 99; im Film sehen wir nur Martin weinen. Vgl. dazu Jörg vom Brincken: Eine grausame deutsche Kindergeschichte. Tabu in Michael Hanekes *Das weiße Band*. In: Germanistische Mitteilungen 41 (2015) H. 1, S. 21–37.
[35] Vgl. Andreas Kilb: Schrecken eines Jahrhunderts. In: FAZ, 14.10.2009; Christian Buß: Monster im Dorf. In: Der Spiegel, 14.10.2009; Peter Kümmel: Von diesen Kindern stammen wir ab? In: Die Zeit, 08.10.2009.
[36] Max Horkheimer und Theodor W. Adorno: Dialektik der Aufklärung. Philosophische Fragmente. Frankfurt a.M. 1971, S. 127.
[37] Vgl. dazu allgemein: Ivo Ritzer: Fernsehen wider die Tabus. Sex, Gewalt, Zensur und die neuen US-Serien. Berlin 2011; Tabu. Über den gesellschaftlichen Umgang mit Ekel und Scham. Hrsg. von Anja Hesse u.a. Berlin 2009.
[38] Einen Überblick über die Debatte gibt die Online-Ausgabe der *Zeit*, 28.02.2012, abgefragt am 10.08.2012 unter http://www.zeit.de/lebensart/lessen-trinken/2012-02/kokosnuss-imperium.
[39] Georg Diez: Die Methode Kracht. In: Der Spiegel, 16.2.2012, S. 103.

[40] Peter Rühmkorf: Tabu I. Tagebücher 1989–1991. Reinbek 1995, S. 611.
[41] Christian Kracht: Imperium. Roman. Köln 2012, S. 18f.
[42] Erhard Schütz: Kunst, kein Nazikram. In: Freitag, 16.02.2012.
[43] Kracht: Imperium (Anm. 41), S. 79, 51, 156.

Audienz der Autoritäten
Deutsche Schriftsteller und der Papst*

Der Papst ist in der deutschen Literatur, in der es Priesterromane von Rang gibt, aber wenige Geschichten von Bischöfen und Kardinälen, ein eher gemiedenes als beliebtes Thema. Papst-Gedichte, von den Reichssprüchen Walthers von der Vogelweide bis Stefan George und Reinhold Schneider, sind nicht immer frei von distanzloser Bewunderung oder polemischer Kritik; für die junge Autorengeneration ist der Papst nur interessant, wenn er wie ein „Popstar" auftritt;[1] und Rolf Hochhuths Dokumentardrama *Der Stellvertreter* (1963) ist in erster Linie berühmt, weil es, bis heute, umstritten bleibt.[2] Was aber geschieht, wenn der höchste Würdenträger der katholischen Kirche und ein deutscher Repräsentant der Weltliteratur aufeinandertreffen? Was erwartet der Geist von der kirchlichen Macht, was hat diese Autorität dem Autor zu sagen?

Es gibt eine Fiktion dieses Gipfeltreffens avant la lettre in den Memoiren von Günter Grass. In seiner Autobiographie *Beim Häuten der Zwiebel* (2006) berichtet er von einem „Kumpel Joseph", der ihm im Juni 1945 im amerikanischen Kriegsgefangenenlager Bad Aibling beim Würfelspiel Gesellschaft geleistet habe. Aus der Biographie von Papst Benedikt XVI. wissen wir, dass er in jenen Wochen tatsächlich in Bad Aibling als Kriegsgefangener inhaftiert war.[3] Wir wissen nicht, ob es tatsächlich Joseph Ratzinger war, mit dem Grass in einem Erdloch um die Zukunft gewürfelt und Kümmel gekaut hat. Der Vatikan hat sich weislich eines Kommentars enthalten.[4] Doch jenseits der Frage von „Dichtung und Wahrheit" ist Grass' „fiction of memory" höchst aufschlussreich. Mit der möglicherweise nur erfundenen Begegnung zwischen den Jahrgangsgenossen, dem künftigen Nobelpreisträger und dem künftigen Pontifex, stellt sich Grass in die große Tradition des poeta laureatus, und man kann mit guten Gründen argumentieren, dass der Autor, immer schon auf große Wirkung bedacht, seine Biographie mit dieser Tradition von Anfang an zu adeln versucht.

Die Tradition beginnt mit Gotthold Ephraim Lessing. Seine Audienz bei Pius VI. am 25. September 1775 gehört zu den bislang ungelösten Rätseln der Lessing-Biographie.[5] Alles, was wir über das zweistündige Gespräch wissen, entstammt den Spekulationen der Zeitgenossen und der deutschen Presse. Sie machte viel Aufheben um den Besuch des Hauptkritikers religiöser Intoleranz bei einem Papst, der sich als kirchlicher Gegner der Toleranzpostulate der Französischen Revolution hervorgetan hatte.[6] Lessing solle zwei Stunden lang „in teutscher Sprache"[7] mit dem 1775 zum Papst gewählten Pius VI. gesprochen, dieser ihn, einen „zweiten Winckelmann", aufgefordert haben, eine römische Stadtgeschichte zu verfassen. Der Autor selbst hat sich, wie Christoph Friedrich Daniel Schubart, der Herausgeber der „Teutschen Chronik", überliefert, über solche Zeitungsenten mokiert.[8]

Was aber war wirklich geschehen, und warum überließ es Lessing „ganz unserer Phantasie", die Audienz auszumalen?[9] Lessings Rombesuch ist der Höhepunkt der achtmonatigen Italienreise, die er im April 1775 von Wien aus in Begleitung des 23jährigen Prinzen Leopold von Braunschweig antrat. So gut wie nichts ist über die Kavalierstour überliefert, was biographisch oder literarisch aufschlussreich wäre; neben Spesenrechnungen gibt es nur einige dürftige Reisenotizen mit Kochrezepten und bibliographischen Notizen, sodann einige Briefe an die Braut Eva König. Man sollte sich aber nicht zu sehr darüber wundern, dass der Schriftsteller Lessing vier Monate lang und ausgerechnet in Rom nichts Literarisches zu Papier gebracht hat. Wegen der ausgedehnten bibliothekarischen Recherchen und der kunstgeschichtlichen Studien in Rom – stundenlang suchte ihn einmal seine Reisegruppe und fand ihn bei der Laokoon-Gruppe im Belvedere-Hof des Vatikans – hatte er wohl weder Zeit noch Lust, seine Papstaudienz ausführlich zu kommentieren.

Vielleicht aber war es ihm auch peinlich, etwas darüber zu schreiben. In der Leipziger *Zeitung für die elegante Welt* wird 1805 berichtet, Lessing habe sich im Quirinalspalast bei der Begrüßung des Heiligen Vaters blamiert: Lessing „näherte sich dem heiligen Vater in der demüthigsten Stellung, beugte sich vor ihm devotest nieder, und war wirklich im Begriff die Füße desselben zu küssen, als dieser sie lächelnd zurückzog, und dadurch der komischen Szene ein Ende machte".[10] Man muss sich die konfuse Situation vorstellen: ein Aufklärer und Protestant geht vor dem obersten Katholiken in die Knie und wird von diesem „lächelnd" abgewiesen oder auch erhoben. Das hätte sich der Autor, der kurz davor stand, im Fragmentenstreit mit der lutherischen Kirche in Deutschland das Theater zu reformieren und zu seiner neuen Kanzel zu machen, nicht träumen lassen. Immerhin: Lessing war kein Goethe, der Pius VI., dessen Pontifikat eines der längsten der Kirchengeschichte war, elf Jahre später bei einer Allerseelenmesse im Petersdom als „schönste, würdigste Männergestalt" erlebte, aber seine Ausübung des Messopfers missbilligte. Ist Lessing bei seiner Papstvisite von der alten „protestantischen Erbsünde" der Autoritätskritik erlöst worden?[11]

Thomas Mann bei Pius XII.

Begegnungen zwischen deutschen Autoren und dem Papst können auch gut ausgehen. 1953 kommt es zu einer Audienz von Thomas Mann bei Pius XII. Der Statthalter Christi, der zehn Jahre später in Hochhuths Papstdrama wegen seiner Haltung zum Naziregime und zum Holocaust schwer in die Kritik geraten sollte, empfing den Nobelpreisträger am 29. April zu einer „Spezial-Audienz". „Allein-Empfang [...] im Stehen" hält das Tagebuch Thomas Manns fest. „Die weiße Gestalt des Papstes vor mich tretend. Bewegte Kniebeugung und Dank für die Gnade. Hielt lange meine Hand." Auch zum Abschied wird die Hand gereicht, statt die Füße des Heiligen Vaters, darf der gerührte Dichter den „Ring des Fischers" küssen.[12]

Die Audienz hat bei Thomas Mann größten Eindruck hinterlassen, in Briefen und Äußerungen kommt er immer wieder voller Rührung darauf zurück. Sein Papstbild ist getragen von Respekt, ja heiliger Ehrfurcht. Schon im Schlusskapitel des Papstromans *Der Erwählte* (1951) wird die Audienz wie eine klassische Hofszene in Schillerscher Manier beschrieben: der Weg zum Papst führt durch die Säle der römischen Kurie bis ins innerste Zimmer, vorbei an den „Palatinischen Hellebardieren, Nobelgardisten, Türstehern und roten Sänftenträgern".[13] Der Roman wird von Thomas Mann in der Tagebuch-Erinnerung an seine Audienz nicht erwähnt. Wohl aber das Gespräch über die „auf Dauer zu erwartende Wiedervereinigung" Deutschlands und die Worte des seinerzeitigen Kardinals Pacelli auf der Wartburg „Das ist eine gesegnete Burg", was Mann als Bestätigung einer grundsätzlichen Übereinstimmung zwischen den christlichen Religionen auffasste. Dem hätte der Autor des *Nathan* gewiss zugestimmt. Doch was Lessing wohl aus schlechtem Gewissen verschwieg, wird bei Thomas Mann im Dienste der feierlichen Selbstinszenierung übertrieben. Der Glanz der Kurie strahlt auch auf den berühmten Autor aus, den „Luthersproß, der übrigens Luther nicht recht leiden kann", wie Reinhold Schneider kommentierte.[14] Deshalb hat Thomas Mann den Papstbesuch ästhetisch aufgewertet. Tatsächliche Dauer und Umfeld der Audienz sind daneben zweitrangig. Der Kurie war der als Philokommunist verdächtigte Autor ohnehin ein Dorn im Auge. Doch der protestantisch erzogene Thomas Mann, der sich zeitlebens von katholischem Klerus und Ritus angezogen fühlte, stand über solchen Empfindlichkeiten. „Mögen andere eifern und Theokratie und Censur fürchten", notiert das Tagebuch am 1.5.1953.

Grass' „Bruder Joseph"

Günter Grass scheint nichts zu fürchten, schon gar nicht die „typischen Lügengeschichten" (420), deren ihn seine Schwester, eine Instanz des Zweifels in der an Selbstzweifeln armen Autobiographie, bezichtigt. Grass, der die Lizenz der Erinnerung zum „Schummeln" und „Schönfärben" beim Nobelpreisträgertreffen in Vilnius 2000 programmatisch verteidigt hat,[15] identifiziert den „gleichaltrigen Kumpel Joseph" im Gefangenenlager hartnäckig als den späteren Kardinal Ratzinger. Dieser „Joseph" gewann beim Würfeln, zitierte den „Heiligen Augustinus", „als lägen ihm dessen Bekenntnisse in lateinischer Fassung vor" (217). Grass lässt nichts unversucht, seine epische Joseph-Figur als Vorläufer des späteren Kardinals Ratzinger und Papsts Benedikt XVI. erscheinen zu lassen.

Die päpstliche Spur, auf die jüngst Wolfgang Frühwald hingewiesen hat,[16] wurde bei der erinnerungspolitischen Debatte um Grass' Buch übersehen. Hier ging es um das skandalträchtige Geständnis der Waffen-SS-Mitgliedschaft von Günter Grass. Man muss dagegen Joseph Ratzingers Erinnerungen an die Gewalttaten und Grausamkeiten der SS lesen, die beim Appell „freiwillige" Meldungen zur Waffen-SS zu erpressen versuchte und Soldaten, die sich von der Truppe entfernt hatten, kurzerhand aufhängte. In der vorzüglichen Kölner Ausstellung über Benedikt XVI.[17] wird ein Dokument zitiert, in dem dieser die SS eine „verbrecherische Gruppe" nennt. Grass vermerkt im einschlägigen Kapitel seiner Autobiographie, während der Ausbildung zum Panzerschützen „nichts von jenen Kriegsverbrechen" gehört zu haben (127).

Kontrastiv zu Grass' Memoiren kann man auch Adam Zagajewskis Erinnerungen an die Dispute lesen, die sein agnostischer Onkel in Krakau mit einem jungen Geistlichen führte, dem es gelang, „Glauben und sogar Disziplin mit innerer Freiheit" zu vereinbaren. Der junge Priester, Vikar in St. Florian, hieß Karol Wojtyła.[18]

„Karriere machen": Dieses Leitmotiv in Grass› Buch wird auf jenen „zielstrebig katholischen" Joseph übertragen, der „unbedingt Priester, Bischof, womöglich Kardinal" werden wollte (156f.). Die religiöse Wunschbiographie – wer katholischer Priester werden wollte, konnte der Waffen-SS entgehen – bietet sich für Grass nicht nur als Möglichkeit an, das einzelne Leben mehr als nur „ein Stück im Stückwerk der Geschichte" (245) zu deuten, sondern auch als Kontrastfolie und „Gegenentwurf"[19] zum eigenen säkularen Lebensentwurf: Er „glaubte immer noch, mir war nichts heilig" (192). „Ich sagte, es gibt mehrere Wahrheiten. Er sagte, es gibt nur die eine. Ich sagte, an nichts glaube ich mehr. Er sattelte ein Dogma aufs nächste." (217) Ein Zukunftsrollentausch wird spekulativ durchgespielt: Was, wenn Grass auf Joseph gehört hätte und, obwohl „rettungslos weltläufig" (223), Mönch oder ein „halbwegs frommer Künstler" geworden wäre? Bekanntlich ist es anders gekommen, Grass hat seine Schwester aus dem Kloster herausgeholt, im Rom der Nachkriegsjahre seine „Vorstellungen von

Freiheit" erprobt und in den sechziger Jahren ein episches Werk von Weltgeltung vorgelegt. Damit aber war sein Bedürfnis, als höchste Autorität der deutschen Literatur anerkannt zu werden, offenbar nicht gestillt. Die Gelegenheiten, sich als „Lehrmeister der Geschichte" zu äußern, Politikern mit NS-Vergangenheit die Leviten zu lesen und die, wie er sagt, „unverbesserlich undemokratische" Organisation der katholischen Kirche zu rügen, sind Legion. Merkwürdig genug: Ausgerechnet durch die zwischen Dichtung und Wahrheit schillernde Begegnung mit dem nachmaligen Papst versucht der „... zwischen/dem Heilgen Geist und Hitlers Bild"[20] aufgewachsene Günter Grass, seinen literarischen Gründungsmythos zu stützen und seine „Überlebensgeschichte" (149) im Nachhinein religiös zu rechtfertigen.

Anmerkungen

[*] Der Beitrag geht auf einen Aufsatz zurück, der erstmals in der Zeitschrift Orientierung 71 (2007), S. 166–167 erschienen ist. Für Anregungen danke ich Wolfgang Frühwald und Nikolaus Klein.

[1] Vgl. Juli Zeh u. a.: Generation Papst. In: Die Welt, 23.04.2005; Hans-Ulrich Treichels Erzählung über Johannes Paul II. *Der Papst, den ich gekannt habe* (Frankfurt a. M. 2007).

[2] Vgl. das Interview mit Rolf Hochhuth. In: Der Spiegel, 22/2007, S. 158–159.

[3] Vgl. Joseph Kardinal Ratzinger: Aus meinem Leben. Erinnerungen (1927–1977). München 1998, S. 42f.

[4] Vgl. Martin Kölbl (Hrsg.): Ein Buch, ein Bekenntnis. Die Debatte um Günter Grass' *Beim Häuten der Zwiebel*. Göttingen 2007, S. 35.

[5] Vgl. die Beiträge von Conrad Wiedemann und Paul Raabe in: Wilfried Barner, Albert M. Reh (Hrsg.): Nation und Gelehrtenrepublik. Lessing im europäischen Zusammenhang. Detroit und München 1984, S. 150–162, 163–171; Gunter E. Grimm: Lessings Italienreise von 1775. In: Lessing Yearbook 17 (1985), S. 109–120.

[6] Vgl. Karl Josef Kuschel: „Jud, Christ und Muselmann vereinigt"? Lessings „Nathan der Weise". Düsseldorf 2004, S. 47–53.

[7] Was indessen unwahrscheinlich ist: vgl. Walter Deeters: Des Prinzen Leopold von Braunschweig Italienreise. In: Braunschweigisches Jahrbuch 52 (1971), S. 140–162, hier S. 152.

[8] Vgl. Richard Daunicht: Lessing im Gespräch. Berichte und Urteile von Freunden und Zeitgenossen. München 1971, S. 369f.

[9] Erich Schmidt: Lessing. Bd. 2. Berlin 1923, S. 140.

[10] Zeitung für die elegante Welt, 1805. Zit. nach R. Daunicht: Lessing im Gespräch (Anm. 8), S. 370.

Audienz der Autoritäten

[11] Vgl. Goethe: Werke. Hamburger Ausgabe. Hrsg. von Erich Trunz. Bd. 11. Hamburg 1981, S. 127.
[12] Thomas Mann: Tagebücher 1953–1955. Hrsg. von Inge Jens. Frankfurt/M. 1995, S. 53f.
[13] Thomas Mann, Gesammelte Werke. Bd. 7. Frankfurt/M. 1990, 250.
[14] Zit. nach Hermann Kurzke: Thomas Mann. Das Leben als Kunstwerk. München 1999, S. 100.
[15] Günter Grass: Ich erinnere mich ... In: ders., Czesław Miłosz, Wisława Szymborska, Tomas Venclova: Die Zukunft der Erinnerung. Hrsg. von Martin Walde. Göttingen 2001, S. 27–34, hier S. 31.
[16] Wolfgang Frühwald: Laudatio auf Günter Grass anlässlich der Verleihung des Ernst-Toller-Preises in Neuburg an der Donau am 22. April 2007. In: Literatur in Bayern. Hrsg. im Auftrag der Vereinigung der Freunde Bayerischer Literatur e. V. ... vom Institut für Bayerische Literaturgeschichte der Universität München. München 2007, S. 88–89.
[17] Vgl. „Benedikt XVI. Der Papst aus Deutschland". DVD zur Ausstellung im Bildungswerk der Erzdiözese Köln 2007.
[18] Adam Zagajewski: Ich schreibe über Krakau. München 2000, S. 98.
[19] Frühwald: Laudatio auf Günter Grass (vgl. Anm. 16). In Grass' Gedichtband Dummer August (Göttingen 2007, S. 49) wird das Infallibilitätsdogma „Global gesehen" gestürzt: „selbst der Papst gewöhnlich unfehlbar/muß sich mit Hilfe von Fußnoten korrigieren".
[20] Günter Grass: Werkausgabe. Bd. 1. Hrsg. von Volker Neuhaus. Göttingen 1997, S. 198.

„Im Land der Allegorien / tanzt Salome stets ..."
Salome und der Prophet in der Literatur

Salome hat die Literatur seit jeher fasziniert. Die rätselhafte Frau mit dem verführerischen Körper und den zwei Köpfen, dem eigenen und dem des Täufers, ist eine offene Projektionsfläche für literarische Deutungen. Zum „Schema Salomé" (José Ortega y Gasset) gehören Bedrohung und Verführung, Schönheit und Brutalität, Kopf und Körper, Tanz und Tod.

Ein Rätsel ist schon ihr Name, der nicht in den biblischen, nur in historischen Quellen (in den *Antiquitates Judaicae* des Flavius Josephus) und Legenden verbürgt ist. Dem hebräischen Wortsinn nach bedeutet Salome „volles Genüge", das in der Konsonantenverbindung steckende „Schalom" verweist aber auch auf den noch zu des Täufers Zeiten praktizierten Tammuz-Ishtar-Kult in Jerusalem, zu dem Schleiertanz und rituelles Opfer gehören: der Gang der Priesterin, die Salome oder „Friede" genannt wurde, durch die sieben Tore des Tempels symbolisiert den Abstieg der Göttin in die Unterwelt.

Die Erzählung in den synoptischen Evangelien (Mt 14,1–12; Mk 6,14–29) hingegen ist von geradezu heiliger Nüchternheit. Die Tochter der Herodias, deren Name nicht genannt wird, betört mit ihrem Tanz den Tetrarchen Herodes so sehr, dass er ihr die Erfüllung jedes Wunsches verspricht, und sei es sein halbes Königreich. Angestiftet von der Mutter, verlangt Salome das Haupt des Täufers, bekommt es auf einer Schüssel und übergibt es der Mutter. Der Hass der Herodias auf den Täufer ist in der biblischen Geschichte mit der Selbstverteidigung der Dynastie motiviert. Johannes, der sich von Honig und Heuschrecken nährende Wüstenprediger, Warnprophet und Vorläufer Christi, hat Ehebruch und zweite Ehe des Königs angeprangert, er wird in den Kerker geworfen. Nach dem Tanz ist Herodes an sein – öffentlich gegebenes – Wort gebunden. Der Tod des Täufers – zwischen 30 und 36 nach Christus datiert – besiegelt seine Macht.

Ein Rätsel ist auch die komplizierte Genealogie der Figur. Salome, damals ein häufiger Name, wird oft mit Herodias verwechselt oder gleichgesetzt; Herodias aber und der Bruder des Herodes Antipas, Herodes Boëthos, sind ihre Eltern; später heiratet sie den Tetrarchen Herodes Philippus (Lk 3,1) und, nach dessen Tod, den Aristobulos, Sohn von Herodes II.

Den Kirchenvätern war Salome ein Dorn im Auge. Immer wieder wurde ihr folgenreicher Tanz als Musterbeispiel für das vermeintlich vom Weibe kommende irdische Vergnügen zitiert und denunziert. Johannes Chrysostomos sah den Sinn des Tanzes nicht darin, wilde Sprünge zu machen wie ein Kamel, sondern mit den Engeln den Chorreigen zu bilden. An Fantasie mangelte es den Patrologen nicht. Auch Striptease und blutrünstige Aspekte kommen in ihren Mahn- und Warnepisteln vor.

Nach einer Phase der Aufwertung des Tanzmotivs in der Renaissance-Malerei, die abseits von moralischen Bedenken die ästhetischen Reize der Salome herausstreicht, kommt es im 18. Jahrhundert zu einem unerwarteten Rückfall ins Moralisieren. Christian Fürchtegott Gellert, Professor für Poesie, Rhetorik und Moral in Leipzig, schreibt 1748 ganz im Geist bürgerlich-aufklärerischer Tugendlehren sein Exempel-Gedicht *Herodes und Herodias*, um die Jugend vor Leichtsinn und Laster zu bewahren. Herodes, der den „frommen Täufer liebt", liebt auch die schwelgerischen Feste und die schönen Tänzerinnen, auf die eine Todsünde folgt die nächste; das unbewusst-mörderische Versprechen muss er aus „Königsstolz" und Angst vor dem „Kaltsinn" der Herodias erfüllen. Einmal ist eben nicht keinmal, schärft Gellert dem Leser ein: „Hier siehst du ja, wie bald nach leichter Gegenwehr/In einem Laster alle siegen".

Mit ethischen Bedenken hatte Heinrich Heine wenig im Sinn. Mit ihm gewinnt Salome ihr modernes Format als emanzipierte Frau. Heine ist der erste, der die biblischen Quellen mit der Tradition aus mittelalterlichen Mysterienspielen und Volkslegenden verbindet und die ästhetischen Aspekte der Figur gegen die moralischen ausspielt. Die Salome-Geschichte im *Atta Troll* (1847) ist eine seiner poetischsten und schönsten. Sie erzählt von einer Wilden Jagd in der Johannisnacht, voran drei Femmes fatales: die

"Im Land der Allegorien/tanzt Salome stets ..."

klassische Jagdgöttin Diana, die keltisch-germanische Fee Abunde und die jüdische Königin Herodias. Ihr, der „Grenzjüdin", die mit der Salome-Gestalt verschmilzt, gehört die Sympathie des jüdisch-deutschen Dichters Heinrich Heine: „Denn dich liebe ich am meisten!/Mehr als jene Griechengöttin,/Mehr als jene Fee des Nordens,/Lieb ich dich, du tote Jüdin". Was Heine so fasziniert an diesem „lieblichen Gespenst", das halb Engel, halb Teufel ist und ihn mit koketten Blicken lockt, ist der sich über Moral und Religion hinweg setzende „Liebeswahnsinn" der Herodias-Salome:

Aber als sie auf der Schüssel
Das geliebte Haupt erblickte,

Weinte sie und ward verrückt,
Und sie starb in Liebeswahnsinn.
(Liebeswahnsinn! Pleonasmus!
Liebe ist ja schon ein Wahnsinn!)

Dieser Liebeswahnsinn, durch den unerwiderte, abgelehnte Liebe zur tödlichen Gefahr wird, auch für sie selbst, macht Herodias-Salome zur Femme fatale. Ihre Nachfolgerinnen in Literatur und Film bekommen das zu spüren. Aus den Salome-Interpretationen von Apollinaire (1902 in der Erzählung *Die Tänzerin* und 1906 im Gedicht *Salomé*), Flaubert (1876 in der Erzählung *Herodias*), Huysmans (1884 im Roman *A rebours*), Mallarmé (1896 in dem Dramenfragment *Hérodiade*) und der decadence-Autoren ist das Motiv des Liebeswahnsinns fortan nicht mehr wegzudenken. Besonders prägnant kommt es in dem Tanz zum Ausdruck, der die epochale Mentalität um 1900 widerspiegelt: wortlos, grenzüberschreitend, tabubrechend steht der Tanz der Salome für Vitalismus und Metaphysik, für apollonisches und dionysisches Element zugleich. „Nur im Tanze weiß ich der höchsten Dinge Gleichnis zu reden", sagt Nietzsches *Zarathustra*. Der Tanz macht den Körper und das Subjekt zum Thema, er markiert den „blutigen Schnitt, der den Kopf vom Körper trennt" (Silvia Volckmann).

Zur Skandalisierung der Salome ist es da nur ein kleiner Schritt. Oscar Wildes Dramolett *Salomé*, 1891 auf Französisch verfasst und zwei Jahre darauf parallel in Paris und in London gedruckt, beschäftigte lange die Zensur. Morbidität und Blasphemie lauteten die Vorwürfe, die *Times* stieß sich an der „Anpassung der biblischen Phraseologie an Situationen, die alles andere als heilig sind." Erst 1896, als Wilde bereits wegen seiner Homosexualität im Gefängnis saß, wurde der Einakter in Paris uraufgeführt; Max Reinhards Berliner Inszenierung (1902) und Richard Strauß' Opern-Bearbeitung (1905) folgten und machten das Stück, das in England erst 1931 offiziell auf die Bühne kam, zu einem der meistdiskutierten Dramen der Moderne.

Wildes Kunst liegt nicht nur in der exotischen Kulisse und tiefgründigen Symbolik des Stücks, in dem er ästhetisches Niveau und Sensationslust des Publikums pointensicher zu verbinden wusste. Vor allem vollendet er die Emanzipierung der Salome-Figur zur tragischen Heroine, zum „existentiellen Außenseiter" (Hans Mayer). Wildes Salome ist weder Erfüllungsgehilfin ihrer Mutter noch Spielball der stiefväterlichen Launen. Selbstbewusst bringt sie ihren Körper in Szene, um sich für ihre verschmähte Liebe zu Jonachaan an diesem zu rächen. Tragisch ist, dass diese Liebe unerfüllbar ist, weil beide, der asketische Prophet in der Zisterne wie die mond- und todessüchtige judäische Prinzessin, völlig verschiedene Vorstellungen von der Liebe haben, der eine zu Gott, die andere zu einem Idealbild ewiger Jugend. Angesichts dieser beidseitigen Liebes- und Lebensverachtung muss Salome sterben. In ihrer Schlussarie, als sie das Haupt des Täufers in der Hand hält und liebkost, rechnet sie auch mit den begehrlichen Blicken von König und Publikum ab:

> „Ich war eine Prinzessin, und du hast mich geschmäht. Ich war eine Jungfrau, und du hast mich geschändet. Ich war keusch, und du hast mir Feuer in die Adern gegossen ... Ach! Ach! Warum hast du mich nicht angesehen, Jonachaan? Hättest du mich angesehen, du hättest mich geliebt. Ich weiß, du hättest mich geliebt, und das Mysterium der Liebe ist größer als das Mysterium des Todes."

Mit Wildes Stück war das Fortleben der Salome in der Literatur der frühen Moderne zunächst gesichert. Die Dichter interessiert, wie die Tänzerin „mänadisch stürmend" die Männer buchstäblich um Kopf und Kragen bringt (1901 in Rudolf Borchardts Gedicht *Salome*, 1894/95 in Frank Wedekinds Lulu-Doppeltragödie), von der virgo zur virago, zum Mannweib wird. In einer der unzähligen

„Im Land der Allegorien/tanzt Salome stets ..."

Salome-Verfilmungen, *Salome's Last Dance* von Ken Russell (1988), die den Autor selbst in einem Luxusbordell eine Aufführung seines Stückes mitsehen und -erleben lässt, entpuppt sich Salome am Ende als Knabe.

Doch zugleich wird der Mythos ästhetisiert. In der Forschung ist wiederholt festgestellt worden, wie blutlos das Fin de Siècle von der Enthauptung des Täufers erzählt, die noch von der Renaissance-Malerei in aller Drastik ausgezeichnet wurde. Der dekadente Salome-Mythos, schreibt Sabine Kleine-Rossbach, „erzählt vom Sterben in Schönheit; er stilisiert den Tod des geköpften Johannes zum Liebestod." Der Preis dieser Ästhetisierung der Salome-Figur ist ihre Pathologisierung. Unter oft antisemitischen Vorzeichen gewinnt sie Züge der jüdischen Verderberin, etwa 1895 in Oskar Panizzas „Himmelstragödie" *Liebeskonzil*, in der Salome die Syphilis in die Welt bringt, oder 1926 in Georg Brittings Gedicht *Salome*; für die originale Salome, die jüdische Schauspielerin Sarah Bernhardt, wird die Verwechslung von Rolle und Figur zum Verhängnis. In der Literatur und auf der Bühne muss Salome viele Tode sterben, einer grausamer als der andere: Wilde lässt sie von den Schilden der königlichen Wachen zermalmen, Apollinaire von Eisschollen in der Donau enthaupten.

Man braucht es daher nicht unbedingt zu bedauern, dass Salome als populäres Produkt überwiegend männlicher Fantasie im Fin de Siècle ihre Zeit gehabt hat und, sieht man von klischeehaften Salome-Romanen ab, in der Gegenwartsliteratur nur noch selten Platz findet, obwohl der Typus nicht ausgestorben ist: sie könnte, meint Ortega y Gasset, die verwöhnte „Tochter eines Bankiers oder Petroleumkönigs sein". Mit Sarah Kirschs Gedicht *Salome* aber könnte eine neue Interpretation der Figur beginnen. Kirsch entwirft hier das Bild einer hochdiplomierten Tänzerin, die in einer Gondel hoch oben auf einem still stehenden Riesenrad schaukelt. Ihr Tanz gilt dem „Roten", einer tragischen Figur mit einer „Kugel im Kopf", die, womöglich an das Dutschke-Attentat von 1968 erinnernd, für gescheiterte Revolution, unterdrückten Protest, zerschlagene Vision steht. Das Gedicht findet sich in dem Band *Zaubersprüche*, der 1973 in der DDR erschien, vier Jahre vor der Ausreise der Autorin in den Westen. Es dokumentiert, wie lähmend, ja klaustrophobisch die politische Situation in der DDR für die Kunst und die Liebe war: „Salome schaukelt/Kommt nicht aus der Gondel, nicht diese Nacht/Salome hat sich/Eingeschlossen. Später/Muß sie gehen und fordert den Kopf.//Sie tanzt wie eine Feder/Leicht gebogen, den Kopf zurück, auf den Zehn." Doch der kleine Triumph dieser Salome ist ihr Tanz am Ende. Mit der Feder unterstreicht sie, dass es die Kunst ist, die zu allen Zeiten den Hauptreiz der Salome ausmacht. Salome als rätselhafte Gestalt zwischen den Zeiten, den Geschlechtern, den Generationen, Salome als Heilige und Tempelhure, als verführte Verführerin und schuldlose Mörderin, ist selbst ein Symbol der Macht und der Ohnmacht der Kunst. „En el país de las Alegorías/Salomé siempre danza", schreibt der nicaraguanische Dichter Rubén Darío 1905: „Im Land der Allegorien/tanzt Salome stets".

Literatur

Michael Braun: „Sie tanzt wie eine Feder". Salome in der Literatur. In: Literatur in Wissenschaft und Unterricht 40 (2007) H. 1/2, S. 53–66.
Sander L. Gilman: Salome, Syphilis, Sarah Bernhardt and the „Modern Jewess". In: German Quaterly 66 (1993) No. 2, S. 195–211.
Sabine Kleine-Rossbach: Lust am Köpfen. Die Decapitationsmythen von Judith und Salome. In: Monika Schmitz-Emans und Uwe Lindemann (Hrsg.): Komparatistik als Arbeit am Mythos. Heidelberg 2004, S. 211–221.
Hans Mayer: Außenseiter. Frankfurt a.M. 1975. Sonderausgabe 2007.
Thomas Rohde (Hrsg.): Mythos Salome. Vom Markusevangelium bis Djuna Barnes. Leipzig 2000.
Silvia Volckmann: Die Frau mit den zwei Köpfen. Der Mythos Salomé. In: Helmut Kreuzer (Hrsg.): Don Juan und Femme fatale. München 1994, S. 127–142.

Maria und Medea

Mutterfiguren in der deutschen Gegenwartsliteratur

Gerade haben die göttlichen Boten dem hochbetagten Abraham und seiner neunzigjährigen, kinderlosen Frau einen Nachfahren verheißen. Sara lacht.
„Herr: ‚Warum lacht denn Sara? Ist denn irgend etwas unmöglich für den Herrn?' Sara: ‚Ich habe nicht gelacht.' Herr: ‚Doch, du hast gelacht.'"[1]

Diese aus dem ersten Buch Moses (Gen 18) stammende Szene hat Thomas Hürlimann in seinem Essay *Das Holztheater* (1997) dramaturgisch zugespitzt. Die kleine Episode lenkt die Aufmerksamkeit auf die Differenz von Mutterwerden und Muttersein, auf die fragwürdige „Natur" der Mütterlichkeit.[2] Elisabeth Badinter schreibt: „Die Mutterschaft ist nur noch *ein* wichtiger Aspekt der weiblichen Identität und keine notwendige Voraussetzung mehr für die Erfüllung des weiblichen Ichs".[3]

Für Sara ist die Kindesverheißung ein Problem. Es geht um eine Mütterlichkeit, die so unmöglich scheint, dass Sara lügen und Gott ihr drohen muss; es geht um die scheinbar alle Gesetze der Natur verneinende Verwandlung von alternder Weiblichkeit in Mutterschaft. Sara kann an die Natur ihres späten Mutterwerdens nicht glauben. Sie muss aber das eiserne Vatergesetz billigen; dem Sohn Isaak wird später, in der Morija-Episode, in der es um seinen Kopf geht, die „Mutterseele" fehlen, er wird „mutterseelenallein" sein – ein Wort aus dem Sprachschatz der Märchen, das die Mutterlosigkeit in Potenz ausdrückt.[4] Aus dem Alten Testament wissen wir: Was als „erste Komödie des Abendlandes" beginnt, endet später um Haaresbreite als tragische Geschichte vom Verlust des Sohnes (Gen 22). Die pränatale Sohnesverleugnung vor Gottes Angesicht ist (nach dem Brudermord) das zweite große Familiendesaster der Weltliteratur, eine Katastrophe der Mutterschaft.

Zum religiösen Trend in der Gegenwartsliteratur

Hilflose, eiserne und erotische Mutter

Sara tritt uns hier als hilflose Mutter gegenüber, die mit ihrer unvermuteten späten Mutterschaft hadert. Diese ‚hilflose Mutter', die man auch die „blinde Mutter" (Irina Liebmann) nennen könnte, ist eines der drei Ordnungsmodelle, mit denen Peter von Matt die literarische Konstruktion der Mutterrolle vermessen hat.[5] Die anderen beiden Konzepte von Mütterlichkeit sind die ‚eiserne Mutter' und die ‚erotische Mutter'. Diese Konzepte hängen eng miteinander zusammen. Während die eiserne Mutter das aus dem römischen Recht stammende Gesetz der väterlichen Ordnung vertritt und ihr Kind notfalls zugunsten dieses Gesetzes aufzuopfern bereit ist, so stellt die erotische Mutter ihre Weiblichkeit über die Mütterlichkeit. Sie inszeniert „Liebe als Passion"[6] und ist um dieser Liebe willen dazu fähig, ihr Kind zu verkuppeln und zu verstoßen. Maria, die dem Sterben ihres Sohnes am Kreuz zuschauen muss, ist der Prototyp der hilflosen, aber heiligen Mutter Gottes, die durchaus streng sein kann, aber nicht erotisch sein darf, es sei denn um den Preis eines Skandals.[7] Der Prototyp der eisernen und erotischen Mutter ist die Kindesmörderin Medea, die als „umstrittene Täterin und maßlos gedemütigtes Opfer" für die dunkle Seite der Mutterliebe steht.[8]

In allen drei Konzepten ist die Mutter nicht ohne das Kind zu haben. Eine kinderlose Mutter ist ein Widerspruch in sich, ein gewaltiger, die Grenzen der Menschlichkeit überschreitender Tabubruch. Die ästhetische und moralische Rolle der Mutterschaft definiert sich über ihr Verhältnis zu der Tochter oder zum Sohn. Sie definiert sich umkehr im Verhalten des Kindes gegenüber der Mutter, das ebenfalls, je nach dem, eisern-verschlossen, erotisch aufgeladen oder hilflos-schweigend sein kann. Ein jüngeres Beispiel der hilflosen Mutter findet sich in Martin Walsers autobiographischem Roman *Ein springender Brunnen*, als die Mutter bei der Nachricht vom gefallenen Sohn einen grellen, nicht aufhören wollenden Schrei ausstößt, einen „einzige[n] Ton".[9]

Es hat den Anschein, als seien diese Mutterporträts nach einer längeren Phase des Schweigens in die deutsche Gegenwartsliteratur zurückgekehrt. Ein Sammelband im Jahr 1996 über die „Mutter als ästhetische Figur" gab im Titel noch ein deutliches Abwehrsignal: „Verklärt, verkitscht, vergessen".[10] Und im April 2003 hieß es skeptisch in der Zeitschrift *Literaturen*, „an ein literarisches Bild, wie Mütter sie selbst sein und darin ihren Kindern begegnen können", sei heute „offenbar noch nicht einmal zu denken".[11]

Konjunktur der Mutterbücher

Das also hat sich merklich geändert. Mütter sind präsent wie selten zuvor, sie bestimmen die Szene in Familien- und Generationsromanen, sie bringen die kommunikative Erinnerung der Schriftstellersöhne und -töchter ins Rotieren. Gleich 14 Romane zählt ein Überblicksartikel aus dem Jahr 2006 auf, weitere kommen beständig hinzu.[12] Es sind Romane, in denen das „schöne und das hässliche Gesicht der Mutter" aufscheinen,[13] das Mariengesicht, „sanft und fügsam", wie es in der *Blechtrommel* heißt,[14] und das Medeagesicht, gezeichnet von Verrat und Vernichtung.

Die folgenden drei Romane weisen beträchtliche Unterschiede im Stil, in der ästhetischen Anlage und im Handlungsaufbau auf, aber nicht minder auffällige Gemeinsamkeiten: Es sind, in der Reihenfolge ihres Erscheinens, Thomas Hürlimanns *Vierzig Rosen* (2006), Julia Francks *Die Mittagsfrau* (2007), Peter Wawerzineks *Rabenliebe* (2010). Es sind Romane, die allesamt, wenn auch mit jeweils abgestuftem Fiktionsanteil, auf einer autobiographischen Grundlage beruhen und die vielleicht nicht zuletzt auch deswegen, weil der Leser immer gerne auf die Wahlverwandtschaften zwischen Autor und Werk schaut, im Literaturbetrieb erfolgreich waren. Hürlimanns Roman, erschienen im 25. Jahr des Ammann Verlags, erreichte noch im Erscheinungsjahr die dritte Auflage und ist bislang sein erfolgreiches Buch, Julia Franck bekam für ihr Buch den Deutschen Buchpreis, Peter Wawerzinek gewann mit seinem Werk den Klagenfurter Bachmann-Wettbewerb.

Wichtig vor allem aber ist die Mutterperspektive. Es geht um Mütter, die ihre Kinder vernachlässigen, ja sogar verlassen. Diese Unverlässlichkeit der Mutter widerspricht ganz und gar der Muttersöhnchen-Literatur, die das Glück von Mutter und Sohn unzerbrechlich aneinander kettet; die Formel dafür in Martin Walsers

Roman *Muttersohn* lautet: „Und wenn er glücklich war, dachte er an die Mutter."[15]

Die Kinder der Mutterfiguren von Franck, Hürlimann und Wawerzinek sind mutterseelenallein. Ihre Mütter sind eisern und erotisch (bei Hürlimann und Franck) oder eisern und hilflos, ja dumm (bei Wawerzinek), bedingt durch jeweils unterschiedliche Zeitumstände, durch Familiendesaster von einiger Tragweite und durch die eigene charakterliche Mitgift. In jedem Fall wird die fiktionsregulierende „Geschlechter-Fabel"[16] von der guten Mutter, die ihr Kind nicht im Stich lassen darf, schon gar nicht wenn es klein und wehrlos ist, konterkariert; die weibliche Zielkonstruktion von „Geschlecht (sex)" und „Geschlechtsidentität (gender)" in der Mutterschaft wird erschüttert.[17] Gegen den moralischen Imperativ der Fürsorge der Mutter für ihr Kind zu verstoßen, ist die Muttersünde schlechthin.

Unverlässliche Mutter und verlassenes Kind

Was bleibt, wenn die Mutter nicht da bleibt, wo sie kraft ihrer natürlichen Bindung ans Kind oder nach den Regeln der Gesellschaft und Moral hingehört? Das Stigma der unverlässlichen Mutter ist das verlassene Kind. Aus seiner Sicht geht es darum zu wissen und zu verstehen, wo die Mutter geblieben ist, warum sie weggegangen ist, was von ihr bleibt, nachdem sie gegangen ist. Was bleibt, ist dann die Geschichte, die der Schriftsteller-Nachkomme von ihr erzählt, schonungslos im Kleid der Fiktion, detailliert in der familienhistorischen Recherche, umsichtig in der zeithistorischen Situierung. Meine These, die ich anhand der drei Romane zu belegen suche, läuft darauf hinaus, dass die literarische Renaissance der aktiven und aggressiven, der eisernen und erotischen, der hilflosen und dummen Mutter auf Kosten von dem geht, was ihre Mutterschaft gerade ausmacht. Das Doppeltabu des verlassenen Kindes und der unverlässlichen Mutter produziert eine Muttersünden-Literatur, eine poetische Mutter-Suche ohne Mutter-Findung.

Maria und Medea

1. Die eiserne Mutter: Julia Francks „Mittagsfrau"

Julia Franck gehört zu der Generation des sogenannten Fräuleinwunders, mit der junge, meist unverheiratete, in der Regel kinderlose Debütantinnen in den späten 1990er Jahren antraten, um der Gegenwart in der Literatur frisches Leben einzuhauchen, gefiltert durch eine gewisse melancholische Schönheit. 1978 reiste Julia Franck mit ihrer Mutter und ihren vier Schwestern aus der DDR aus und verbrachte mehrere Monate in dem Übergangslager Marienfelde, worüber sie den Roman *Lagerfeuer* (2003) geschrieben hat.

Die Mittagsfrau ist ihr vierter Roman. Er geht zurück auf ein Ereignis aus der Familiengeschichte. Julia Francks Großmutter stammte aus einer großen Berliner Gelehrten- und Künstlertradition im Kreis Max Liebermanns; nach 1933 emigrierte sie als Jüdin nach Italien. Den Kopf voller Kunst und kommunistischer Ideale, kehrte sie, als der Krieg zu Ende war, in den Osten Deutschlands zurück. Als im Frühjahr 1945 Vorpommern von der Roten Armee erobert wurde, floh die Großmutter nach Westen und setzte ihren 1937 geborenen Sohn, Julia Francks Vater, an einem kleinen Bahnhof bei Stettin aus. Eine Hilfsorganisation vermittelte ihn später an entfernte Verwandte, bei denen er aufwuchs. Über seine Mutter hat Francks Vater bis zu seinem Tod im Jahr 1987 nie gesprochen. Zu der unerhörten Begebenheit der Kindsaussetzung musste die Autorin die Geschichte ihrer Großmutter erst erfinden.

Francks „Mittagsfrau" wird Anfang des 20. Jahrhunderts in Bautzen geboren, ihre Mutter ist jüdischer Herkunft, schwer depressiv, verliert das „Maß für die Dinge" (80), und als ihr Mann, ein Druckereibesitzer, als schwer Kriegsversehrter heimkehrt, sagt sie nur: „Es ist nachts, ich schlafe schon" (97). Der Roman zeichnet den Weg des Mädchens zur jungen Mutter nach. Helene sucht im Berlin der 1920er Jahre ihr Glück. Sie geht in ihrer Arbeit als Krankenschwester auf, verliebt sich in einen Juden aus gutem Hause und heiratet, nach dessen frühem Unfalltod, den Musternazi Wilhelm, der ihr falsche Papiere ausstellt und den Namen Alice aufnötigt, um aus ihr eine Frau mit, wie es heißt, „sauberer Herkunft" (319) zu machen und auf diese Weise, wie er meint, „unser Vaterland und unsere Muttersprache" zu retten (320). Schon hier wird der Sündenfall augenfällig: Mutterschaft und Muttersprache werden auseinandergerissen.

Für die Frage nach dem Bleiben sind der Prolog und der Epilog zuständig, die dem Roman einen doppelten Rahmen geben. Der Prolog schildert das Initialerlebnis – die Aussetzung des Kindes – und die Gründe für diese Muttersünde. Nicht nur, dass die Mutter mehrfach von russischen Soldaten vergewaltigt worden ist, sie wurde ihrer jüdischen Herkunft wegen in Bautzen geschnitten und wie eine „Fremde" (37) behandelt. Später erfahren wir, dass sie mehrere Fehlgeburten hatte. Geschildert wird die Kindesaussetzung aus der Perspektive des siebenjährigen Jungen, der an seiner Mutter hängt und nicht verstehen kann, warum sie ihn ohne Erklärung im Stich lässt.

Im Epilog wird die Muttersünde spiegelbildlich wiederholt, das Unglück des Kindes wird zum Unglück der Mutter.[18] Als nach Jahren „die" kommt „was sich deine Mutter nennt" (419), verkriecht sich der Junge auf dem Heuboden seines Onkels, bei dem er ein mehr schlechtes als rechtes Unterkommen gefunden hat. Seine Reaktion ist eine angstlustvolle Rache für den Mutterverlust: „Es war ihm eine Lust, dem Hunger und dem Angesicht der Mutter zu widerstehen, eine unbändige, eine zwingende, eine süß schmerzhafte Lust. [...] Sie sollte abhauen, die Mutter da unten, sie sollte endlich gehen" (425f.). Der verlassene Sohn verlässt die zurückkehrende Mutter.

„Abhauen" ist das Schlüsselwort für diese Rabenmuttergeschichte, in der sich das Schicksal der „herzensblinden Mutter" (121) und des verlassenen Kindes von Generation zu Generation fortsetzt. „Abhauen" impliziert den Wunsch des radikalen Ortswechsels und das Kappen der familiären Bindungen. In der feindseligen Welt des Nationalsozialismus und des Kriegsendes, in der Helene für ihren Sohn „weder Brot noch eine Stunde" hat (415), werden ihr die Muttergefühle ausgetrieben, ihre „eiserne Disziplin" und ihr „eisernes Mitgefühl" (398) machen sie zur überstrengen Mutter, die ihren Sohn nur noch als Patienten behandeln kann.

Damit ist die Muttersünde nicht entschuldigt, aber in eine zeithistorische Erklärung gekleidet, die ausreicht, um dem Ereignis den moralischen Stachel zu nehmen und es reif für eine Geschichte zu machen. Diesem Zweck dient auch der im Vergleich zum Inhalt unverhältnismäßig stark romantisierende Titel „Die Mittagsfrau". Er stammt aus einer Lausitzer Legende. Sie erzählt, so berichtet Julia Franck in einem Online-Interview mit der *Zeit* am 10.10.2007,[19] dass zur Mittagsstunde eine weiß gekleidete Frau mit einer Sichel über den Köpfen derjenigen erscheine, die mittags arbeiten. Die Mittagsfrau verhänge einen Fluch über sie. Die Menschen könnten diesen Fluch nur aufheben, indem sie ihr eine ganze Stunde von der Verarbeitung des Flachs erzählten. Der Roman arbeitet an der Aufhebung des Mutterfluchs mit den Mitteln der Historisierung. Wer das Buch liest, lernt die Zeitumstände kennen, die dazu führen, dass die „am Herzen erblindete" Mutter (119) nicht bei ihrem Sohn bleibt.

2. Die hilflose (und dumme) Mutter: Peter Wawerzineks „Rabenliebe"

Über Peter Wawerzineks Roman hieß es im Norddeutschen Rundfunk: „ein tolles Buch: unerträglich und laut, leise und liebevoll, geduldig und unduldsam, sprachmächtig und sprachlos zugleich. Es geht an die Nieren und zu Herzen, es macht bescheiden und sehr, sehr still. Ich kenne nichts, das ihm auf dem aktuellen Büchermarkt auch nur nahe kommt".[20]

Was ist das für ein Buch, das derart widerspruchsvoll fasziniert? Der Autor, Jahrgang 1954, gehörte der Prenzlauer Berg-Szene an und hatte, als er 2010 beim Ingeborg-Bachmann-Wettbewerb antrat, lange Jahre nichts mehr publiziert. *Rabenliebe* öffnet ein bislang in dieser Intensität ungeschriebenes Kapitel seiner Biographie. Es ist eine Biographie der Mutterlosigkeit und das „Oratorium einer Muttersuche".[21] Die Mutter ließ seinerzeit ihren zweijährigen Sohn und dessen ein Jahr jüngere Schwester alleine in einer Rostocker Wohnung zurück; der Vater war schon zuvor verschwunden. Das war im Jahr 1956. Die Mutter ging in den Westen. Nachbarn fanden die völlig verwahrlosten und halbverhungerten Kinder. Für sie begann eine Odyssee durch Kinderheime und Adoptivfamilien. Erst mit 16 Jahren erfuhr Peter Wawerzinek (der Nachname ist der seiner Adoptivfamilie) von der Existenz seiner Schwester. Ein Regierungsbeamter machte für ihn vor 10 Jahren die Adresse der Mutter ausfindig. Peter Wawerzinek speicherte die Handynummer der Mutter auf seinem Mobiltelefon unter dem Wort „MUTTER". Doch erst Jahre später (2004) wagte er den Versuch, die Mutter in einer Kleinstadt am Neckar aufzusuchen. Sie hatte im Westen acht weitere Kinder bekommen und ihre zurückgelassenen Ostkinder stets als „totgeborene" Kinder verleugnet.

Der erste und längere Teil des Romans, „Mutterfindung" überschrieben, ist dem Erinnerungsprozess des erwachsenen Autors gewidmet, der seine Stationenreise durch provisorische Heime, die nie Heimat werden, beschreibt. Dieser Teil ist durchsetzt von Zeitungsmeldungen, Volksliedern und Sinnsprüchen, die in Form von meist explizit markierten Textfragmenten verschiedene Schicksale von aktuellen Aussetzungen, Tötungen und Misshandlungen von Kindern behandeln. Das gibt dem Roman den Anstrich einer Beispielgeschichte. Aus dieser, wie er sagt, „textlichen Zertrümmerung und poetischen Aufbereitung" seiner Lebensgeschichte[22] hat Wawerzinek einen „unordentlichen Roman" über die mühevolle exemplarische Sozialisation eines „Kinderheimkindes" gemacht.

Interessant im Sinne der Frage, was bleibt von diesem mutterlosen Schicksal, ist der zweite und kürzere Teil. Er beginnt mit einem anderthalbseitigen fiktiven Lexikoneintrag zum Lemma „MUTTER" (291f.) und ist überschrieben mit dem lapidaren Satz, mit dem die inzwischen siebzigjährige Mutter ihren Sohn nach der Trennungszeit eines halben Jahrhunderts begrüßt: „Da bist Du ja" (400). Auf diesen Satz läuft der Roman zu, er prägt das Bild der gefühlskalten und hilflosen Mutter, an der der verlassene Sohn weder Scham- noch Schuldgefühle wahrzunehmen vermag.

Aufgebaut ist die Wiederbegegnungsszene, die in Wahrheit eine Erstbegegnung ist, aufgebaut wie ein klassisches Drama mit Verzögerungsmomenten und Spannungssteigerung. Tage vorher kommt der Autor mit Bauchschmerzen am „Mutterort" an (375), er verschiebt das Treffen mehrfach, beobachtet einen seiner Halbbrüder an der Lidl-Kasse, erzählt einer „Museumsdame" – die seine Mutter zu kennen glaubt – die Geschichte seiner „Mutterfindung" (388). Am Vortag der „Mutterfindung" rezitiert er Goethes Liebesabschiedsgedicht *Willkomm und Abschied*, bezeichnenderweise in der Spätfassung, in der der Mann die Frau verlässt (392). Auf diese Weise poetisiert Wawerzinek seine Mutterfindung, ohne sich aber mit dem Scheinsicherheitsgepäck der Bildung gegen die Angst vor der Heimsuchung der Mutter wappnen zu können.

Eine weitere Strategie, die dazu dient, mehr über die Muttersünde zu wissen, ist ihre Politisierung. Die Mutter ist, so meint der Erzähler, dem westlichen Mythos „vom besseren Leben" gefolgt: „Der Westen ist an mir schuldig geworden [...], hat mich [...] zur Waise werden lassen. Der Westen hat meiner Mutter die Sinne vergiftet und dergestalt verdreht, dass sie mehr über ihn als über das Wohl ihrer Kinder nachgesonnen hat, dem Westruf höriger geworden ist als ihrer Mutterpflicht" (363). So wird die Schuld der Mutter vom Persönlichen ins Politische gewendet, sie wird vergrößert und zugleich verkleinert: „Eine innere Stimme sagt mir, dass ich Opfer geworden bin eines Opfers" (364). Dieser Rückstoß des Schuldkomplexes von der Mutter auf den Sohn folgt der Psychologie einer Ersatzhandlung, die der Erzähler als „Rabenliebe" bezeichnet: „Als Sohn einer Nichtmutter habe ich das erbärmliche Leben der Mutter in mein Denken und Handeln ihr gegenüber einzugliedern, ihre Schuld nachzuarbeiten und mitzufühlen, sprich: das verlassene, verstoßene Kind tröstet die Rabenmutter, bindet in sein Verzeihen ihr Verschulden ein [...]" (399).

Was bleibt von einer solchen Rabenmutter, wenn das „Märchen von der starken Wirkung der genetischen Bindung" (406) ebenso erschöpft ist wie die zahlreichen Geschichten von verlassenen Kindern? Es bleibt ein „Kind ohne Heim" (406), das von einer „geistigen Kindsmörderin" (420) erzählt. Es bleibt ein Mutterbild, das von erbarmungsloser Härte gezeichnet ist: Die Mutter ist ein „Sarg", ein „Klotz" (403), sie wirkt „klein, stuckig, kräftig, abgestumpft", das „Böse ist ihr ins Gesicht geschrieben" (400). „Rabenmutter": dieser Romantitel wäre in den Augen des Autors, der „keine Mutterbilanz ohne Schlussstrich" zieht (397) und „keine Bande mehr" zu der Mutter spürt,[23] noch ein Kompliment. „Rabenliebe" ist die Negation der Mutterliebe. Es gibt keine Auferstehung der Mutter im Titel. Die Mutter ist ihres Namens und des Romans nicht würdig, sie steht nicht für die genealogische Herkunft, sondern für eine negative Utopie und für eine Richtungsangabe, die ins Leere führt. Konsequenterweise und präzise bezeichnet Wawerzinek *Rabenliebe* als nicht einfach als Mutterroman, sondern „Roman zur Mutter" (425). „Das Wort Mutter", heißt es, „ist ein meine Person nicht erregender Begriff".

3. Die erotische und eiserne Mutter: Thomas Hürlimanns „Vierzig Rosen"

Das Mutterporträt von Thomas Hürlimann ist Teil eines literarischen Zusammenhangs, der von der Forschung gerne als Trilogie wahrgenommen wird, aber weit darüber hinaus ausstrahlt in ein genealogisch und sozialgeschichtlich verschachteltes Familienbild aus der Schweiz, in ein „Lied der Heimat" (so der Titel der Gesammelten *Stücke*). Neben dem Vaterroman *Der große Kater* (1998), der Onkelnovelle *Fräulein Stark* (2001) und dem Mutterroman *Vierzig Rosen* (2006) sind vor allem die frühe Erzählung *Die Tessinerin* (1981) und das im gleichen Jahr uraufgeführte Stück *Großvater und Halbbruder* zu nennen. Ihr gemeinsames Thema sind die „Tabus und Traumata der Familiengeschichte, die zugleich „die Lebenslügen der nationalen Familiengeschichte berühren".[24] Wird die Landesgeschichte in der Gestalt des Schweizer Bundespräsidenten verkörpert, des „großen Katers", für den Thomas Hürlimanns Vater Hans Hürlimann Modell stand, so liegt das Familientrauma in dem frühen Tod des jüngeren Bruders Matthias.

Herzstück der Familienromane Hürlimanns ist jedoch die Mutter, und das natürlich nicht im schlichten Sinne einer Literarisierung der eigenen Mutter, mit der die fiktive Romangestalt den Vornamen, die Genealogie und manche Charakterzüge teilt. Bei Hürlimann, einem Meister der Mehrfachcodierung und versteckten Bedeutungen, ist es eher so, dass sich die Literatur im Leben wiedererkennen mag. So fand der Autor bei der Spurensuche nach seinen jüdischen Ahnen in Galizien auf einem verwitterten Grabstein den Namen „Katz", den er in seiner Novelle seinen Vorfahren gegeben hatte.[25] Für Hürlimann ist die Literatur zur Demaskierung solcher Lebensfälle da. Ihre Aufgabe ist es, gerade solche „weggelogenen Geschichten wiederzufinden".[26]

Eine solche „weggelogene" Geschichte ist der Tod des Sohnes. Im Roman *Vierzig Rosen* ist davon so gut wie gar nicht die Rede. Denn erst am Ende des Buches wird der Leser, und mit ihm der Sohn, über die tödliche Diagnose aufgeklärt. Es ist der Vorabend des Geburtstages von Marie, der Mutter. Mit diesem Geburtstag beginnt der Roman. Marie verlässt ihren erkrankten Sohn, um sich für die abendliche Geburtstagsfeier mit ihrem Mann, dem aufsteigenden Regierungspolitiker Max Meier, vorzubereiten. Ein kleines Zeichen für die morbide Drastik dieser Mutter-Sohn-Szene am Anfang, die sich erst vom Ende her erschließt, ist der Blumenbote. Seine „nächste Station", nachdem er das obligate Bukett mit den vierzig Rosen im „Katzenhaus" abgeliefert hat, ist der „Friedhof" (20).

Unter dem Aspekt des mütterlichen Bleibens liest sich der Roman wie eine Kette von Verlassenheiten. Mutterverlust und Mutterverrat ist seine Grundmelodie. Die erste Rückblende führt in Maries Kindheit. Im Alter von fünf Jahren (es ist das Jahr 1931) verliert sie ihre schwindsüchtige Mutter. Maries Großvater wiederum, genannt „Seidenkatz", ist jüdischer Herkunft; er hat sich diesen Namen als „erste Adresse" (12) in der Seidenkonfektion erworben und hat ebenfalls seine Frau verloren, eine russische Sängerin, die eines Tages wieder in ihr Mutterland „ausgeflogen" ist (83). Hinzu kommt, dass Marie zeitweise auch von ihrem Vater verlassen wird, zu ihrem eigenen Schutze freilich, denn im Jahr 1938 ist für Juden kein Bleiben im faschistischen Europa. Marie wird in ein Kloster gesteckt, das bezeichnenderweise „Mariae Heimsuchung" heißt. In dieser Atmosphäre werden dem Wortsinn widersprechend keine Mütter, sondern Frauen herangezogen, die nach dem Vorbild der „Mutter Oberin" (134) „gebildet, streng, klug" zu sein haben. Doch aufgrund ihrer Affäre mit dem Jurastudenten Max Meier muss Marie die Klosterschule verlassen.

Zum religiösen Trend in der Gegenwartsliteratur

Die „Mutter Oberin" ist eine von mehreren Ersatzmüttern in dem Roman, die aus dem Symbolvorrat der eisernen Mutter borgen. Dazu gehören auch die Jugendfreundin Adele, eine fürsorglich belagernde Nichtmutter, sowie die Schwestern von Maries Vater, drei Missionarinnen in Afrika, die dort Schicksalsfäden spinnen und sich stoisch in ihr mutterloses Schicksal ergeben, nachdem sie mitsamt Maries jüdischer Mutter ein Gelübde abgelegt haben: Wenn die Mutter die schwere Geburt ihres Sohnes überleben sollte, dann würden die Mutter und ihre Schwägerinnen katholisch werden.

Dieses Konversionsgelübde wird ausgerechnet an dem Tag abgelegt, als „aus dem Pistolenlauf eines Attentäters" der Erste Weltkrieg losbricht (87). Das zeigt, wie engmaschig die Verflechtung von Religion und Politik in Hürlimanns Roman ist. Das Verhältnis von Politikerkarriere und Muttersorgen spiegelt sich mehrfach in der jüdisch-katholisch gespaltenen Familiengeschichte der Katz wieder. Maries Bruder, die besagte Schwergeburt, ist hier eine Schlüsselfigur. „Aus lauter Sohnesliebe" (61) wird er Priester und Monsignore, päpstlicher als der Papst. Alle Muttersymbole werden von ihm in eine Sprache der religiösen Dogmatik gesteckt. Beispielhaft ist, dass er die Schwester nicht Marie, sondern „Maria" nennt. Diffizil genug hat Thomas Hürlimann seine Hauptfigur mit dem Wissen ausgestattet, dass die Madonna ihre „Namenspatronin" (10) ist, wenngleich sie das Erbe der „Judentochter" (161) nicht abstreifen kann.

Das Merkwürdige an Maries Bruder ist, dass er als Ersatzmutter und als Mutterfeind zugleich auftritt. In zwei Weihnachtsepsioden ist dieses Doppelspiel mit der Heiligen Familie mit einer Symbolkunst, die an Thomas Mann erinnert, ausgeführt. In dem Kapitel „Die Augen des Bruders", das in das Jahr 1937 zurückführt, geht es um die Entscheidung, wo Marie bleiben kann, wenn aufgrund der Judenverfolgung niemand mehr da bleiben kann, wo er ist. Für den Bruder, der in der Stiftsbibliothek Sankt Gallen ein sicheres Unterkommen gefunden hat, ist die Sache klar: Maries Zukunft liegt nicht in der Mutterschaft, sondern in der „Bücherarche" oder im „Pensionat" (67). In dem Kapitel „Wieder Weihnachten, wieder der Bruder" wird der Konflikt der verweigerten

Mutterschaft zugespitzt. Marie hat bei einer ersten Geburt Zwillinge verloren. Für den Bruder können die ungetauften jüdischen Kinder nicht in den christlichen Himmel kommen, nur in den Limbus. Marie ist darüber empört. Sie triumphiert aber mit der Ankündigung eines Sohnes, ihres Sohnes, der als „Stammhalter und Hauserbe" vorgesehen ist (323). Es ist hier nur angedeutet, dass dieser Sohn mit seinen künstlerischen und diplomatischen Fähigkeiten, mit seinem jüdischen und christlichen Erbteil so etwas wie die Versöhnung der Familiengegensätze bewirken könnte. Sein früher Tod ist ein Strich durch diesen Versöhnungsgedanken. Maries Familie, durch „den Sohn für alle Zeiten aneinandergekettet" (303), ist eine unheilige Familie. Der im Roman schweigende und der Mutter nicht einmal zum Geburtstag gratulierende Sohn ist der verlorene „Sinn ihres Lebens", wie Marie sagt (257), und man kann ergänzen: Er ist auch der verlorene Sinn ihrer Mutterschaft. Was bleibt, ist die Geschichte des verlorenen Sohnes.

Marie ist ein Musterporträt der eisernen und erotischen Mutter. Man kann die Ingredienzien, die sie als ehrgeizige und karrierewillige Frau in ihre Politikerehe mitbringt, den Zeitumständen zuschreiben oder der religiösen Tradition. Marie, mutterlos aufgewachsen, opfert ihren Sohn der höheren Politik. Zugleich bringt sie ein bemerkenswertes erotisches Potenzial mit ins Spiel, das seinen sinnfälligsten Ausdruck wohl in dem Titelsymbol der „Vierzig Rosen" findet, die Marie alljährlich zum Geburtstag kredenzt werden, unbeschadet ihres tatsächlichen Alters. Der ewiggleiche Geburtstag ist der Versuch, die „Zeit in der Wiederholung" anzuhalten (210), er verweist auf die ewige Wiederkehr von Mutterbekenntnis und Mutterverrat. Die eiserne Mutter mag altern, die erotische bleibt immergleich, zumindest in den Augen ihrer Verehrer. Für die eiserne Ordnung der Geschlechter ist die erotische Mutter ein „unberechenbares Risiko".[27] Ihrer Mutterschaft treu bleiben kann nur die Mutter, die sich aus dem Teufelskreis, immer „Geliebte, Gattin, Mutter" (182) zugleich zu sein, befreit. Es ist die Mutter, die – in dem 2010 von Wolfgang Panzer verfilmten Roman *Der große Kater* – beim Staatsbankett mit dem spanischen Königspaar für einen Eklat sorgt, weil sie ihren Mann verdächtigt, aus reiner Popularitätsgier das Damenprogramm in die Klinik verlegt zu haben, in der der gemeinsame Sohn stirbt. „Aber wie gut", fragt Marie bei Tisch, „ist ein Politiker, der mit seinen Handlungen und Entscheidungen die eigene Familie *zerstört*?" Dieses Bekenntnis zum Sohn ist ein Bekenntnis zum Bleiben, wenn niemand mehr im familiären Feld bleibt. Es ist zugleich ein Appell zum Gehen. „Noch heute nacht", sagt sich der Bundespräsident nach der Szene, „muß ich zurücktreten."[28]

***

Ich fasse zusammen. Die neuere Mutterliteratur unterscheidet sich von der Mutterliteratur der Nachkriegszeit durch eine radikale Ästhetisierung. Nachlässige Mütter gibt es auch bei Böll und Grass, immer aber im Zeichen einer Moral, die Scham, Schuld und Schande als empathische Begleitemotionen der Mutterschaft geltend macht. Aus dem „Haus ohne Hüter" wird bei Franck, Hürlimann, Wawerzinek eine Hüterin ohne Haus und Heimat. „Jenseits von Pragmatismus und Mutter-Ich-AG" (*Literaturen* 4, 2003) entwickeln diese Romane ein irritierend vielseitiges und ästhetisch flexibles Mutterporträt, das man mit Peter von Matt auf die Formel „Medea grotesk" oder, genau umgekehrt, auch „Maria grotesk" bringen kann.[29] Eiserne, erotische und hilflose Mutter, Mutterstrenge, Mutterliebe und Mutterlosigkeit gehören manchmal mehr zusammen, als man guten Wissens und Gewissens anzunehmen bereit ist.

Auswahlbibliographie

Amann, Jürg: Mütter töten. Roman. Innsbruck: Haymon, 2003.
Becker, Artur: Der Lippenstift meiner Mutter. Roman. Frankfurt a. M.: Weissbooks, 2010.
Bánk, Zsuzsa: Der Schwimmer. Roman. Frankfurt a. M.: Fischer, 2002.
Böll, Heinrich: Haus ohne Hüter. Roman. Köln: Kiepenhauer & Witsch, 1954.
Delius, Friedrich Christian: Bildnis der Mutter als junge Frau. Erzählung. Berlin: Rowohlt, 2006.
Dückers, Tanja: Himmelskörper. Roman. Berlin: Aufbau Verlag, 2003.
Edvardsson, Cordelia: Gebranntes Kind sucht das Feuer. Roman. Aus dem Schwedischen von Anna-Liese Kornitzky. München/Wien: Hanser, 1986 (schwedische Erstausgabe 1984).

Franck, Julia: Die Mittagsfrau. Roman. Frankfurt a.M.: Fischer, 2007.
Geiger, Arno: Alles über Sally. Roman. München: Hanser, 2010.
Hahn, Anna Katharina: Kürzere Tage. Roman. Frankfurt a.M.: Suhrkamp, 2009.
Handke, Peter: Wunschloses Unglück. Erzählung. Salzburg: Residenz, 1972.
Hensel, Kerstin: Im Spinnhaus. Roman. München: Luchterhand, 2003.
Hein, Jakob: Vielleicht ist es sogar schön. Roman. München: Piper, 2004.
Honigmann, Barbara: Das Geheimnis meiner Mutter. München: Luchterhand,
Hürlimann, Thomas: Der große Kater. Roman. Zürich: Ammann, 1998.
Hürlimann, Thomas: Vierzig Rosen. Roman. Zürich: Ammann, 2006.
Jungk, Peter Stephan: Die Reise über den Hudson. Roman. Stuttgart: Klett-Cotta, 2005.
Klüger, Ruth: weiter leben. Eine Jugend. Roman. Göttingen: Wallstein, 1992.
Lentz, Michael: muttersterben. Roman. Frankfurt a.M.: Fischer, 2002.
Lewitscharoff, Sibylle: Montgomery. Roman. Stuttgart: Deutsche Verlags-Anstalt, 2003.
Meckel, Christoph: Suchbild. Bildnis der Mutter als junge Frau. Frankfurt a.M.: Fischer, 2006.
Ortheil, Hanns-Josef: Die Erfindung des Lebens. Roman. München: Luchterhand, 2009.
Ott, Karl-Heinz: Ins Offene. Roman. Hamburg: Hoffmann und Campe, 2006.
Overath, Angelika: Nahe Tage. Roman. Göttingen: Wallstein, 2005.
Rothmann, Ralf: Junges Licht. Roman. Frankfurt a.M.: Suhrkamp, 2006.
Stamm, Peter: Agnes. Novelle. Zürich 1998.
Streeruwitz, Marlene: Verführungen. Roman. Frankfurt a.M.: Fischer, 1996.
Wajsbrot, Cécile: Aus der Nacht. Roman. München: Liebeskind, 2008.
Walser, Martin: Die Verteidigung der Kindheit. Roman. Frankfurt a.M.: Suhrkamp, 1991.
Walser, Martin: Muttersohn. Roman. Reinbek: Rowohlt, 2011.
Wawerzinek, Peter: Rabenliebe. Roman. Berlin: Galiani, 2010.
Werle, Simon: Der Schnee der Jahre. Roman. Zürich: Nagel & Kimche, 2003.
Widmer, Urs: Der Geliebte der Mutter. Roman. Zürich: Diogenes, 2003.
Wolf, Christa: Medea Stimmen. Roman. München: Luchterhand, 1996.

Anmerkungen

[1] Thomas Hürlimann: Das Holztheater, Zürich 1997, S. 72. – Aus den hier vorgestellten Romanen wird jeweils nach der in der Auswahlbibliographie genannten Quelle mit Seitenangabe zitiert. – Der Beitrag ist die für den Druck geringfügig überarbeitete Fassung meines Vortrags beim Triangel-Kolloquium „Mütterlichkeit und Moderne II: Über das Bleiben" am 21.05.2011 in der Romano-Guardini-Stiftung in Berlin. Für Anregungen und Hinweise danke ich Mariola Lewandowska und Michael Speier. Erstdruck in: Wirkendes Wort 61 (2011) H. 3, S. 505–515.
[2] Vgl. Iris Radisch: Die Schule der Frauen. Wie wir die Familie neu erfinden.

München 2007, S. 146: „Ein Kind bekommt man schnell, mütterliche Bindungen entstehen langsam."

[3] Elisabeth Badinter: Der Konflikt. Die Frau und die Mutter, aus dem Frz. von Ursula Held und Stephanie Singh. München 2010, S. 167f. Aus der neueren Diskussion über das Mutterbild zwischen Karriereplanung und Familienleben vgl. Karin Deckenbach: Die Mutterglück-Falle. Warum wir unser Familienbild ändern müssen. München 2006; Anke Dürr und Claudia Voigt (Hrsg.): Die Unmöglichen. Mütter, die Karriere machen. München 2006; Silke Lambeck und Regine Zylka: Das große Jein. Zwanzig Frauen reden über die Kinderfrage. Berlin 2006. Durchaus repräsentativ ist die Äußerung einer 36jährigen Ärztin mit vier Kindern, die Frauen „gesellschaftlich unter einem viel höheren Anpassungsdruck, vor allem durch Männer" (Lambeck, Zylka: Das große Jein, S. 107), sieht.

[4] Jacob und Wilhelm Grimm: Deutsches Wörterbuch. Bd. 6. Leipzig 1885 (Bd. 12 im Reprint. München 1984), Sp. 2827.

[5] Peter von Matt: Verkommene Söhne, mißratene Töchter. Familiendesaster in der Literatur. München 1998, S. 234.

[6] Vgl. Niklas Luhmann: Liebe als Passion. Zur Codierung von Intimität. Frankfurt a. M. 1994.

[7] Vgl. Edvard Munchs Madonna (Liebendes Weib) (1895); den Hinweis verdanke ich Karin Radzwill, Aachen. – Sebastian Frenzel schreibt in der Zeit vom 12.7.2010 („Die Madonna und der Sex"): „Munch macht aus einer Heiligen- eine Sexikone, und er lässt an Deutlichkeit nichts zu wünschen übrig. Die sonst so keusche Madonna wirft sich hier in eine leidenschaftliche Pose, ein Arm ist lasziv hinter den Kopf gestreckt, die Augen lustvoll geschlossen, das Licht hebt ihre nackten Brüste hervor. Wo ein Heiligenschein sein sollte, sitzt eine rote Baskenmütze, wie sie die Pariser Prostituierten der Zeit trugen. [...]. Dem Fötus links unten gefällt gar nicht, was er sieht. Sein skelettartiges Wesen gibt der Empfängnisszene einen morbiden Unterton. ‚Die Hand des Todes berührt das Leben', schrieb Edvard Munch – dem Anfang wohnt das Ende schon inne. Irritierend auch die Farben, die Munch nachträglich auftrug, Rot und Gelb, Grün und Blau, und dagegen der elfenbeinfarbene Körper in einem Meer aus Schwarz".

[8] Inge Stephan: Medea. Multimediale Karriere einer mythologischen Figur. Köln 2006, S. 1.

[9] Martin Walser: Ein springender Brunnen. Roman. Frankfurt a. M. 1998, S. 339. Vgl. dazu Heidi Gidion: Sohn-Sein, mehrfach. Vom Stoff zur Figur in den Romanen *Ein springender Brunnen* und *Die Verteidigung der Kindheit*. In: Heinz Ludwig Arnold (Hrsg.): Martin Walser (Text + Kritik, Heft 41/42). München 2000, S. 50–61.

[10] Renate Möhrmann (Hrsg.): Verklärt, verkitscht, vergessen. Die Mutter als ästhetische Figur. Stuttgart und Weimar 1996. Vgl. auch den Sammelband von Helga Kraft und Elke Liebs (Hrsg.): Mütter – Töchter – Frauen. Weiblichkeitsbilder in der Literatur. Stuttgart und Weimar 1993.

[11] Frauke Meyer-Gosau: Sag gefälligst Mutti zu mir. Zwischen „Schnuller"-Schock und weiblichem Eigenleben. Neue Mutterbilder in der jüngsten Literatur. In: Literaturen 4: Mütter, Dichtung und Wahrheit (2003), S. 20–25, hier: S. 25.

[12] Hier sind vor allem Artur Beckers deutsch-polnischer Schelmenroman *Der Lippenstift meiner Mutter* (2010), Arno Geigers Ehe- und Mutterroman *Alles über Sally* (2010), Anna Katharina Hahns Episodenroman *Kürzere Tage* (2009) zu nennen.
[13] Beatrix Langner: Das schöne und das hässliche Gesicht der Mutter. In: Literaturen 4 (2003), S. 26.
[14] Günter Grass: Die Blechtrommel. Roman (1959). Göttingen 2009, S. 338.
[15] Martin Walser: Muttersohn. Roman. Reinbek 2011, S. 18. Der erste „Muttersöhnchen"-Roman Walsers ist *Die Verteidigung der Kindheit* (1991).
[16] Judith Butler: Das Unbehagen der Geschlechter, aus dem Amerikanischen von Kathrina Menke. Frankfurt a.M. 1991, S. 12.
[17] Vgl. ebd., S. 59.
[18] Vgl. Radisch: Die Schule der Frauen (Anm. 2), S. 150–152.
[19] http://www.zeit.de/online/2007/40/interview-julia-franck (Abfrage am 24.5.2011).
[20] Ernst-Jürgen Walberg: Peter Wawerzinkek: Rabenliebe, online: http://www.ndr.de/radiomv/programm/sendungen/walberg/wawerzinek114.html (Abfrage am 24.05.2011).
[21] Ulrich Greiner: Der Schrei nach der Mutter. Eine Provokation, ein literarisches Ereignis: Peter Wawerzineks Roman *Rabenliebe*. In: Die Zeit, 23.8.2010.
[22] Peter Wawerzinek: Interview. In: Der Stern 34, 2010 (19.8.), S. 104.
[23] Peter Wawerzinek: „Am Schreibtisch fühle ich mich wohl". Video-Interview im MDR, 19.08.2010. Online: http://www.mdr.de/artour/7582411.html (Abfrage am 24.05.2011).
[24] Jürgen Barkhoff: Die Katzen und die Schweiz. Zum Verhältnis von Familiengeschichte und Landesgeschichte in Thomas Hürlimanns ‚Familientrilogie'. In: Beatrice Sandberg (Hrsg.): Familienbilder als Zeitbilder. Erzählte Zeitgeschichte(n) bei Schweizer Autoren vom 18. Jahrhundert bis zur Gegenwart. Berlin 2010, S. 181–195, hier: S. 187.
[25] Thomas Hürlimann: Spurensuche in Galizien. In: ders.: Hilf Himmelsöhi, hilf. Über die Schweiz und andere Nester. Zürich 2001, S. 69–84, hier S. 81.
[26] Vgl. dazu Verf.: Abrahams Transfigurationen. Thomas Hürlimanns Roman „Der große Kater". In: Hans-Rüdiger Schwab (Hrsg.): „.... darüber ein himmelweiter Abgrund." Zum Werk von Thomas Hürlimann. Frankfurt a.M. 2011, S. 356–368.
[27] Peter von Matt: Familiendesaster (Anm. 5), S. 237.
[28] Thomas Hürlimann: Der große Kater. Roman, Zürich 1998, S. 131 und 133.
[29] Peter von Matt: Familiendesaster (Anm. 5), S. 253.

„Abel steh auf"

Religion und Gewalt in der Literatur

„Abel steh auf/damit es anders anfängt/zwischen uns allen": Hilde Domins Gedicht formuliert das Problem von Religion und Gewalt und appelliert zugleich an eine Lösung. Am Ursprung der Religion steht die Gewalt. Nie kann ausgeschlossen werden, dass sich Menschen für ihren Glauben schlagen. Jedoch wird gerade von der Religion erwartet, dass sie Gewalt überwindet oder zumindest zähmt.

Das Paradebeispiel liefert das Leben und das Werk Heinrich von Kleists, der sich am 21. November 1811 am Wannsee eine Kugel in den Mund schoss. Seine Novellen und Dramen sind voller Gewaltexzesse, seine oft destruktiven Figuren prüfen die Welt auf ihre Zerstörungswürdigkeit. Das legt in wünschenswerter Deutlichkeit Günter Blambergers Kleist-Biographie (2011) dar. Kleist ist ein Krisen- und Katastrophenspezialist, der den Fortschrittsoptimismus ebenso wie die Moralphilosophie der Aufklärung verschmäht. Aggression ist für ihn ein gottgegebener Teil des Menschen. Der *Findling* in der gleichnamigen Novelle (1811) findet ein gar nicht bildungs- und zeitgemäßes Ende, eines der grausamsten der klassischen Literaturgeschichte, Alkmenes Diplomatie bleibt gegen die Göttergewalt hilflos (in der eigentlich gar nicht so lustigen Komödie *Amphitryon*), vom Schicksal des Michael Kohlhaas ganz zu schweigen. Vor allem aber setzt Kleist auf die Folter der Sprache, auf furiose Eingangssätze, hochpathetische Szenen, Körpersprache und Affektkurven, ja sogar auf etwas so Merkwürdiges wie den religiösen Terror der Musik (in der Legende *Die heilige Cäcilie*).

Wir sind nach dem Datum „9/11", der globalen Verhängnischiffre, hellhöriger, „religiös musikalischer", auch für die Instrumentalisierung der Religion im Zeichen des Terrors. René Girards Vortrag über *Gewalt und Religion* (2003) stellt hierfür ein psychohistorisches Erklärungsmuster bereit. Es greift den Opfergedanken auf, der in den monotheistischen Weltreligionen eine große Rolle spielt. Bei dem Anschlag der islamistischen Terrororganisation al-Qaida am 11. September 2001 auf das New Yorker World Trade Center haben sich, so Girard, die Täter geopfert, um andere, die sie für Täter hielten, zu töten. Was sagen dazu die Schriftsteller?

Erstaunlicherweise hat es nicht allzu lange gedauert, bis „9/11" in der Literatur – und auch im Film – zum Thema wurde. Die erste bemerkenswerte literarische Reaktion aus Deutschland kam von Ulrich Peltzer, dem Böll-Preisträger 2011. Er lässt den Terror wie aus heiterem Himmel in seine Erzählung *Bryant Park* (2002) einbrechen. Das macht dieses Werk zu einem glaubwürdigen Zeugnis seiner Zeit. Der Erzähler, so beginnt die Handlung, durchforstet in New York Taufregister neuenglischer Gemeinden, der Autor selbst sitzt in Berlin. Am Tag des Terrors ist die Fiktion zu Ende. Nun erzählt Peltzer selbst, er ist besorgt um seine Kollegin Kathrin Röggla, die damals tatsächlich in New York gelebt – und mit *really ground zero* (2002) fast zeitgleich ebenfalls einen 9/11-Roman geschrieben hat. Nur die Verknüpfung von Terror und Religion gelingt weder hier noch dort. Es herrscht allgemeine Ratlosigkeit. Der „11. September", heißt es in Katharina Hackers Roman *Die Habenichtse* (2006), ist „nichts als die Scheidelinie zwischen einen phantasierten, unbeschwerteren Vorher und dem ängstlichen, aggressiven Gejammer, das sich immer weiter ausbreitete".

Angst ist in der Essayistik über Religion und Gewalt ein schlechter Ratgeber. Botho Strauß sieht 2001 Attentionismus und „Erwartungswachheit" an die Stelle des „geschäftigen Schlafs" der Vernunft treten. Auch Ulla Berkéwicz schlägt in ihrer Studie *Vielleicht werden wir ja alle verrückt* (2002) einen modernekritischen Ton an, um den Fundamentalismen der Weltreligionen auf die Spur zu kommen. Etwas findiger konstruiert Hans Magnus Enzensbergers Essay *Schreckensmänner* (2006) einen Zusammenhang zwischen den Globalisierungs-„Verlierern" in der arabischen Welt und dem globalen Terrorismus. Und der in den USA und Österreich aufgewachsene, Israel sehr verbundene Autor Peter Stephan Jungk bleibt skeptisch: „Wir alle werden den Friedensschluss zwischen den Weltreligionen nicht mehr erleben. Es sei denn, es käme der Messias."

„Abel steh auf"

Natürlich ist der fatale Zusammenhang von Religion und Gewalt älter als alles, was über „9/11" geschrieben wurde. Arnold Stadlers Anthologie *Tohuwabohu* (2002) versammelt Texte über Gewalt und Religion aus der Weltliteratur sowie aus der christlich-jüdischen und der islamischen Tradition. Die Lehre: Der Mensch praktiziert Gewalt – und er braucht Religion. Auf die Vertreibung aus dem Paradies folgen Brudermord, Sintflut, gerade noch vereiteltes Sohnesopfer, Jericho, Sodom und Gomorrha. In zwei Dritteln der biblischen Psalmen ist der Erzähler von Feinden umringt, nimmt also eine Opferrolle ein. Hat Religion automatisch Gewalt im Schlepptau?

Das ist die eine Seite des Themas: Jede Religion erhebt Anspruch auf ewige Wahrheit, und diese Wahrheit ist nun einmal unteilbar. Die aufklärerische Zuversicht, „Sanftmut" und „herzliche Verträglichkeit" könnten, wie in Lessings „Nathan", den Krieg der Religionen schlichten, ist dahin. Salman Rushdie, der seit der über ihn verhängten Fatwa ein gebranntes Kind ist, warnt vor jedem religiösen Alleinanspruch als „Gift im Blut". Soll man der Religion also besser abschwören?

An dieser Frage arbeitet sich Martin Walsers neuer Roman *Muttersohn* (2011) redlich ab. Der Roman, in dem es von religiösen Motiven nur so wimmelt, erzählt eine negative Heiligenlegende. Ihr Held arbeitet als Krankenpfleger in einer Psychiatrie, die in einer ehemaligen Barockkirche untergebracht ist; er heißt Percy, was sich gut auf Gnade (mercy) reimt. Am Ende stößt er auf eine diabolische Rockerbande, die sich „Austrian Action" nennt und eine ungnädige „Freiheit zum Hass" propagiert: „Den Menschen ein besseres Jenseits versprechen, um sie im Diesseits gefügig zu machen, ist ein Verbrechen! Die Transzendenz ist die Erbsünde."

Soll die Religion den Segen zur Schlacht spenden oder sie verdammen? Andere argumentieren, dass die Religion nicht an sich Gewalt enthält, sondern missbraucht wird, um Gewalt zu predigen und zu legitimieren. Hier sind die Romane und Erzählungen einzuordnen, die Religion nicht gleich unter den Anfangsverdacht eines Gewaltdispositivs stellen, sondern Ursachen und Folgen des Missbrauchs untersuchen. Ein Beispiel sind die Werke von Josef Winkler, der aus seiner katholischen Kärntner Herkunftswelt eine Mördergrube macht. Winklers Bücher praktizieren einen „autobiographischen Exorzismus" (Brigitte Schwens-Harrant). Sie spiegeln die Opfererfahrungen der frühen Jahre in einem gebrochenen religiösen Wissen. Auf diese Weise vermessen sie den Abgrund zwischen Sakrament und Sakrileg.

Ein anderes Beispiel ist Albert Ostermaiers umstrittenes Buch *Schwarze Sonne scheine* (2011). Der Roman, wie bei Walser voller religiöser Wendungen, erzählt von seelischem Missbrauch mit pseudomedizinischen Mitteln. Ein Abt tritt als Menschenfänger auf, der einen ehemaligen Zögling nicht loslassen will und ihn mit einer vermeintlich tödlichen Diagnose zu einer dubiosen Wunderheilerin schickt. Mag die Szenerie auch manchmal überzeichnet sein, am Ende zeigt sich, dass der Mensch ein „sehnsuchtsbegabtes Wesen" (Arnold Stadler) ist, das nicht aufhören kann zu glauben. „Don't stop believin'": mit diesem Popsong im Ohr kehrt Ostermaiers Protagonist zurück ins Leben.

Auch die Christus-Romane von Patrick Roth umspielen die Gewalt in der Religion, voran *Johnny Shines* (1993). Hier findet sich die apokryphe Erzählung vom jungen Jesus in der Löwengrube, der seinen Widersacher Judas erst töten und dann auferwecken muss, um die Heilsgeschichte in Gang zu setzen. Roth erzählt eine Legende vom Ursprung der Religion aus der Gewalt. Aus dem ‚Bruder'-Mord wird, paradox genug, Erlösung. So tief in das unheimliche Geheimnis des Heiligen und der Gewalt eingedrungen wie Roth ist kaum ein anderer Schriftsteller. Auch hier gilt, wie bei Kleist: Die Literatur hat von der Religion nicht nur die Stoffe, sondern auch die Sprache der Gewalt geerbt. Ein schweres Erbe, zweifellos.

Kann Abel also aufstehen? Hilde Domin plädiert dafür, der Religion eine zweite Chance zu geben, diesmal ohne Gewalt. Der Nobelpreisträger José Saramago bezweifelt das. Sein letzter Roman *Kain*, in deutscher Übersetzung 2011 erschienen, schickt den Brudermörder auf eine Reise zu den Unheilsorten des Alten Testaments. Kain ist ein verhinderter Gottesattentäter, der nicht den sein Opfer verschmähenden Gott, sondern seinen begünstigten Bruder tötet. Was er auf seinem Weg lernt, ist bitter: Immer wieder wird Gewalt im Namen Gottes ausgerufen, ausgeübt, rechtfertigt. Angesichts dessen wird Kain zum abgrundtiefen Religionspessimisten und theologisch versierten Rebellen. Aber er hört nicht auf, mit diesem gewaltigen Gott zu diskutieren. So wird Kains Erzähler zum Chronisten von Gewalt und Religion. Es sind die Schriftsteller, die unsere Hoffnung auf einen Sprung aus der „Totschlägerreihe" (Kafka) wachhalten.

„Der alte König in seinem Exil"

Arno Geigers Glücksgeschichten in glücksfernen Zeiten

Das unbescholtene Glück ist seit der Aufklärung weitgehend aus der Literatur verschwunden. In den „glücksfernen Zeiten"[1] menschengemachter Katastrophen stehen poetische Glücksprogramme unter dem Vorbehalt der Verkitschung oder der Verharmlosung. Ein „einheitliches, konsensfähiges Glückskonzept" kann man heute von keinem Roman mehr erwarten.[2]

Unter den deutschsprachigen Autoren, die sich dennoch der vernachlässigten Glücksgeschichten angenommen haben, ist Arno Geiger einer der bedeutendsten. Hinter seinen Romantiteln *Schöne Freunde, Es geht uns gut* und *Der alte König in seinem Exil* verbergen sich mehr als nur wohlfeile Glücksformeln. Wer die Bücher liest, merkt bald, dass die starken intuitiven Annahmen seiner Romanfiguren über das gute und richtige Leben eine schwache Erfahrungsgrundlage haben: Reichtum macht nicht automatisch glücklich,[3] und im Glücksverzicht liegt manches Mal mehr Gewinn als im Dauererfolg. Insofern erzählt Arno Geiger wohlbesonnene Geschichten vom Glück in glücksfernen Zeiten. Es geht um die Zerbrechlichkeit des Glücks wie auch um die Sehnsucht nach seiner Dauer. Darin liegt der anthropologische Mehrwert seiner Werke. Nur der Mensch weiß vom Glück zu erzählen, besonders dann, wenn er angesichts des Unglücks, das ihn in Form von Untreue und Liebesverrat, von Unfall und Krankheit heimsucht, an die „Vision eines Glücks von ungebrochener Dauer" erinnert wird.[4]

Vom Glück der literarischen Anfänge

Der 1968 in Bregenz geborene Autor hatte, aufgewachsen in Wolfurt/Vorarlberg als eines von vier Kindern eines Gemeindesekretärs und einer Volksschullehrerin, sein Studium der Deutschen Philologie, Alten Geschichte und Vergleichenden Literaturwissenschaft in Wien und Innsbruck abgeschlossen und von 1986 bis 2002 als Tontechniker auf der Seebühne der Bregenzer Festspiele gearbeitet. Der erste Glückstreffer war zugleich das literarische Debüt: seine erfolgreiche Lesung beim Klagenfurter Ingeborg-Bachmann-Wettbewerb 1996. Im Jahr darauf wurde sein erster Roman beim Hanser Verlag publiziert: *Kleine Schule des Karussellfahrens*, der vielgelobte Roman über einen Taugenichts, der die „UnGlücksflügel" (49) seiner Seele ausspannt und sich aus dem deutschen Revolutionsjahr 1989 in die Zeit der Französischen Revolution von 1789 zurückträumt; 1999 folgte der Roman *Irrlichterloh* (1999), eine moderne Road novel, 2002 der Roman *Schöne Freunde* (2002), der von den Folgen eines Grubenunglücks erzählt, ohne die Utopie der Glückseligkeit aufzugeben. Solche wunschlosen Beschreibungen der Sehnsucht nach einem besseren Leben enthält auch der Prosaband *Anna nicht vergessen* (2007). Die Figuren ringen mit Peter Handkes prekärer Glücksdiagnose aus dem Jahr 1972: „Selten wunschlos und irgendwie glücklich, meistens wunschlos und ein bisschen unglücklich".[5]

„Es geht uns gut"

Arno Geigers zweites Glück im Literaturbetrieb war der Deutsche Buchpreis, der 2005 zum ersten Mal verliehen wurde; ausgezeichnet wurde Geiger für den Roman *Es geht uns gut*. Das Buch wurde mittlerweile über 400.000 Mal verkauft und in 20 Sprachen übersetzt. Der Roman gehört zu den bedeutenden Erinnerungsromanen der Gegenwart,[6] er erneuert das Österreichbild in der Literatur und überträgt diese große nationale Geschichte in die Geschichte einer kleinen Familie, an deren wiederum mächtigem Schicksal die Glückszeichen und Wertansprüche der Zeit ablesbar sind. „Unsere Vergangenheit ist zu groß, um von einem so kleinen Land bewältigt zu werden", heißt es an zentraler Stelle (152).

Im Mittelpunkt des Romans steht Philipp Sterk, der unglückliche Erbe der Familiengeschichte, der sich in der Wiener Vorortvilla seiner verstorbenen Großmutter Alma zurechtfinden muss. Mit seiner Familie beschäftigt er sich nur in dem Maße, wie es ihm „bekömmlich" ist (11), die Entrümpelung des Hauses überträgt er anderen. Er fühlt sich von der Geschichte „unbetroffen" (136). Er ist ein „unentschiedener" Erbe wie der Bezirkshauptmann Trotta in Joseph Roths Habsburg-Saga *Radetzkymarsch* (1927), von dem es heißt, dass er „nicht nur seine Heimat verloren hatte, sondern auch das Heimweh nach dieser Heimat".[7] Heimat und Familie: das löst bei dem Enkel Philipp eine „ängstliche, ihn gleichzeitig beschämende Glücksempfindung" (389) aus. In den Rückblenden wird die wechselvolle Geschichte der Eltern erzählt: die Mutter Ingrid ist Ärztin, sie kommt 1978 beim Baden in der Donau ums Leben; ihr Mann Peter, der im April 1945 als Hitlerjunge gegen die Amerikaner gekämpft hat, spezialisiert sich auf Verkehrssicherheit. Wichtiger noch ist die Geschichte der Großeltern, der krisenbeständigen Alma und ihres Mannes Richard, der nach dem Krieg als höherer Ministerialbeamter Karriere macht und im Alter zum demenzkranken Pflegefall wird. Wenn der Enkel Philipp am Ende des Romans nach Böhmen aufbricht, weist das Glückskonzept des Romans über die von den Unglücksdaten 1938 bis 2001 – der Spanne der erzählten Zeit – eingerahmte Zeit hinaus. Nach dem ‚langen' 20. Jahrhundert scheint ein freundlicheres Säkulum möglich.

„Abenteuerroman über die Ehe"

Kann und darf ein ernstzunehmendes Werk der Fiktion am Ende das Glück der Figuren feiern? Diesem Experiment der Kontingenzkompensation unterzieht sich Geigers fünfter Roman, *Alles über Sally* (2010). Es ist ein „Abenteuerroman über die Ehe" mit Happy ending,[8] genauer: über den Ehebruch. Das macht die Experimentalanordnung umso gewagter, weil der versöhnliche Ausklang trotz des erotischen „Schritt(s) vom Wege" dem Gerechtigkeitsgesetz des poetischen Realismus widerspricht – Fontane musste deshalb 1895 seine Romanfigur Effi Briest sterben lassen. Sally, Geigers Titelheldin, aus deren Perspektive fast durchgehend erzählt wird, hütet indes ein „glückliches Geheimnis" (207). Neben ihrer Ehe mit dem älteren, übergewichtigen Ethnologen Alfred, der gern lange im Bett liegt, einen alten Stützstrumpf trägt und ein langweiliges Tagebuch führt, unterhält die lebenslustige Sally eine Affäre mit Alfreds bestem Freund Erik, dessen sie jedoch bald überdrüssig wird.

Der Vater im „Exil"

Arno Geigers größter Bucherfolg ist das Buch *Der alte König in seinem Exil*. Es ist vieles zugleich: Autobiographie, Familiengeschichte, Vatererzählung, Dorfchronik. Vor allem ist es eine stark familiär gefärbte Krankheitsgeschichte der Alzheimer-Demenz. Es geht um Geigers 1926 geborenen Vater August, bei dem sich 1995 erste Anzeichen der Krankheit zeigten. Als der Vater zum ersten Male vorübergehend in ein Pflegeheim musste (von 2009 bis zu seinem Tod 2014 lebte er dort), begann der Sohn mit dem Schreiben über den Vater und der Aufarbeitung von dessen Lebensgeschichte. Sechs Jahre hat er an dem Buch gearbeitet. Im Februar 2011 ist es erschienen, im gleichen Jahr erhielt der Autor den Hölderlin-Preis. Im September 2011 wurde er für sein episches Werk in Weimar mit dem Literaturpreis der Konrad-Adenauer-Stiftung ausgezeichnet.

Doch für Geiger ist die Alzheimer-Demenz, „eine durch Hirnschäden erworbene, oft chronisch fortschreitende Minderung kognitiver Leistungen mit Beeinträchtigung des täglichen Lebens",[9] weder Stoff für einen Patientenbericht noch für einen Roman (wie bei Jonathan Franzen). Geiger versteht die Demenz als „literarische Krankheit" (Holger Helbig). Sie produziert „Hirngespinste" (so lautet die deutsche Übersetzung von J. Berlefs Alzheimer-Roman *Hersenschimmen* von 1984). Sie hat Symptome, die auch eine ästhetisch interessante Dimension haben: Vergesslichkeit und Aphasie. Sie zwingt den Autor – und den Leser – zur Selbstreflexion. Alzheimer-Bücher erzählen vom „Leben in der Fiktion": „Wir richteten uns in all den Erinnerungslücken, Wahnvorstellungen und Hilfskonstruktionen ein, mit denen sein Verstand sich gegen das Unverständliche und die Halluzinationen wappnete" (117). Das Ergebnis ist eine mit Reflexionen und Zitaten durchformte, durch Vater-Sohn-Dialoge gegliederte Familiengeschichte. Sie erzählt, wie der Vater als drittes von acht Kindern in einer dörflichen Gemeinschaft im Voarlberger Land groß wurde und wie

„Der alte König in seinem Exil"

ihn Krieg, Kriegsgefangenschaft und Lazarett lehrten, lieber „ein Leben lang zu Haus zu bleiben" (45). Das „Heimweh" der Schülersoldatengeneration entspricht der „Gewohnheit" der immergleichen Alltagshandlungen des Vaters (87), widerspricht aber der Lebensneugier der aus St. Pölten stammenden Mutter. Selbst einen „als Hochzeitsreise deklarierten Spaziergang" zu machen, lehnt der Vater ab (82). Hier prallen zwei unterschiedliche Glücksprogramme zusammen. Das Exil der Altersdemenz des Vaters ist königlich, weil es sich über dieses Schicksal erhebt, zwangsweise, aber für den Sohn – und den Leser – mit dem Willen, „etwas herauszufinden über die grundlegenden Dinge, die uns getrieben haben, die Menschen zu werden, die wir sind" (188). Auf diese Weise poetisiert Geiger den autobiographischen Stoff, ohne ihn zu fiktionalisieren wie Virginia Woolf, die 1927 in ihrem Roman *To the Lighthouse* ein an ihren Vater erinnerndes, berührendes Porträt eines alzheimerkranken Philosophieprofessors zeichnet: ein störrischer, zerstreuter „König in seinem Exil".[10]

Empathisches Erzählen

Kennzeichnend für Arno Geigers Buch ist eine empathische Erzählhaltung, die sich der Krankheit mit einer gewissen Demut nähert und mit der Bereitschaft, sich auch in eine andere als die vertraute Welt zu begeben: „Da mein Vater nicht mehr über die Brücke in meine Welt gelangen kann, muss ich hinüber zu ihm. Dort drüben, innerhalb der Grenzen seiner geistigen Verfassung, jenseits unserer auf Sachlichkeit und Zielstrebigkeit ausgelegten Gesellschaft, ist er noch immer ein beachtlicher Mensch" (11). Minutiös und stets mitfühlend beobachtet Geiger die Sprache und das Verhalten des Vaters und entdeckt in dem Vergessen des Gehirns unter dem Hut oder in der Selbstbezeichnung des Vaters „,Wir sind lauter Geflickte'" (177) geglückte poetische Metaphern, die eines Kafkas oder Bernhards würdig wären. Hier redet „die Krankheit" (131). „Charakter taugt mehr als Intelligenz", so die Lehre, die der Autor aus dem Umgang mit der Krankheit zieht.[11]

In dem Prosaband *Anna nicht vergessen* wird Freud zitiert, demzufolge das Glück im Schöpfungsplan „für den Menschen nicht vorgesehen" sei (213). Arno Geigers Werke sprechen eine andere Sprache. Für die Figuren seiner Romane und Erzählungen ist das Glück als „natürliche Schwankungserscheinung" vorgesehen, als erahnten sie – so endet die gleichnamige Kurzgeschichte in dem Prosaband *Anna nicht vergessen* – „von weitem eine dieser Oasen, auf die das Leben einen zwischendurch immer wieder stoßen lässt, die Verheißung eines – wenn auch unklaren – Glücks" (216). Die Leser über diese Glücksverheißung aufzuklären und ihm damit „Leseglück" zu schenken,[12] ist Arno Geigers Werken gelungen.

Anmerkungen

[1] Vgl. Wilhelm Genazino: Das Glück in glücksfernen Zeiten. Frankfurt a.M. 2009. – Die hier vorgestellten Romane und Erzählungen Arno Geigers sind allesamt im Hanser Verlag erschienen; zitiert wird nach diesen Ausgaben. – Erstdruck des hier überarbeiteten Beitrags unter dem gleichen Titel in: Stimmen der Zeit 136 (2011) H. 9, S. 637–640.

[2] David E. Wellbery: Prekäres und unverhofftes Glück. Zur Glücksdarstellung in der klassischen deutschen Literatur. In: Über das Glück. Ein Symposium. Hrsg. von Heinrich Meier. München 1998, S. 49.

[3] Vgl. Norbert Schwarz: Intuitive Annahmen über das glückliche Leben – und warum wir so wenig aus der Erfahrung lernen. In: Über das Glück (Anm. 2), S. 85–117.

[4] Vgl. Peter von Matt: Glück als Ziel des Weltalls und der Literatur. In: Über das Glück (Anm. 2), S. 193f.

[5] Peter Handke: Wunschloses Unglück. Erzählung. Frankfurt a.M. 1974, S. 19.

[6] Volker Hage: Wühlarbeit im Haus der Ahnen (2005). In: ders.: Letzte Tänze, erste Schritte. Deutsche Literatur der Gegenwart. München 2007, S. 235–238.

[7] Joseph Roth: Radetzkymarsch. Roman. München 1981, S. 216.

[8] Meike Feßmann: Zu Hause nie wieder. In: Der Tagesspiegel, 52.2011.

[9] Holger Helbig: Alzheimer-Krankheit. In: Literatur und Medizin. Ein Lexikon. Hrsg. von Bettina von Jagow und Florian Steger. Göttingen 2005, S. 46f.

[10] Virginia Woolf: Zum Leuchtturm. Roman, deutsch von Karin Kersten. Frankfurt a.M. 2007, S. 158.

[11] Arno Geiger: „Alles ist lohnenswert". Gespräch. In: FAZ, 18.3.2011.

[12] Vgl. Ulrike Tanzer: Fortuna, Idylle, Augenblick. Aspekte des Glücks in der Literatur. Würzburg 2011, S. 44f.

Von der Suche nach einem guten Leben
Louis Begleys Gesellschaftsromane*

Von der Philosophie hat die Literatur die Idee des Glücks geerbt. Das Wort ‚Glück', dessen Herkunft unsicher ist (wohl aus dem altniederfränkischen ‚galukki', woher auch das englische ‚luck' kommt), wurde im 12. Jahrhundert in der deutschen Literatursprache heimisch und trat in Konkurrenz zu ‚saelde' (Gottes Segen) und ‚heil' (Gesundheit). Glück hat also ein Doppelgesicht: Es ist Augenblicksgenuss und Dauergefühl, Lotterie- und Lebensglück. Redewendungen wie ‚Glück haben' oder ‚auf gut Glück' bezeugen, dass es immer um den günstigen Ausgang eines Geschehens geht. Diese Bedeutung hat die aus der Aufklärung kommenden Glücksrechte des Menschen bestimmt. Die französische Deklaration der Menschenrechte (1793) nennt Glück ein unveräußerliches Recht, die *Declaration of Independence* (1776) spricht neben „Life" und „Liberty" vom „pursuit of happiness". Lessing hat diese Bestimmung des Menschen zum Glück in seinem Gedicht *Die Religion* in Fragen und Antworten gekleidet: „Warum? Wer? Wo bin ich? Zum Glück. Ein Mensch. Auf Erden."

Doch schon bei Kleist kommt es zur Katastrophe des Glücks. Die „Katastrophe", von seinem Zeitgenossen Campe als „Glückswende" übersetzt, ist die abrupte, nicht vorhergesehene Wendung des Glücks ins Positive oder Negative. Gerade in der Wendung liegt das Glück: ob ins Familiendesaster (wie im *Findling*) oder ins Erfüllungsglück (am Ende der *Marquise von O...*). Von Freud wird dann das Glück an der Schwelle zum Unterbewussten, zum „Es", gefunden; erst das Bewusstmachen der verdrängten Gefühle ermöglicht das Glück.

Heute, in „glücksfernen Zeiten" (Wilhelm Genazino), trauen sich an die atlasschwere Erzählung vom glücklichen Leben nur noch wenige Autoren ernsthaft heran. Peter Handke mit seinem *Versuch über den geglückten Tag* (1991) gehört dazu, auch Martin Walsers Roman Der *Augenblick der Liebe* (2004). Der amerikanische Autor Louis Begley misstraut den großen Gefühlen und dem gefälligen happy end. Doch sieht er den Katastrophen des Glücks ins Gesicht und erzählt unverdrossen von der Suche nach dem guten Leben. Das macht ihm so eindringlich und feinfühlig kein anderer Autor nach.

Neun Romane hat Louis Begley geschrieben, den ersten 1991, im Alter von 68 Jahren. Der zehnte erscheint im Herbst, pünktlich zu des Autors 80. Geburtstag, bei Suhrkamp in deutscher Übersetzung: *Erinnerungen an eine Ehe*. Auch hier schreitet Louis Begley seinen Themenkreis souverän aus. Es geht – durchaus in Anlehnung an Ingmar Bergmanns Film *Szenen einer Ehe* – um Heiratshindernisse und Ehrensachen, um Moral und Berufserfolg, um das wunschlose Unglück der besseren Gesellschaft. Der Erzähler ist nicht zufällig ein Schriftsteller. Nicht ohne eine höchst sympathische Selbstironie beschreibt er seine Nöte, von den Fakten zu den Fiktionen zu kommen, für einen Roman zu recherchieren, ohne die Wahrheit zu verfälschen. Aus autobiographischer Perspektive aus hat sich Louis Begley dazu in seinen Heidelberger Poetikvorlesungen geäußert. Kein Wunder, begann doch mit der Erfindung der eigenen Kindheitsgeschichte in dem Roman *Wartime lies* (1991), *Lügen in Zeiten des Krieges* (1994), sein literarischer Weg.

Geboren wurde Louis Begley unter dem Namen Ludwik Begleiter als einziges Kind polnisch-jüdischer Eltern am 6. Oktober 1933 in der ostgalizischen Provinzstadt Stryj, die zwischen den Weltkriegen polnisch war und heute zur Ukraine gehört. Im Sommer 1941 besetzten deutsche Truppen das von der Roten Armee geräumte Land. Im Schlagschatten der Wehrmacht rückten die Vernichtungstruppen der Sicherheitspolizei nach. Louis Begley floh mit seiner Mutter, getarnt als polnische Katholiken.

Als der Krieg zu Ende war, wanderte Louis Begley Anfang März 1947 mit seinen Eltern in die Vereinigten Staaten aus. In New York anglisierte er seinen Namen, begann ein Jurastudium in Harvard und wurde ein erfolgreicher Anwalt in der Kanzlei „Debevoise & Plimpton" an der Wall Street.

Zum Schriftsteller wurde Begley 1989, als er sich für vier Monate aus der Kanzlei zurückzog, um sein erstes Buch zu schreiben.

Von der Suche nach einem guten Leben

Wartime lies ist keine Lebensbeichte, sondern ein Erinnerungsroman, der die eigenen Erlebnisse verdichtet und umwandelt. Die Lügen in Zeiten des Krieges, derer sich der junge Romanheld Maciek mitsamt seiner Tante Tania bedient, sichern ihr Überleben in todesfeindlicher Umgebung und zeigen zugleich die Macht der Erinnerungsfiktion. „Ich habe mit der Stimme des beobachtenden Maciek versucht, Schicht für Schicht totale Unmenschlichkeit, das Grausen, den Horror mit einem konstanten Erzählton in Sprache umzusetzen", sagte Begley 1994 in einem Interview mit der *Jüdischen Allgemeinen Wochenzeitung*.

Vom Holocaust wird mit den Mitteln von Mythos und Literatur erzählt, ohne den unheilbaren Bruch auch nur je zu verdecken, den Auschwitz in der Geschichte der Menschheit bedeutet. Der Autor erweist sich als Meister der indirekten Aussage und der leisen Anspielung. Zu den *Lügen in Zeiten des Krieges* gehört der souveräne Umgang mit Ellipsen: „Überraschend und ganz unverständlich sagte Vater die Kreuzfahrt im Mittelmeer ab, die er mit Tania und mir im Sommer hatte unternehmen wollen. Er sagte, die Zeit sei nicht danach, sich so weit von zu Hause zu entfernen". Der Satz fällt im März 1938, nach dem Anschluss Österreichs. Kurz darauf, nach dem Einmarsch der Deutschen, wird wieder zwischen katholischen und jüdischen Polen unterschieden, die polnische Bevölkerung beteiligt sich an den Pogromen, das Haus der Familie wird zum Gestapo-Hauptquartier.

Nach dem Romandebüt entstand eine Suite von eleganten Gesellschaftsromanen. Die Figuren sind mittlere Helden, klaglose Hiobgestalten, Anwälte mit advokatorischen Kniffen, fast wie bei Kafka, über den Louis Begley, auch er Autor und Jurist, 2008 ein kluges Buch geschrieben hat (*Die ungeheure Welt, die ich im Kopf habe*). Unsympathisch sind sie nicht, diese Banker und Broker, Anwälte, Architekten und Schriftsteller, deren Erfolgsbilanzen regelmäßig bei den eigenen Herzensaffären versagen. *Schiffbruch*, so Begleys Romantitel von 2003, also Glücksscheitern ist ihr Schicksal, Erinnern an eine amour fou ihr Programm, stoisches Entsagen ihre Konklusion.

Ben heißt der vielleicht am meisten repräsentative unter diesen Helden – neben dem philosophierenden Pensionär Schmidt, dem zwei wunderbare Romane (1996 und 2001 in deutscher Übersetzung erschienen) gewidmet sind, und ein Film mit Jack Nicholson, dem die Hauptrolle wie auf den Leib geschrieben ist. Dieser Ben regiert Begleys zweiten Roman, *The Man Who Was Late* (1992), der vier Jahre später, wie immer in Christa Krügers kongenialer Übersetzung, in Deutschland erschien (*Der Mann, der zu spät kam*). Er ist ein „jüdischer Flüchtling", der in Amerika das gute Leben erlernen will, aber sich in den Widersprüchen zwischen Selbsthass und Glücksverlangen verheddert. Glück hat er durchaus in der Welt des „bargeldlosen Wohlergehens", zumal bei den Frauen. Aber er kann damit nicht glücklich sein.

Tragische Liebesgeschichten aus der high society erzählen auch *Wie Max es sah* (1995) und *Mistlers Abschied* (1999). Als Mistler von seinem tödlichen Leberkrebs erfährt, flieht er nach Venedig, einen Ort, vor dessen morbider Kulisse sich das Sterben des reichen und berühmten Mannes seit jeher wirkungsvoll inszenieren ließ. In Venedig sucht Mistler nach jenem „Moment absoluter Freiheit", bevor „das ganze Geschäft des Sterbens beginnt". Die Macht, die den Tod wenn nicht besiegt, so doch aufhält, ist die Liebe, der Eros.

Im Zentrum von Begleys literarischem Werk steht die Frage nach der Zukunft der humanistischen Werte. Was geschieht, wenn die persönlichen „Vorstellungen vom Guten und Menschenwürdigen" von Intrigen, Manipulationen und Vorverurteilungen durchkreuzt werden, hat er in einem Buch über den *Fall Dreyfus* (2009) untersucht. Es trägt, vielsagend und warnend genug, den Untertitel „Teufelsinsel, Guantanamo, Alptraum der Geschichte". Das gute Leben ist kein Geschenk. Es muss in realistischen Romanen erzählt werden, durch die Katastrophen hindurch, die ja im wörtlichen Sinne Glückswenden bedeuten.

Anmerkungen

* Vgl. zum Werk von Louis Begley Christa Krügers Monographie: Louis Begley. Leben und Wirkung. Frankfurt a. M. 2008. – Hier überarbeiteter Nachdruck des Beitrags aus: „Eine Attacke auf das Unerkennbare reiten". Zu den Romanen von Louis Begley. In: Stimmen der Zeit 125 (2000) H. 9, S. 622–636.

Das Medium macht die Katastrophe

Gott, Geld und Medien in Atom Egoyans
The Sweet Hereafter (1997)*

Katastrophenfilme zeigen – im Unterschied zu katastrophalen Filmen – das, wovon sie erzählen, auf spannende Weise, manchmal mit verzögertem happy end (wie in Roland Emmerichs Sintflutdrama *2012* aus dem Jahr 2009), manchmal mit melodramatischem Ende (wenn der Held sich opfert wie Bruce Willis in Michael Bays Apokalypsefilm *Armageddon* von 1998). Doch was ist mit Filmen, in denen um die Katastrophe herumerzählt wird? Welches Genre bedienen Filme, in denen das Schreckliche so gut wie unsichtbar bleibt? Und muss man das Unglück überhaupt sehen, um es zu begreifen?

Der Katastrophen-Plot

In Atom Egoyans *The Sweet Hereafter* geht es um eine der schlimmstmöglichen Katastrophen, die wir uns besser gar nicht erst vorstellen möchten. Passiert ist ein Super-Gau: In einer kanadischen Kleinstadt ist ein Schulbus mit 22 Insassen im Winter von der Straße abgekommen und in einen See gestürzt, nur die Fahrerin und wenige Schüler überleben, ein Vater, der mit seinem Auto hinter dem Bus herfuhr, war der einzige Augenzeuge des Unglücks. Ein Anwalt, der eine drogensüchtige Tochter namens Zoë hat, kommt von außen hinzu, mietet sich in einem Motel ein und versucht die Unglückseltern reihum vom Sinn einer kollektiven Schadensersatzklage zu überzeugen. Der Tod der Kinder, die im eisigen See ertrinken, wird in keiner expliziten Einstellung gezeigt. Erzählt wird – hauptsächlich auf drei Zeitebenen – von dem Vorabend des Unfalls, von den Tagen danach (im Dezember 1995, den ein Kalender an der Motel-Rezeption anzeigt) und von einem noch späteren Zeitpunkt, zwei Jahre nach dem Unfall (im November 1997, den ein Fernsehmonitor im Flugzeug anzeigt).

„It's not the incident of the crash itself that is elaborated, but the experience of Billy Ansell, watching this as a father, from the distance and feeling helpless", hat Atom Egoyan, der auch das Drehbuch für den Film schrieb, im Interview mit der online-Zeitschrift *IndieWire* (24.11.1997) gesagt. Der Blick auf die Katastrophe ist distanziert. Es ist der Blick des Vaters auf sein totes Kind, dem er eben noch hinterhergefahren ist: ein hilfloser Blick ohne Objekt, in dem sich die Machtlosigkeit des Beobachters spiegelt. Er gehört zu den „Urszenen des Medialen" (Christian Kieling/Ulrich Beil), in denen sich der Blick des Mediums auf sich selbst und die Bedingungen, aber auch die Grenzen seiner Medialität richtet.

Ich schlage daher vor, Egoyan zu folgen und zu fragen, wie das Medium ‚Film' Abstand zu der Katastrophe, von der zu erzählen ist, herstellt. Ein Teil der Antwort steckt schon im Filmtitel. Das „Jenseits" ist ein Begriff aus der Religion, ein anderes Wort für Transzendenz, und ein wenig religiös musikalisch sollten die Zuschauer schon sein, um dem Zusammenhang von Medium und Religion auf die Schliche zu kommen, einer Konstellation, die semantisch auch schon im englischen Begriff *desaster movie* angelegt ist.

Gott, Geld und Medien

Diese Überlegungen zum Film haben wiederum ein zweifaches theoretisches Gerüst. Einmal beziehe ich mich auf die Systemtheorie von Niklas Luhmann, insbesondere auf seinen postumen Band *Die Religion der Gesellschaft* (2000), und sodann auf die Medientheorie von Jochen Hörisch, namentlich auf sein Buch *Gott, Geld, Medien* (2004). Dass die Theorie dem Film hierbei zeitlich nachhinkt, spricht im Übrigen nicht gegen die Theorie. In den narratologischen, malerischen, literarischen, musikalischen, fotografischen Potenzen des Films steckt ja immer schon so viel Theorie, wie der Film braucht, um sich als Kunst (*Film als Kunst* lautet der Titel von Rudolf Arnheims Theoriebuch von 1932) zu etablieren.

Jochen Hörisch hat sich in seinem oben genannten Buch der auffälligen Verbindung von Medium, Religion und Geld ange-

Das Medium macht die Katastrophe

nommen. Nicht ganz ohne Systemzwang stellt er fest, dass diese Leitmedien allesamt in Form einer Scheibe erscheinen (als CD, als Hostie, als Münze) und auch weitere Anforderungen erfüllen, die sich auf überraschende Weise gleichen: Religionen, Medien und Geld speichern etwas (Glaubenswahrheiten, Informationen, Wertbestände), sie übertragen etwas (Botschaften und Eigentum), sie bearbeiten Daten, wodurch es zu Codierungen und Konvertierungen kommt, sie ermöglichen Körperextensionen (Medien verlängern bekanntlich die Physis, Religion verlängert die Anwesenheit Gottes, Geld überwindet Grenzen, und ein Toter hinterlässt noch ein Testament). Wichtig hinsichtlich des Films ist vor allem, dass die Religion ein erzählendes Medium ist, welches eben in einem religiös betitelten Film dafür zu sorgen hat, dass es in der Erzählung zu einer Kommunikation mit Transzendenzbezug kommt, zu einem Diskurs über das Jenseits. Dieses Gespräch findet natürlich im Diesseits statt (sonst würden wir einen *mystery thriller* sehen), und daran ist wiederum das Geld schuld, dass die ganze Handlung in Bewegung setzt und die Kommunikation an die Katastrophe rückkoppelt: Die Bürger wollen Geld als Entschädigung für den Tod ihrer Kinder, Zoë braucht Geld zur Finanzierung ihrer Drogensucht. In beiden Fällen ist der Anwalt Stephen Mitchell der Geldbote, ein raffinierter Mephistopheles, mit seiner backstory wound aber auch ein persönlich verwundeter Hermes.

Immanenz unter dem Gesichtspunkt der Transzendenz

Mit der Religion in der Kleinstadtgemeinschaft kommt Luhmann ins Spiel. Der Bielefelder Soziologe hat eine in ihrer Kürze überraschende Definition aufgestellt, die uns helfen kann, das Religiöse an der Kommunikation im *Süßen Jenseits* zu verstehen. Luhmann sagt, dass „eine Kommunikation immer dann religiös ist, wenn sie Immanentes unter dem Gesichtspunkt der Transzendenz betrachtet". „Transzendenz" bedeutet Verschiebung der Horizonte auf etwas hin, das geglaubt, aber nicht gewusst wird. Damit ist nicht nur ein Raum gemeint, sondern auch die Zeit. Deshalb ist ‚Transzendenz' der richtige Differenzbegriff zur „Immanenz".

Zum religiösen Trend in der Gegenwartsliteratur

Mittels eines transzendenten Horizonts können wir beobachten, was kontingent ist. Das ist in Egoyans Film das abrupt abgeschnittene Leben der Kinder. Das „Jenseits" im Film ist eben diese Beobachtungsperspektive der Transzendenz, welche die Perspektive der Religion ist. Sie ermöglicht es, etwas eigentlich Unsichtbares zu beobachten, Gott oder den Sinn.

Erzählen von der unsichtbaren Katastrophe

Das geschieht natürlich mit den Mitteln, die dem Film erzählerisch zu Gebote stehen. Interessant wird dies, sobald das Unsichtbare, Gott oder der Sinn, katastrophisch im Film erzählt wird. Damit wird der „Gesichtspunkt der Transzendenz", das Jenseitige, wieder zurückgebogen in die Immanenz, ins Diesseitige, und in die Opposition von Sinn und Unsinn. Die systemtheoretische Frage müsste also lauten, wie das Medium Film den, mit der komplexeren Terminologie Luhmanns, „Reflexionswert" des religiösen Codes prägt. Er tut es, so die vorläufige Antwort, indem das Medium sich als eines präsentiert, das die Katastrophe macht, im doppelten Wortsinn: Der Film inszeniert die Katastrophe, die unsichtbar bleibt, und imaginiert auf diese Weise auch das Katastrophische, das allein schon in der Zumutung der Vorstellung des Todes steckt, der die Grenze zwischen Diesseits und Jenseits markiert.

Egoyans Film inszeniert mit anderen Worten das Problem der Religion in einer entjenseitigten Gesellschaft. Und zwar nicht nur als Autoritätssturz der Überlieferungssysteme und Zerbrechen der Formen des Heiligen („die Säkular-Verderbnis", nannte das Jean Paul in der *Vorschule der Ästhetik*). Sondern als Herausforderung, alles, was immanent ist, auf eine Transzendenz zu beziehen, die im Prinzip nicht sichtbar ist. Der Film macht diese Transzendenzbezogenheit als Medium sichtbar und im Medium, also in Zeichen seiner selbst. Anders gesagt: Der Film beobachtet eine katastrophale Operation, die als unfassbar schreckliches Ereignis für sich selbst unbeobachtbar ist, aber von einer anderen Instanz beobachtet werden kann: der Religion. In dieser „Autoreflexivierung" (Oliver Jahraus) stellt sich Egoyans Film selbst zur Disposition, und zwar an einer Grenze der Kommunikation, der Wahrnehmung und des Verstehens, die laut Luhmann von keinem anderen System gezogen werden kann, als von dem der „Religion der Gesellschaft", weil eben nur dieses System „beobachten kann, daß es beobachtet". Diese Grenze von der Immanenz zur Transzendenz ist der Horizont, den der Film verschiebt, auch in der Arbeit der Kamera, die so oft nach oben fährt, Panoramen und Topviews bevorzugt und mit dem Mittel des *match cuts* verschiedene Handlungsräume und -zeiten verbindet.

Von der letzten Busfahrt wendet sich die Kamera mit einer Fahrt gen Himmel ab (in Filmminute 27:18), um in einem Flugzeug zu landen, in dem das entscheidende Erinnerungsgespräch zwischen dem Anwalt Mitchell und Zoës bester Freundin aus Kindertagen stattfindet. Von der Scheune, in der es zur inzestuösen Begegnung von Sam und Nicole kommt, fährt die Kamera hoch in den Himmel (in Filmminute 50:55), über die Schneelandschaft hinweg bis zur verhängnisvollen Unfallstraße. Und von der kurzen Erinnerungssequenz, die Zoë schlafend im Arm ihrer Mutter zeigt, hebt sich die Kamera ab, indem sie zu der Unfallszene überblendet. In der Idylle steckt unsichtbar die Katastrophe, wir sehen nur den fahlen, unbeteiligten Himmel und das verzweifelte Gesicht Billys. Die metaphysischen Antennen der Filmdramaturgie sind also nach oben gerichtet. Sie ignorieren die eingespielten Regeln von Zeit und Raum, die Chronologie und die Gesetze der Schwerkraft. Die Perspektive ist die von god's eye: Glück und Tragödie, Geburt und Tod liegen nicht in des Menschen Hand.

Musik als entjenseitigende Klammer

Es gibt drei Klammern in Egoyans Film, die verantwortlich sind für die Verbindung der transzendenten zur immanenten Kommunikation, erstens die Musik, zweitens die fünfmal eingespielte Sage vom Rattenfänger von Hameln und drittens schließlich die Medien selbst.

1. Die Source-Musik, die ihre Quelle in der Filmdiegese hat, ist ein unregelmäßiges Einspielen der Songs Nicoles (dargestellt von der 1979 geborenen kanadischen Schauspielerin, Regis-

seurin und Drehbuchautorin Sarah Polley). Diese Songs klingen immer dann an, wenn die Idylle vor der Katastrophe, das Wunschkonzert der miteinander kommunizierenden Gemeinde intoniert werden soll. Sie untermalen die Immanenz des Geschehens, die vermeintlich heile kleinbürgerliche Stadtwelt. – Die schrille Score-Musik, die eigens als extradiegetische Musik dem Film unterlegt wird, dient einer anderen Absicht. Sie gibt dem Film mythische Tiefe, verleiht ihm einen Transzendenzbezug. Sie taucht bevorzugt an der Grenze zwischen Immanenz und Transzendenz auf, die auch eine Grenze zwischen Realität und Imagination ist: in einer der Eröffnungsszenen, als Nicole mit ihrem Vater ein Eis holen geht; als der Anwalt in Billys Garage auf den Unglücksbus stiert; als Billy zu seiner Geliebten geht. Man kann die Score-Musik mit dem magischen Pfeifen des Rattenfängers vergleichen. Mason, Billys Sohn, erkennt das, als er Nicole fragt, warum der geprellte Sänger nicht einfach seine Pfeife eingesetzt habe, um seinen verdienten Lohn von den Hamelner Bürgern zu erhalten. Dieses Pfeifen ist auch das der sterbenden Kinder, es ist der Tonspur in der kurzen Unfallszene eingelegt: eine zusätzliche akustische Bedeutungsschicht, deren Tonquelle unsichtbar ist.

Lieblose Legende

2. Die Rattenfängersage wird als Stimme, Schrift und Bild eingespielt. Die Quelle ist jeweils Robert Brownings Kinderbuch *The Pied Piper of Hamelin* (1849), eine englische Vers-Übertragung der von den Grimms überlieferten Legende. Dieses Buch kommt als Medium des Erzählens ins Bild – und es kommt auch auf die Tonspur, wenn Nicole daraus vorliest. Die Sage von dem Rattenfänger, der die Kinder der wortbrüchigen Bürger auf Nimmerwiedersehen entführt, kommentiert und vertieft die Handlung des Films, sie gibt den Figuren Deutungsspielraum, sie macht aus der Religion eine Moral: Es gibt gute und schlechte, tragische und unheilvolle, rächende und verzeihende Rattenfänger.

Das Medium macht die Katastrophe

a. Der Anwalt Mitchell Stevens ist ein nicht entschädigter Rattenfänger, tragikanfällig, mephistophelisch, aber durch seine Vater-Opferrolle auch ein unschuldiges Medium des Zorns der Bürger, den er für seine kollektive Schadensersatzklage operationalisieren will.

b. Der unsichere Handwerker Sam ist ein romantischer und zugleich gefährlicher Rattenfänger, oft sprachlos (auch gegenüber seiner Frau), mit kleinem Einflussbereich. Nur Nicole läuft ihm hinterher, himmelt ihn an, sie ist sein Opfer.

c. Nicole hat die Rattenfängerpfeife ihres Vaters geerbt, missbraucht sie aber nicht, sondern nutzt sie, wenn sie den Kindern Billys Gutenachtgeschichten vorliest, als Erzählerin und, am Ende, als Instrument der Rache an ihrem Vater. Sie ist eine enttäuschte, ums „süße Jenseits" betrogene Rattenfängerin.

d. Billy Ansell ist ein ruinierter Rattenfänger. Er hat, nach seiner Frau, auch seine beiden Kinder verloren, und er gibt am Ende auch seine Geliebte auf.

e. Dolores, die Busfahrerin mit dem Beinamen der Schmerzensreichen Mutter, ist unter den Rattenfängern, die schuldig werden, die unschuldigste. Sie leugnet das Böse, und sie kommt – zumindest äußerlich – unbeschadet aus der Katastrophe heraus, indem sie einen neuen Job annimmt, als Busfahrerin für Touristen.

Medium und Katastrophe

3. Die Medien sind Mittel der indirekten Katastrophendarstellung im Film und ein Fenster zur Religion. Sie ermöglichen den Zugang zur Transzendenz, indem sie die Realität, also die Immanenz, verlängern, irritieren und katastrophisch verwandeln. Da sind zunächst die altertümlichen, klobigen Mobiltelefone, vor allem der Apparat von Mitchell, der ihn immer wieder in unpassenden Situationen aus seiner souveränen Anwaltsrolle reißt und mit den Stimmungswechseln seiner drogensüchtigen Tochter Zoë konfrontiert. Da ist der Computer, mit dem der Rattenfänger-Anwalt die querschnittsgelähmte Nicole besticht, damit sie zugunsten der allgemeinen Schadens-

ersatzklage aussagt. Da sind die Bilder der Hippie-Frau, visuelle Aufschreibesysteme des indianischen Pflegesohnes; eines stakt noch im Dach des geborgenen Unglücksbusses. Da ist die Videokamera des Anwalts, die ein gespenstisches Bild des Busses aufzeichnet. Und da ist das Fortbewegungsmedium, der Bus selbst, der immer wieder als Ort der Katastrophe ins Bild kommt, die Unfall, Zufall, Aberglauben oder Schicksal genannt wird. Der Bus ist die Verbindung und die Grenze zwischen Immanenz und Transzendenz, zwischen Oben und Unten, weltlicher Heimat (dem Elternhaus) und „süßem Jenseits". Daher verharrt die Kamera in respektvoller Distanz vor dem Desaster.

Korrespondenz der Katastrophen

Genau in der Mitte des Films wird von den beiden Katastrophen erzählt, die in die Idylle einbrechen: dem Busunfall und einer weit zurückliegenden Katastrophe. Während eines Sommerurlaubs wurde Mitchells Tochter von einer Giftspinne gebissen, Mitchell musste das Baby ins Krankenhaus fahren, mit einem Messer für den Notfall eines Luftröhrenschnitts. Beide Katastrophen stehen sich auf der Achse Transzendenz – Immanenz gegenüber: Auf der Horizontalen ereignet sich eine Naturkatastrophe, an der der Mensch keine Schuld hat (Archetyp ‚Erdbeben'); auf der Vertikalen passiert ein Unfall, der möglicherweise menschlich verschuldet ist (Archetyp ‚Sintflut'). Die Bus-Katastrophe ist eine religiöse Katastrophe. Es ist der Anwalt, der wie ein richtender Gott in der Kleinstadt aufkreuzt und dann doch spätestens im finalen Gespräch mit Billy ein gekreuzigter Mensch ist. „Let me direct your rage", sagt er zu Billy und betont damit seinen Anspruch auf die Regie des göttlichen Zorns.

Der Anwalt als deus ex machina und als Abraham-Figur, der im Notfall seine Tochter töten muss: Hier dringt der Film zu einer tiefen Schicht vor, in der die tragische Frage, wie weit Schuld mit dem Wissen von Schuld zusammenhängt, von der Juristik auf die Religion verschoben wird. Es ist kein Zufall, dass Mitchells Gespräch mit Billy neben dem Unglücksbus stattfindet, gleich an Billys Autowaschstation, in der die zweite Szene des Films spielt.

Das Medium macht die Katastrophe

Mitchell steckte da mit seinem Auto in der Waschanlage fest, aber dem Zuschauer wird später klar, dass eine Reinwaschung, eine Katharsis nicht würde stattfinden können, ohne dass nicht alle Figuren in Mitleidenschaft gezogen worden wären. Denn das wäre, theologisch gesprochen, die Permanenz des Sündenfalls. Kein Gerechter, nirgends, niemand kommt ungeschoren davon, und die Kinder, scheint es, büßen für ihre Eltern.

Am Ende blendet der Film nochmals prä- und postkatastrophale Szenen zusammen. Wir sehen, wie der havarierte Bus abtransportiert wird und Billy zur Arbeit geht. Dann fährt die Kamera wieder aufwärts, in einen hellen Himmel, an dem sich ein Riesenrad dreht. Es ist eine subjektive Kamera, die uns das symbolische Weltenrad aus der Sicht Nicoles präsentiert. Dass Nicole nicht mitfährt, weil sie gelähmt ist und im Rollstuhl sitzt, ist ein Hinweis darauf, dass die Szene nach dem Unfall spielt. Zugleich rezitiert sie aus dem Off Verse aus Brownings Rattenfänger-Poem. Es sind die Verse, die das lahme Kind mitbringt, das hinter den anderen Kindern zurückblieb und deshalb nicht im Berg mit dem Rattenfänger verschwunden ist, Verse über das „süße Jenseits": „Where waters gushed and fruit-trees grew, / And flowers put forth a fairer hue, / And everything was strange and new."

Dann, in der Schlussszene, sehen wir Nicole im Kinderzimmer das Buch zuschlagen. Diese Szene spielt vor dem Unfall. Sie geht durch den Flur ans Fenster, durch das gleißendes Licht fällt. Das Buch mit der dunklen Geschichte und das lichte Fenster: Stärker hätte Egoyan die Medienbeziehung von Immanenz und Transzendenz am Ende nicht zeigen können. „Die Seele sehnt sich nach dem Schönen, das sie im Ewigen geschaut hat", schreibt Thomas Hürlimann in der *Neuen Zürcher Zeitung* (10.12.2016) mit Blick auf einen anderen Katastrophenfilm, Sam Peckinpahs *Getaway* (1972). Auf der Grenze zur Transzendenz, in religiöser Kommunikation also, wird die Katastrophe ‚unsichtbar' erzählt, aber sie ist lesbar, weil sie medial gemacht ist.

Anmerkungen

* Der Beitrag geht aus einem Vortrag im Kölner Film Kanon Club hervor, den ich am 15. Dezember 2016 an der Universität zu Köln gehalten habe. Für die Einladung danke ich dem Initiator André Kagelmann, für die Anregung zur Leitfrage Anja Kindling, für die medientheoretischen Inspirationen Oliver Jahraus, für konstruktive Diskussionen meinen Kölner Studierenden, meiner Kollegin Daniela Tandecki und den Teilnehmern ihres Neversdorfer Seminars *Religion und Medien* (01.–04.11.2016). Zu Luhmann vgl. den Band von Niklas Luhmann: Aufsätze und Reden. Hrsg. von Oliver Jahraus. Stuttgart 2011. Die einschlägigen Bücher von Jochen Hörisch sind im Suhrkamp Verlag erschienen. Zum *Süßen Jenseits* vgl. die Basisinformationen auf der website der Bundeszentrale für politische Bildung (www.bpb.de).

Experimente mit Tausendundeiner Nacht
Der Erzähler Rafik Schami und sein Roman
*Eine Hand voller Sterne**

„Wie kamen Sie zum Schreiben?" „Was war für Ihr Schreiben von größter Bedeutung?" Das sind die häufigsten Fragen, die an einen Schriftsteller gerichtet werden, einfache Frage, die aber zu den Fragen gehören, die schwer zu beantworten sind. Wilhelm Raabe hat darauf einmal geantwortet, er habe das dem Kochbuch seiner Mutter und dem Sparkassenbuch seiner Frau zu verdanken. Rafik Schami hat gleich zwei Antworten darauf parat. Sie passen zu dem ost-westlichen Profil, das er als syrischer Autor deutscher Sprache mitbringt, als Autor also mit Deutsch als zweiter Muttersprache. *Damaskus im Herzen und Deutschland im Blick*, so heißt seine wichtigste autobiographische Publikation, die darauf anspielt, dass sein Name nicht sein Geburtsname ist, sondern ein Künstlername um der besseren Aussprache willen. Rafik Schami heißt wörtlich übersetzt „Freund von Damaskus", der reale Name Suheil Fadel bedeutet „tugendhafter Morgenstern". Natürlich dient der Namenswechsel auch der Abwehr der Zensur und dem Schutz der in Syrien zurückgebliebenen Familie vor der Diktatur.

Beide Antworten finden sich in dem wohl persönlichsten Buch, das Rafik Schami geschrieben hat, und zwar anlässlich der Brüder Grimm Professur, die Schami im Sommersemester 2010 in Kassel innehatte. Grimms Märchen, in denen Wieland zufolge zwei widersprechende Neigungen des Menschen sich glücklich vereinen, die „Liebe zum Wahren" und der „Hang zum Wunderbaren", waren für ihn ein willkommener Anlass, über seine Erzählgründe zu sprechen. Der besagte Band trägt den schönen Titel *Die Frau, die ihren Mann auf dem Flohmarkt verkaufte* (2011) und erinnert ein wenig an den Bestseller des amerikanischen Neurologen Oliver Sacks *Der Mann, der seine Frau mit einem Hut verwechselte* (1985), ist aber keine populärwissenschaftliche Entdeckungsreise in die

Geheimnisse des Gehirns, sondern ein erzählfreudiges Bekenntnis zu den Ursprüngen orientalischer Epik.

Zuhören und Erzählen

Die erste Antwort lautet: Erzähler wurde Rafik Schami durchs Zuhören. An einem Frühlingstag 1953 nahm in sein Großvater mit auf einen Flohmarkt. Dieser Großvater ist eine wichtige Figur in Rafik Schamis Leben. Er beschreibt ihn als witzig, großzügig und so abenteuerlustig, dass er vom eigenen Sohn zur Ordnung und Nachtruhe gemahnt werden muss. Vor allem aber ist der Großvater ein wunderbarer Erzähler. Seine Geschichten lassen die Kinder nachts nicht schlafen. Aber dieser Erzähler kann auch zuhören. Er nimmt den Jungen mit zu einem Laden, vor dem eine Frau steht, die ihren Mann verkaufen will. Die absurde Situation hat eine ernste Pointe. Der Mann zum Ausverkauf will nicht reden. Er ist ein Feind der oralen Kultur des Morgenlandes, für ihn ist kein Platz in den orientalischen Erzählgemeinschaften. Deshalb ist es auch ein „älterer Herr in einem feinen europäischen Anzug", der der verzweifelten Frau den stummen Mann abkauft. „An diesem Tag", schmunzelt Schami, „fasste ich den geheimen Vorsatz, Frauen immer Geschichten zu erzählen, damit sie mich nicht verkaufen" (F 13).

Die zweite Erklärung für die Erzählpassion Rafik Schamis hat ebenfalls mit Zuhören und Erzählen zu tun. Als Radio Kairo in den späten 1950er Jahren die „Erzählungen aus den Tausendundein Nächten" sendete, beginnend am 10. Juni 1956, war das für den Teenager Rafik Schami ein Erweckungserlebnis. Nur wie sollte er es anstellen, die späten Sendungen zu hören (die natürlich frisiert und zensiert waren)? Die Hörspiele wurden um elf Uhr nachts gesendet, der Vater, ein Bäcker, musste früh um vier Uhr aufstehen und ging daher stets um zehn Uhr zu Bett. Aber die Mutter, eine weise Analphabetin – wie mehr als die Hälfte der arabischen Bevölkerung – und schlagfertige Anekdotenerzählerin, hatte Verständnis für ihren Sohn und weckte ihn. Zwei Jahre, acht Monate und 27 Nächte hörte Rafik Schami zu. Selbst für die Nächte, in denen er nicht zuhören konnte, weil seine Mutter frühmorgens Waschtag hatte und deshalb am Abend zuvor früh ins Bett musste, war eine Lösung da. Rafik Schamis Sitznachbar in der Klasse, dessen Mutter einen anderen Waschtag hatte, erzählte ihm die Geschichte, „natürlich ausgeschmückt" (F 42). Am Ende der 1001. Nacht war sein Entschluss klar. „Diese Nächte waren meine beste Schule und Scheherazade war meine erste Lehrerin in der Erzählkunst" (MF 42). Keinen größeren Wunsch hatte er fortan, als auch Erzähler zu werden. „Ich hatte einen nach den Utopien fiebernden Kopf und eine unstillbare Sehnsucht nach Geschichten", heißt es in dem Band *Damaskus im Herzen und Deutschland im Blick* (2006). – Nur warum hatte Scheherazade nach der 1001. Nacht aufgehört zu erzählen? Ich komme darauf am Ende zurück.

Mit diesen Überlegungen haben wir bereits Bausteine für eine kleine Poetik des Erzählens bei Rafik Schami. Erzählen braucht ein Publikum, es ist ein öffentlicher Akt, eine Performance, bei der Aufgeschlossenheit und gute Laune ebenso wichtig sind wie Spannung auf angehobenem Niveau. Dieses Erzählen ist kein einsamer Akt des Lesens wie in der Tradition der europäischen Moderne. Werther liest einsam seinen Klopstock und verbirgt seine Rührung vor den anderen, indem er ans Fenster geht und in den Regen blickt. Bücher sind für Rafik Speichermedien, keine Veranstaltungsmedien, der Erzähler trägt ja seine Kunst mündlich vor, live, in der Tradition der Rhapsoden, nur dass sich der orientalische Erzähler nicht von den Musen inspirieren zu lassen braucht; bekanntlich trägt der inspirierte Dichter vor, er rezitiert nicht.

Das Zuhören hat Rafik Schami zum Erzählen gebracht und zum Erzähler gemacht: „Wenn du nicht zuhören kannst, kannst du nicht erzählen", so hat es Schami erfahren. Etwa beim armenischen Friseur, dessen persischer Gehilfe ein ungeschickter Bartscherer, aber ein wunderbarer Geschichtenerfinder ist: „Ein Friseur muss besser erzählen als ein Radio, sonst ist er schlecht." (HS 91). Dafür nimmt der Zuhörer sogar zwei Ohrfeigen des Meisters hin, die eigentlich für den Gehilfen gedacht sind, der aber schnell ausweicht. Am Ende ist die Rasur gratis. „Eine freie Rasur für zwei Ohrfeigen", lacht der Zuhörer (HS 92).

Man kann sich Rafik Schami als einen Autor vorstellen, der randvoll mit solchen Geschichten ist, Märchen, Parabeln, Gleichnissen, Anekdoten, Novellen, kaum eine kleine Form der Prosa gibt es, die nicht in sein Fach gehört. Natürlich liest er seine Geschichten nicht vom Blatt, er trägt sie vor, weil er sie verinnerlicht hat, kann er sie veräußern. Und das hat der „der letzte Wanderliterat" mit 2.321 Lesungen in dreißig Jahren zur Genüge gemacht, neunmal hat er sozusagen die Welt umrundet mit den Lesungskilometern, sagt er.

Kunst und Geheimnis

Schamis Erzählen ist eine Kunst und ein Geheimnis. Es entstammt alten orientalischen Traditionen und ist doch mit allen Wassern der modernen europäischen Epik gewaschen. Deshalb kann man es mit wissenschaftlichen Mitteln alleine und vielleicht überhaupt nicht fassen. Mein Versuch ist deshalb eher ein Erzählen über das Erzählen als ein Erklären des Erzählens. Es geht eher um eine Meta-Erzählung als um eine Theorie. Ich befinde mich da tröstlicherweise nicht in ganz so schlechter Gesellschaft, denn die Wissenschaftler, die sich abseits der Theorie, die als grau gilt, weil sie nur die eine Farbe sieht, und nicht die epische Vielfalt des Regenbogens, mit dem Erzählen befassen wie Volker Klotz in seinem Buch *Erzählen* (2006) – diese Wissenschaftler erzählen auch lieber von anderen Erzählungen als sie zu erklären. Und dennoch hilft das erzählende Nachdenken über das Erzählen weiter. Erzählen ist eine Tätigkeit, mit der, wer immer auch da erzählt, etwas verrichtet: Wort für Wort, Satz für Satz, Episode um Episode. Erzählen ist Aktion. Aber es ist auch Reaktion: es richtet etwas aus. Im Falle der *Märchen aus 1001 Nacht* geht es sogar um Leben und Tod. Das erzählte Erzählen findet sich vor allem im „Hals-Rahmen" (André Jolles), im Rahmen und Reflektieren des erzählenden Erzählens.

Experimente mit Tausendundeiner Nacht

Biographie Schami

Syria genuit – das kann man mit Sicherheit sagen. Aber das genaue Geburtsdatum verliert sich in den Wirren der syrischen Landesgeschichte. Wir schreiben das Jahr 1946. Syrien wurde unabhängig nach 400 Jahren osmanischer und über 25 Jahren französischer Besatzung. Die Kolonialherrschaft hatte Keile in die religiösen Minderheiten getrieben. Schamis Eltern waren aramäische Urchristen und eine Minderheit in der muslimischen Mehrheitsgesellschaft. Aus Angst vor muslimischen Angriffen flohen die Eltern im Frühsommer 1946 von Damaskus nach Malulain die Berge, der Vater kehrte in seine Bäckerei zurück, die er in einem heruntergekommenen Zustand gekauft hatte, die Mutter blieb mit Rafik und seinen beiden älteren Brüdern in dem christlichen Dorf zurück. Der Vater, als er die Geburt des Kindes kurz vor Weihnachten in Damaskus anzuzeigen kam, hatte Angst vor Verzögerungszahlungen. Er log auf die Frage, wann sein Sohn geboren sei: „Gerade". Der Beamte fragte nach. „Vor ein paar Tagen", sagte der Vater zitternd. Dann trug der Beamte willkürlich einen Termin ein: 23.6.1946. Kommentar Schamis: „Und in diesem Vorgang steckt der ganze Orient, nicht nur, dass man dort sogar mit Daten handelt, sondern auch die Angst, die Lüge und die Willkür" (D 128).

Zwölf Jahre lang hat Rafik Schami eine katholische Eliteschule in Damaskus besucht, zwischenzeitlich war er drei Jahre lang in einem jesuitischen Kloster im Libanon, weil ihn sein Vater zum Beruf des Pfarrer bestimmt hatte, wurde aber in der eingeengten Klosteratmosphäre so krank (Meningitis), dass ihn sein Vater dort herausholen musste. Krankheiten waren in seiner Kindheit immer willkommene Lesezeiten, er las Cervantes, die amerikanische Moderne, englische Autoren des 19. Jahrhunderts.

Nach der Schule begann er ein Chemiestudium, das er 1971 in Deutschland fortzusetzen beschloss, weil er den Militärdienst ablehnte (das hätte fünf Jahre Gefängnis bedeutet) und weil die Zensur der Baath-Partei alle freie Arbeit verbot und jede Geschichte unter Zensur stellte. Aus einer harmlosen Kindergeschichte für Kinder mit einem Esel wurde ein Drittel gestrichen, weil die Zensoren gelernt hatten, den Esel mit dem Präsidenten zu identifizieren. Mit 25 Jahren, an einem eiskalten Märztag, kam er in Frankfurt an, „einem Koffer und vier deutschen Wörtern" (ZZ 64). „Jawohl" und „Ich liebe dich". Das erste Wort, das er in Heidelberg hörte, war „Raureif".

Der Weg zur deutschen Sprache

Das deutsche Exil befreite seine Zunge. Schami lernte Deutsch. Das war zunächst ein Irrgang im Haus der Sprache. Die Präfixe vor den Verben (der „Vorsilbengang": hin-, her-, be-, unter-, an-, um-, weg-, bei-, davonkommen usw.) und die unterschiedlichen Artikel vor den Hauptwörtern raubten ihm manchmal den Verstand; denn das Arabische kennt kein Neutrum. „Etwas Müdigkeit, etwas Trauer oder Wein, Wut oder Begeisterung, und schon sagst du: Der Oberhaupt der Familie begrüßte mich." Ein Lapsus, dem Schami listig durch Pluralisierung des Hauptworts ausweicht: „eine todsichere Sache: Die Oberhäupter, die Gespräche, die Komitees. Doch die übereilte Erleichterung führt unversehens zu Peinlichkeiten, wenn man dauernd in Betten schläft und in vielen Gehirnen seine Ideen hat". Auch der „Korridor „P und B in einem Wort" bereitet Kopfzerbrechen. Der Araber kennt kein „P", ebenso wenig wie das „ü" in der arabischen Sprache vorkommt. „zuruck" ist ebenso falsch wie „züruck".

Auch die Literatur half beim Verinnerlichen der Wörter. Schami las Tucholsky und schrieb die *Buddenbrooks* ab. So wurde er zum Schriftsteller in deutscher Sprache. Leser war er schon lange. Die amerikanische Bibliothek in Damaskus und eine Buchhändlerlehre hatten ihm die Augen für die westliche Weltliteratur geöffnet. Selbst geschrieben hatte er schon früh, dadaistische Jesus-Gedichte mit dem Vater, ein Theaterstück, engagierte Texte.

Rafik Schamis Vater hat ihn einmal in Deutschland besucht. Zurückgekehrt nach Syrien ist der Autor seit den 1970er Jahren nicht. Zu groß wäre, sagt er, das persönliche Risiko, als Regimekritiker belangt zu werden, oder Schlimmeres. „Ich stehe auf allen schwarzen Listen und dies ist der höchste arabische Literaturpreis, den ich erhalten kann", bekennt er. Lieber lässt er seine

Figuren in dem jüngsten Roman *Sophia oder Der Anfang aller Geschichten* (2015) in ihr Vaterland zurückkehren, wo er bald sein Fahndungsfoto in der Zeitung entdeckt, als sich selbst erneut in die Höhle des Löwen zu wagen, wo alte Familienclans ihre Rechnungen mit ihm begleichen wollen. Oder er schickt einen jungen Geschichtenerzähler in die Vergangenheit, um von der Kindheit zu berichten. Das ist, in *Eine Hand voller Sterne*, unverkennbar autobiographisch geprägt.

Fabulierlust und Cliffhanger

Rafik Schamis Erzählen folgt einer einfachen Formel. Es ist „knapp, präzise und listig" (ZZ 10). Ein Erzählen, das aus der mündlichen Tradition kommt, ebenso fabulierlustig wie krisenfest. Seine Ur-Ahnin ist Scheherazade, die findige Märchenerzählerin aus „Tausendundeiner Nacht", die dem mordlustigen König jede Nacht eine neue Geschichte erzählt, um ihren drohenden Tod abzuwenden. Der König ist rachsüchtig, seine Frau hat ihn mit einem Sklaven betrogen, er lässt beide umbringen und dann auch, nach einer gemeinsamen Nacht, jede Jungfrau seines Reiches. Nur die belesene Scheherazade ist listig. Sie macht ihr Bücherwissen zur Erzählung. Sie erzählt für den Sultan und gegen den Tod.

Und auch wie sie erzählt, ist wichtig. Die Geschichten haben kein rundes Ende, sie brechen plötzlich ab, so dass immer ein „erregender Rest offen bleibt, der im Hörer das unbändige Verlangen nach Fortsetzung anstachelt." Scheherazade ist die Erfinderin des Fortsetzungsromans und des Cliffhangers. Mit anderen Worten: die Erfinderin des zyklischen Erzählens, das die Real-Geschichte zeitlich und räumlich ausklammert. Aber es ist das instrumentale Erzählen, das Volker Klotz zufolge die Eigenmacht zyklischen Erzählens durchkreuzt. Instrumentales Erzählen hat einen Grund und ein Ziel. Es geht um die Änderung der Welt, die Besserung des Menschen, in Schamis Worten: „aus guten Zeiten das Beste herauszuholen und in schlechten Zeiten Schlimmstes zu verhindern".

Hinzu kommt übrigens auch ein agonales Erzählen, ein Erzählwettkampf. Jeder will die bessere Geschichte erzählen. So ergeht es Salim, dem berühmten Geschichtenerzähler in Schamis Werk,

Zum religiösen Trend in der Gegenwartsliteratur

der eines Tages verstummt, als ihm seine Fee den Dienst aufkündigt. Er muss erst sieben Geschichten geschenkt bekommen, damit sich eine neue Fee seiner annimmt. Diese Aufgabe übernehmen Salims Freunde. *Der Erzähler der Nacht* – so heißt der Roman von Schami, der 1989 erschien – hört sich diese Geschichten an, jede anders als die nächste, ein Zyklus um des Weitererzählens willen, angelehnt an den berühmten alten persischen Erzählzyklus *Die sieben weisen Meister*.

Scheherazades unerschöpflicher Vorrat an Phantasie verlängert das Leben. Es ist eine ungezügelte, wilde Phantasie, die in Konkurrenz zum fertigen Werk steht und sich ihren Weg zu einem eigenen Opus sucht. Das ist in allen Literaturen gleich. Die Phantasie ist die Gratisgabe der Musen oder Götter an die Menschen, die Stimme des Volkes aus den Erzählungen, die uns die Augen auftun und erschrecken lassen vor uns selbst: „Phantasie ist Schicksal, macht Schicksal und hat ein eigenes Schicksal", schreibt Peter von Matt in seinem Buch über *Das Schicksal der Phantasie* (1994), und im Falle von Rafik Schami kann man ergänzen: die orientalische Phantasie hat in Rafik Schamis Erzählungen ihr eigenes Schicksal gefunden. Auf eine kurze Formel gebracht: Schamis Phantasie ist das Schicksal von Damaskus.

Welche Rolle spielt da das mündliche Erzählen? Es fällt auf, dass Rafik Schami viele Erzähler in seinen Werken auftreten lässt, die ihre Geschichten mündlich loswerden müssen, nicht im stillen Kämmerlein, sondern coram publico. Darunter sind Kutscher, Friseure, Händler, also Menschen, die von Berufs wegen viel mit anderen Menschen und deren Lebensgeschichten zu tun und deshalb viel zu erzählen haben. Es sind aber auch Feen und Dämonen dabei, die vor einem Erzählen warnen, das seine natürlichen Grenzen überschreitet, die da markiert werden, wo der lebendige Kontakt zum Publikum abhandenkommt – etwa bei entstehender Langeweile! Die andere Gefahr ist das falsche Erzählen, das bösartig ist, weil es anderen schadet. Es ist das Erzählen Georgs, der Soldat werden will, weil er dann befehlen kann und seine Zuhörer zu Sklaven macht, die diese Befehle ausführen müssen.

Experimente mit Tausendundeiner Nacht

Stimme vor Schrift

Allemal ist das Mündliche dem Erzähler Schami näher als das Schriftliche, die Stimme rangiert vor der Schrift. In unserer visuellen Kultur ist das eine Neukonzentration auf eine vernachlässigte Dimension der Ästhetik. Der Ton ist ein ambivalentes Phänomen, er hat einen Körper und ist doch immateriell, er ist gerichtet und umhüllend (umgibt uns ständig), er hat ein Innen und ein Außen, er mobilisiert unsere Affekte. „Das Ohr ist durch das Auge taub geworden" (ZZ 13). Deshalb ist das mündliche Erzählen so etwas wie der Hammer fürs Ohr (man denke Kafkas Metapher vom Buch als „Axt für das gefrorene Meer in uns" und an die schockhaften Momente seiner wenigen Live-Lesungen).

Die Quelle von Schamis Geschichten ist also „die Zunge der Anderen" (ZZ 73). Das Erlebnis mit seinem Großvater auf dem Flohmarkt (*Die Frau, die ihren Mann auf dem Flohmarkt verkaufen will*, weil er in der Woche nur ein Wort redet), ist Theater auf der realen Bühne des Lebens.

Das mündliche Erzählen rettet Geschichten vor dem Vergessen, aber ohne sie wie die Brüder Grimm mit Pädagogik und Moral verändern zu wollen. Das Unterhaltsame bleibt, Wissen und Weisheit werden nebenbei vermittelt, aber es geht um die Spannung, die wichtig ist, damit die Geschichten immer weiter durch die Jahrhunderte tradiert werden. Erzählen war die einzige Unterhaltungsform in der Wüste, wo das Auge ruht und nur der Mund tätig ist.

Eine Hand voller Sterne

Der syrische Autor ist in den 1950er und 1960er Jahren in der syrischen Diktatur groß geworden. Rechtsstaatlichkeit und Demokratie gab es nicht. Zensur, allgegenwärtige Kontrolle, Verfolgung und Folter von Oppositionellen gehörten zum Alltag, der Vater wurde einmal verhaftet und furchtbar malträtiert, nur weil er mit einem Rechtsanwalt gleichen Namens verwechselt worden war. 1971 entschied er sich, von Beirut aus nach Deutschland zu gehen, um dem Militärdienst zu entgehen, vor allem aber, um frei schreiben zu können.

Zum religiösen Trend in der Gegenwartsliteratur

Schamis Erzähler ist ein gefährdeter Held. Er trägt unverkennbar Züge des Autors. Ein unangepasster Christ inmitten einer gleichförmigen muslimischen Welt. Ein sanfter Rebell in einer Diktatur. Er widerspricht dem Pfarrer, der nur Kanzel und Beichtstuhl kennt. Er gründet eine Jugendbande, die Schnüfflern, Betrügern und Aufschneidern den Marsch bläst. Und eine satirisch-anarchische Wandzeitung für Erwachsene und für Kinder, die von der syrischen Regierung erfolglos verfolgt, aber von der BBC und „Le Monde" respektvoll kommentiert wird. Er schmuggelt Regimekritik auf kleinen Zetteln in Billigsocken ins Volk. Und er trotzt dem Vater, der, kein Erzähler, aber ein verhinderter Intellektueller, ein enthusiastischer Leser alter Gedichte und der Bibel, den Sohn zum Bäcker ausbilden will. Doch der Junge muss schreiben, er will Dichter und Journalist werden.

Seine Vorbilder – Geschichtenerzähler unterschiedlicher Herkunft – sind:

1. Sein Onkel Salim, in den 1930er Jahren ein Kutscher auf der 100 Kilometerstrecke zwischen Damaskus und Beirut. Das ist ein sprechender Beruf: ein „solider Beruf mit schlechtem Ruf" (ZZ 30) – Schriftsteller hingegen ist „ein unsolider Beruf mit gutem Ruf" (ZZ 31). Salim ist ein alter Witwer, „schmächtig, klein und kurzsichtig" (ZZ 25), der nicht schreiben kann, dafür umso besser erzählen (und der die Lüge für eine Schwester der Wahrheit hält). Ihm hat Schami ein Denkmal gesetzt in der Rede *Die sieben Siegel der Zunge* (in *ZZ*): er wurde nie von Räubern überfallen, weil er ihren „Beruf" achtete, ein weiser Analphabet, „lustiger als ein Clown und großzügiger als ein erhabener Emir der Wüste" (ZZ 27). Seine Regel ist: Arbeit nur drei Tage in der Woche, drei Tage erzählen, einen Tag nachdenken. Übrigens ist es der Rede wert zu hören, wie Salim sein Einkommen als Kutscher rettet, nachdem das Geheimnis durchgesickert ist, wie er die Räuber beschwichtigt hat, und es alle anderen Kutscher ihm nachmachen. Er erzählt einfach während der Kutschreise gute Geschichten.

2. Das zweite Vorbild ist der Journalist Habib, der bei der Regierungszeitung arbeitet und für seine Kritik am Assad-Regime verhaftet, verhört, gefoltert wird (HS 140f.). Habib ist ein un-

ordentlicher, kluger, aber auch unvorsichtiger Erzähler, der
„oft schroff" (HS 98) spricht, verbittert ist über die Zustände
in Syrien und über die Ermordung seiner Frau, ein Typ des Besserwissers, wie ihn Salim in der Parabel über die Grenzkontrolle (HS 111f.) karikiert. Als Erzähler ist Habib nicht überzeugend. Denn er erzählt nie von sich (HS 133). Den Ritterschlag
bekommt der Junge, als er Habib einen Artikel über Bettler
zu lesen gibt. Der neue Bürgermeister von Damaskus will die
Stadt bettlerfrei machen. Das, so schreibt der Junge, ist dumm,
weil statt der Armut die Armen verfolgt werden. Habib sagt,
„der Artikel sei so gut, dass die staatliche Zeitung ihn nicht
veröffentlichen werde" (HS 132). Habib ist ein Vorbild an politischem Mut und moralischer Unbeugsamkeit, der „Mutigste
Journalist Syriens" (HS 198). Wie Salim überlebt er den Roman
nicht. Aber seine Zeitung überlebt, wie Salims Geschichten.
„Wir werden den Militärs zeigen, wie viele Habibs dieser gefangene Journalist zur Welt gebracht hat", so endet der Roman
(HS 200).

Gehörgespräche

Auch der Erzähler in Schamis Roman will schreiben und poetisch
Geschichten erzählen, publizistisch Aufklärung betreiben. Deshalb fängt er vorsorglich schon einmal mit dem Tagebuch an. *Eine
Hand voller Sterne* ist ein Journal aus dem Stoff, aus dem auch
Scheherazades Geschichten sind, die Schami erstmals im Radio
gehört hat: „unendliche Begebenheiten, Träume, Weisheitsreden,
Schwänke, Unanständigkeiten, Mysterien" (Hugo von Hofmannsthal). Nur lässt Rafik Schami sie in der modernen Welt spielen,
in der Altstadt von Damaskus. Dort gibt es Basare, Kaffeehäuser,
Straßenräuber. Und die Handlanger einer Schreckensregierung,
die ihr Volk mit einem Heer von heute 15 Geheimdiensten knebeln will.

Rafik Schami weiß, dass es Diktatur, Sippenhaft und Fundamentalismus sind, die Schlingen um den Hals des selbstdenkenden Dichters legen. Sein junger Erzähler entwindet sich, indem
er schreibend aufbegehrt: poetisch und publizistisch. Dabei

kommen ihm sein wacher Blick auf die Zeit und seine Menschenfreundlichkeit zugute. Auch der angehende Journalist in Schamis Roman ist ein souveräner und gelassener Erzähler. Ein exzellenter Zuhörer zudem, der davon überzeugt ist, dass Wissen allein nicht weise macht, sondern des Gesprächs und der kritischen Überprüfung bedarf. Wissen trennt, Weisheit verbindet.

Und hier kommt das andere, das sehr realistische Erbteil von Schamis Erzählkunst ins Spiel. Der Autor ist Naturwissenschaftler, er hat in Damaskus und Heidelberg Chemie studiert. Neuen Erfindungen misstraut er wie schnell miteinander reagierenden Elementen bei Laborversuchen. Wahrheit muss nicht messbar, aber fühlbar sein.

Logik, Geduld, Skepsis geben seinen Geschichten ihren festen Sitz im Leben und ihren aktuellen Bezug. In Syrien herrschen bis heute kriegerische Zustände. Schami schreibt friedfertige Erzählungen aus der reichen Tradition der morgenländischen Epik, west-östliche Experimente mit Scheherazades Erbe, faszinierende und lehrreiche „Gehörgespräche", die oft dann aufhören, wenn es am spannendsten ist. Aber das ist ja einer der Hauptgründe fürs humorvolle Weitererzählen. Zum Beispiel mit der *1002. Erzählung der Scheherazade*, die Edgar Allen Poe 1845 erzählt. Hier erzählt das staatskluge Fräulein dem geschichtenbegierigen Monarchen weiterhin Geschichten. Es sind Geschichten von den modernen Dämonen der Technik, der Medien, mit denen die ungeheure Beschleunigung des Erfahrungswandels im 18. Jahrhundert ihren Verlauf nahm. Dampfschiffe, Eisenbahnen, aber auch Naturwunder und naturwissenschaftliche Entdeckungen bekommen so ein episches Gewand. Aber das ist eine andere, eine westliche Geschichte. Rafik Schamis Geschichten sind, so heißt es im Tagebuch am 20.2. (HS 179), „Quellen, die nie versiegen".

Anmerkungen

[*] Der Beitrag geht auf einen Vortrag in der Karl Rahner Akademie Köln zum Buch der Stadt Köln 2015 zurück, den ich am 10.12.2015 gehalten habe. Die Form des Mündlichen ist hier, auch um des Sujets willen, beibehalten. Für Anregungen danke ich dem Studienleiter der Rahner-Akademie Rainer Nellessen. Die Werke von Rafi Schami (allesamt bei dtv) werden mit folgenden

Siglen zitiert: D = Damaskus im Herzen und Deutschland im Blick (München 2014), F = Der Fliegenmelker. Geschichten aus Damaskus (München 1989), HS = Eine Hand voll Sterne. Roman (München 1995), MF = Die Frau, die ihren Mann auf dem Flohmarkt verkaufte (München 2012), ZZ = Vom Zauber der Zunge. Reden gegen das Verstummen (München 1998).

Orte

Das „Dennoch" von Flucht und Vertreibung
Hilde Domin als Dichterin des Exils*

Wenn man das Werk eines Dichters verstehen will, ist man gut beraten, seine Kernvokabeln auszumachen, die sich an prägnanten Stellen in den Texten wiederholen und eine hinterlassungsfähige Bedeutung erzeugen. Lieblingswörter Goethes sind „Klarheit" und „Geschichte", ein Lieblingswort von Kafka ist „Zittern", eines von Benn „Durchhalten".

Hilde Domins Herzwort ist das „Dennoch". Es stammt aus dem Wortschatz der Lutherbibel und der Barockdichtung. Der Arztdichter Paul Fleming ermutigt damit den Menschen, gegen den sich alles, „Glück, Ort und Zeit verschworen" hat, zur Unverzagtheit. In geringfügigen Variationen taucht dieses „Dennoch" oder „Trotzdem" schon im ersten Gedicht des ersten Lyrikbandes von Hilde Domin auf („Man muß weggehen können/und doch sein wie ein Baum"). Es wird immer wieder aufgegriffen, hin und her gewendet (so in den *Drei Arten, Gedichte aufzuschreiben*), es wird in dem letzten Lyrikband genannt, den die Neunzigjährige 1999 publizierte *(Der Baum blüht trotzdem)*, und es wird in ihrem letzten Gedicht aus dem Nachlass besiegelt. „Ich küsste dich trotzdem", heißt es da, in der Nacht vom 7. zum 8. Juli 1988, adressiert an ihren soeben verstorbenen Mann. Das „Dennoch" hebt die Geschichte der Trennungen auf, von denen Hilde Domins Leben reich ist. Es ist das Motto von Sisyphos, der nicht aufhört, den schweren Stein den Berg hochzuwälzen, und von Abel, der aufgefordert wird aufzustehen, um seinem Mörder Kain eine zweite Chance zu geben. Es ist das Rettungswort, um Flucht, Vertreibung und Exil zu überleben.

Dieses „Dennoch", das Hilde Domin in ihren Gedichten diesen Erfahrungen entgegensetzt, steht in einer großen jüdischen Tradition. Jan Assmann zufolge ist der biblische Exodus die wohl maßgeblichste Menschheitsgeschichte, weil dieser Auszug des jüdischen Volkes aus Ägypten nicht Geschichte geschrieben, sondern Geschichte gemacht hat: Diese Geschichte „ist so wirklich wie das Volk, das sich von ihr her definiert und als das einzige der antiken Völker kraft dieser Identifikation und Definition bis heute, allen Verfolgungen zum Trotze, überlebt."[1] Kurzum: Hilde Domins „Mut zum Dennoch" (Ulla Hahn) ist kein trotziger Mutmachappell, sondern ein erfahrungsbewährtes Manifest der Ermutigung. Auf die Frage nach ihrem Lebensmotto in dem berühmten F.A.Z.-Fragebogen hat Hilde Domin geantwortet: „Dennoch". Und gleich präzisiert: „Auf der Kippe zwischen Furcht und Zuversicht. Balancierstange die ratio".

Um diesem Leitwort „Dennoch", das auch ein Leidwort, ein Wort des Leidens an der Zeit und am Mitmenschen ist, auf die Spur zu kommen, muss man Biographie und Werke aufeinander beziehen, aber nicht in dem trivialen Sinne, dass die Biographie das Gedicht erklären hilft. Vielmehr geht es darum, wie sich das gelebte Leben im Gedicht spiegelt und warum ein Gedicht auf manchmal paradoxe Weise die Möglichkeit des besseren Lebens ausdrücken, ja sogar vorwegnehmen kann. Dabei gilt es zwei Klippen zu umschiffen. Die eine ist die Hilde Domin nicht ganz abzusprechende Tendenz, ihren Lebenslauf so zu begradigen, dass er gut genug für eine Deutsch schreibende Frau mit jüdischer Herkunft in die Lyrikgeschichte der Moderne passt. Die andere Klippe sind die sich daraus ergebenden Selbstmythisierungen, die von Kritikern wie Forschern – mich selbst eingeschlossen – allzu leicht aufgenommen und eine Zeitlang weitergeschrieben worden sind. Neuere Publikationen, die zum 100. Geburtstag von Hilde Domin erschienen sind, die Biographie von Maron Tauschwitz und vor allem die Ehebriefe, korrigieren einige liebgewordene Mythen um Hilde Domin; so war das Exil kein „zweites Paradies", sondern vielmehr eine von Hurrikans, Erdbeben, Armut und Einsamkeit heimgesuchte „Inselkäfigexistenz"; so fiel ihr erster Lyrikband *Nur eine Rose als Stütze* nicht vom Literaturhimmel, sondern war das Produkt angestrengter Selbstvermarktung eines (wie es eine Dichterkollegin ausdrückte) „überdimensionalen ... Ichs". Der Heidelberger Philosoph und Freund Hans-Georg Gadamer schrieb einmal, Hilde Domin sei eine „höchst begabte Frau, aber selbst die briefliche Distanz ist manchmal noch nicht groß genug, um es mit ihr auszuhalten."[2]

Das „Dennoch" von Flucht und Vertreibung

Biographie im Zeichen von Sprache und Exil

Geburtstage, so heißt ein unerschrocken originelles Gedicht von Hilde Domin:

> Sie ist tot.
>
> heute ist ihr Geburtstag
> das ist der Tag
> an dem sie
> in diesem Dreieck
> zwischen den Beinen ihrer Mutter
> herausgewürgt wurde
> sie
> die mich herausgewürgt hat
> zwischen ihren Beinen
>
> sie ist Asche
>
> *
>
> Immer denke ich
> an die Geburt eines Rehs
> wie es die Beine auf den Boden setzte
>
> *
>
> Ich habe niemand ans Licht gezwängt
> nur Worte
> Worte drehen nicht den Kopf
> sie stehen auf
> sofort
> und gehen.

Das Gedicht ist entstanden am 23. März 1965, dem Geburtstag ihrer 1951 gestorbenen Mutter. Es handelt von vier Geburten: zwei menschlichen (der Geburt der Mutter und der eigenen Geburt), einer aus der Tierwelt (die Geburt eines Rehs) und einer Kopfgeburt (der Geburt eines Gedichts). Die Sprache ist unsentimental, unfeierlich, die Erinnerung an das „Herauswürgen" passt überhaupt nicht zum Geburtstag. Dass die Werke der Dichter Ersatzkinder sind, ist ein alter Topos der europäischen Kultur, auch wenn das Buch („liber") und die Kinder („liberi") nicht auf einem gemeinsamen Wortstamm gewachsen sind.

Hilde Domin ist zwar eine poeta docta, eine in den alten und neuen Sprachen gelehrte Dichterin. Sie will uns aber hier keine literaturgeschichtliche Ahnenurkunde vorhalten, sondern ein Bekenntnis zum „Dennoch": Sie hat keine Kinder (obwohl sie gerne welche gehabt hätte), aber Bücher hinterlassen: sechs Gedichtbände, vier Bücher mit essayistischen und autobiographischen Schriften, einen Roman, ein Prosabuch, zwei poetologische Bücher, eine Anthologie und die *Doppelinterpretationen*. Bücher, die viele Leser fanden, von ihrem ersten Lyrikband wurden 33.000 Exemplare verkauft, von den *Gesammelten Gedichten* (bis 2004) weit über 20.000.

Diese geistigen Geburten unterscheiden sich von der menschlichen und der tierischen Geburt durch ihre Freiheit. Das Wort steht, kaum ausgesprochen, auf eigenen Beinen, es ist ausgetrieben und „[U]naufhaltsam" unterwegs, wie es in einem Gedicht heißt: „Das eigene Wort, / wer holt es zurück, / das lebendige / eben noch ungesprochene / Wort?" (GG 170)

Das Gedicht *Geburtstage* liefert die Grundbausteine der Biographie.[3] Nimmt man das Judentum hinzu, das uns den Gedanken der Weltschöpfung durch Wortschöpfung überliefert hat, das aber für Hilde Domin in erster Linie eine Schicksalsgemeinschaft ist, zu der man sich so oder so bekennen muss, und bedenkt man ihr doppeltes Los von Exil und Rückkehr, dann sieht man die wichtigen Konstanten des Werks: dichterische Neugeburt, Sprache als Weg zur Wahrhaftigkeit, Judentum als biographisches „Zentnergewicht", Exil als Heimatverlust und Sprachgewinn. Diese Konstanten hängen eng miteinander zusammen, sie kreuzen sich in der Biographie und bestimmen das literarische Werk Hilde Domins von Anfang an.

In dem Aufsatz *Unter Akrobaten und Vögeln* (1964) bekennt sie:
„Ich, H. D., bin erstaunlich jung. Ich kam erst 1951 auf die Welt. Weinend, wie jeder in diese Welt kommt. Es war nicht in Deutschland, obwohl Deutsch meine Muttersprache ist. Es wurde spanisch gesprochen, und der Garten vor dem Haus stand voller Kokospalmen [...]. Meine Eltern waren tot, als ich auf die Welt kam. Meine Mutter war wenige Wochen zuvor gestorben" (GA 21).

Das „Dennoch" von Flucht und Vertreibung

Die Wendung von der Neugeburt des Künstlers ist keine exotische Metapher unter „Kokospalmen", sondern eine schockhafte Lebenszäsur. Der Anfang der Dichtung setzt den Tod der Mutter voraus, der die Tochter an den Rand des Selbstmords gebracht hat. Das Schreiben von Gedichten war ein Dennoch-Leben, ein Leben trotz des Todes. Gedichte schreiben wurde zum Lebens-Mittel im Wortsinne, „wie Atmen". Hinzu kommt, dass Hilde Domin in einem spanisch sprechenden Ambiente eben nicht spanisch, sondern in deutscher Sprache zu schreiben begann. Nach dem Tod der Mutter wurde die Muttersprache zur Sprache der Dichtung. Es war eine Sprache im Exil. Und das ist der entscheidende Aspekt: Nicht als deutsche Dichterin ging Hilde Domin ins Exil, aber sie wurde im Exil zur deutschen Dichterin.

Hilde Domins dichterische Neugeburt war eine Vertreibung, aber auch eine „Heimkehr ins Wort". Wie Gertrud Kolmar, wie Paul Celan, hat sie ihr zweites Leben mit der Änderung des Familiennamens besiegelt. Aus Hilde Palm, geborene Löwenstein, wurde Hilde *Domin*. Es ist ein Dichtername in mehrfacher Hinsicht. Ein Dichterkollege, Wolfgang Weyrauch, empfahl ihn ihr, als sie bei ihrer Landung in Bremerhaven erstmals nach 22 Jahren wieder den Fuß auf deutschen Boden setzte. Es ist ein Name, der sie von ihrem Mann abgrenzt, der eigene literarische Ambitionen hatte und daher die Gedichte seiner Frau argwöhnisch betrachtete. Und es ist ein dichter Name, ein „Berufungsname", der die Erinnerung an ihr drittes Asylland verdichtet, an die Dominikanische Republik, in der sie 14 Exiljahre verbrachte. Die Namenswahl wird in dem Gedicht *Landen dürfen* als dichterische Landnahme erläutert:

> Ich nannte mich
> ich selber rief mich
> mit dem Namen einer Insel
> (GG 229).

Die Dichtung liegt hier allerdings von der biographischen Wahrheit drei Jahre entfernt. Das hat nur auf den ersten Blick etwas mit Koketterie zu tun (Else Lasker-Schüler hat sich bekanntlich zeitlebens glatt sieben Jahre jünger gemacht). Im Jahr 1997 feierte Hilde Domin in Heidelberg ihren 85. Geburtstag; als Geburtsdatum galt allenthalben der 27. Juli 1912. Nur zwei Jahre später, 1999, wurde im Stuttgarter Neuen Schloss der 90. Geburtstag festlich begangen. Einem findigen Journalisten war aufgefallen, dass Hilde Domins Bruder eigentlich ihr Halbbruder sein müsste, weil er doch im gleichen Jahr wie sie, und das mit nur wenigen Monaten Abstand, geboren worden sei. Um die Ehre ihres Bruders zu retten, trat Hilde Domin die Flucht nach vorne an.

Köln, die „versunkene Stadt" und die Vertreibung aus der Kindheit

„Colonia me genuit", schreibt Hilde Domin in Anlehnung an den berühmten Satz Vergils („Mantua me genuit"). Ihre Kölner Kindheit hat sie in dem langen Aufsatz über *Meine Wohnungen* (1974) beschrieben, der bezeichnenderweise den Doppeltitel *Mis moradas* trägt – Reminiszenz daran, dass die späteren Wohnungen im spanischsprachigen Exil allesamt „Fluchtwohnungen, Zufluchtwohnungen" waren, mit „vier Türen, daraus zu fliehn".[4] Die Kölner Wohnung in der Riehler Straße war so groß, dass die Kinder im Flur mit Rollschuhen laufen konnten. Mit ihrem jüngeren Bruder verbrachte sie ihre Kinder- und Jugendjahre in einer Atmosphäre, in der sie „immer, ohne Angst, die Wahrheit sagen" durfte. Selbst in der Schule zog sie unbekümmert den direkten Weg zur Wahrheit vor. Sie verfasste Aufsätze in Reimen, schrieb (als Dreizehnjährige) eine so gute Bildbeschreibung, dass sie vom Direktor in das Museum am Hansaring eingeladen wurde, und hielt im Anwaltstalar des Vaters eine so kritische Abiturrede, dass die Schulleitung erwog, ihr das Abschlusszeugnis wieder abzuerkennen. Als sie im März 1929 am Merlo-Mevissen-Gymnasium unter dem Vorsitz des damaligen Oberbürgermeisters Konrad Adenauer ihr mündliches Abitur ablegte und vom Schulrat für ihre Verteidigung der Paneuropa-Idee eine Note herabgestuft wurde, zerriss sie zuhause aus Zorn ihr taubenblaues Samtkleid.

Am 26. April 1961 kam sie auf Einladung der Gedok (der Gemeinschaft Deutscher und Österreichischer Künstlerinnenvereine aller Kunstgattungen, dem ältesten und europaweit größten Netzwerk für Künstlerinnen aller Sparten) nach Köln, zu ihrer

Das „Dennoch" von Flucht und Vertreibung

ersten Dichterlesung. Trotz der schlechten Werbung der Stadt und trotz der Befürchtungen Hilde Domins, der nach ihr lesende Heinrich Böll werde ihr die Show stehlen, war der Festsaal des Kölnischen Stadtmuseums in der Zeughausstraße gut gefüllt. Als Hilde Domin im Museum aus dem Fenster sah, „auf den Appellhofplatz und das Gericht mit den großen neuen Glastüren", kam ihr die Idee zu einem Gedicht. Sie hat es Böll gewidmet. Es ist ein poetisches Dokument der Vertreibung aus der Kindheit (GG 243):

> Die versunkene Stadt
> für mich
> allein
> versunken.
>
> Ich schwimme
> in diesen Straßen.
> Andere gehn.
>
> Die alten Häuser
> haben neue große Türen
> aus Glas.
>
> Die Toten und ich
> wir schwimmen
> durch die neuen Türen
> unserer alten Häuser.

Nach der Rückkehr ist die Vertrautheit mit der Heimatstadt einer Erfahrung der Fremde gewichen. Im Fluss der Erinnerung verschwimmen die Grenzen zwischen Vergangenheit und Gegenwart, zwischen Geschichte und Mythos. Für alle anderen war Köln in den 1960er Jahren die im Krieg zerbombte und nach 1945 wieder aufgebaute Stadt. Nicht aber für Hilde Domin. Sie erinnert an die römische Vorgeschichte der Stadt, an die Colonia Agrippinensis, und an den mythischen Ort der versunkenen Sagenstadt Gression, von der wir aus rheinländischem Sagengut wissen, dass sie so groß war, dass man hundert Stunden gebraucht hätte, um ihre Mauern zu umschreiten. Hilde Domin bringt beide Wahrnehmungsdimensionen zusammen. Sie kippt die Bewegungsrichtung um: horizontales Schwimmen statt vertikales Gehen. Dadurch gelingt es, das Unvereinbare im Paradoxon zu vereinigen. Möglich

Zum religiösen Trend in der Gegenwartsliteratur

wird so die Begegnung der Sprecherin mit den „Toten", denen, die „nie wieder heimkehren können, den im Exil, im Krieg, in den Lagern Umgekommenen" (AH 62), eine Solidaritätsutopie.

Zu diesen Toten zählen auch Hilde Domins Eltern, die im Exil starben. Dem Vater Eugen Löwenstein, einem aus Düsseldorf stammenden Juristen, der von den Nazis aus dem Amt verstoßen, gelang mit der Mutter Paula Löwenstein, einer aus Frankfurt stammenden ausgebildeten Opernsängerin, rechtzeitig die Flucht über die belgische Grenze. Am Vater hat sie vor allem den Sinn für Gerechtigkeit und Richtigkeit bewundert, Richtigkeit auch der Aussprache, so schwer es fällt: „Der sterbende Mund/müht sich/um das richtig gesprochene/Wort/einer fremden/Sprache", heißt es in dem ihrem Vater gewidmeten Gedicht *Exil* (GG 244).

Aus Begeisterung für ihren Vater studierte Hilde Domin zunächst Jura in Heidelberg; später wechselte sie zu Nationalökonomie, Soziologie und Philosophie. Bei Karl Jaspers lernte sie, in Seminaren neben dem gleichaltrigen Golo Mann und dem zwei Jahre älteren Dolf Sternberger sitzend, das Selbstvertrauen der Existenzphilosophie, das „Seiner-selber-Innewerden im Scheitern, also in der Grenzsituation". Von Karl Mannheim lernte sie das „Sich-selber-Relativieren", die Erdung des freischwebenden Intellektuellen.[5]

Anders als ihre Lehrer, die sie eine Kassandra schalten, registrierte Hilde Domin schon früh die Zeichen des „hereinhängenden Unheils". Sie hörte während ihres Berliner Wintersemesters (1930/31) auf einer NS-Versammlung in der „Hasenheide" (hier hatte Turnvater Jahn 1811 seine erste Sportstätte errichtet) eine Rede Hitlers. Bei den Reichstagswahlen am 31. Juli 1932 erlebte sie in Freiburg die aufgeputschte Stimmung, „als wäre alles schon entschieden, und alles sei verloren" (GA 340).

In einem Brief vom 22.9.1932 an Erwin Walter Palm schreibt Hilde Domin aus Heidelberg in erstaunlicher Klarsicht der Lage, auf die Propaganda des seinerzeitigen Wirtschaftsministers und Medienzaren Alfred Hugenberg anspielend:

> „Alles, was überhaupt noch geschieht, geschieht zur Vermeidung von etwas noch Ueblerem. Im übrigen kümmert sich jeder um sich, und die res publica ist eine Sache für Fachpolitiker. Wir schliddern in die

Das „Dennoch" von Flucht und Vertreibung

schönsten Vorkriegszustände, mit einigen kleinen Unterschieden: die wirschaftliche Lage ist ungleich schlechter, die Freiheitssphäre des einzelnen schon von da aus beschränkter; vor allem, damals war trotz des autoritären Regimes der Liberalismus geistiges Allgemeingut, heute ist er verpönt. Dann schon lieber im Deutschland der Jahrhundertwende und in den ersten zehn Jahren, als in dem unter Beisteuer von nationalsoz. Gedankengut von Hugenbergianern aufgewärmten teutschen Staat."[6]

Exil auf Probe in Italien und England

Das Exil begann für Hilde Domin schon 1932, noch bevor es ihr durch die „Nürnberger Rassengesetze" aufgezwungen wurde. Sie hatte 1931 in Heidelberg den Archäologiestudenten Erwin Walter Palm (1910–1988) kennengelernt, den Gefährten ihres Lebens.[7] Die gemeinsame Studienreise nach Rom (1932) wurde unfreiwillig zur ersten Station ihres langjährigen Exils. Zunächst setzte Hilde Domin ihr Studium in Rom und dann in Florenz fort. 1935 promovierte sie mit einer Arbeit über „Pontanus als Vorläufer von Machiavelli" in Politikwissenschaft, verzichtete dann jedoch auf eine wissenschaftliche Laufbahn, um als Mitarbeiterin ihres Mannes dessen Studien zu unterstützen. 1936 heiratete sie ihn in Rom.

Mit Erwin Walter Palm galt sie fortan als rassisch Verfolgte. Die Identifikation mit dem durch die Rassegesetze aufgezwungenen Judentum fiel ihr schwer, war Jüdischsein für sie doch „keine Glaubensgemeinschaft" und keine „Volkszugehörigkeit". Das Judentum ist für Hilde Domin eine „Schicksalsgemeinschaft", in die sie „hineingestoßen" worden ist, „ungefragt wie in das Leben selbst", vor der sie sich aber „nicht drücken" will, weil die menschliche Solidarität mit den Verfolgten unabdingbar zu ihrem „Credo" gehört (AH 66f.). Wie der deutsch-jüdische Exildichter Hans Sahl (1902–1993) zählt sie sich zu der „endgültig letzten Generation deutsch-jüdischer Dichter", nach denen keine mehr kommen, die als Primärzeugen von der deutsch-jüdischen Emigration erzählen können: Denn wir, schreibt sie, „die Überlebenden dieser Verfolgung, sind die Letzten in der deutschen Geschichte" (VN 120). Diese paradoxe Zugehörigkeit zum jüdischen Schicksal hat sie stets als „Zentnergewicht" (AH 60) erfahren, stets aber auch als eine persönliche und literarische „Quelle der Kraft". Sie verdankt diesem aufgezwungenen Schicksal die „Extremerfahrungen" von Flucht und Verfolgung, Exil und Rückkehr, Erfahrungen, die ihr „sonst fremd geblieben wären" (AH 67f.).

Nach Hitlers Rombesuch 1938 und Mussolinis antisemitischem Rassendekret vom 7. September, gerade rechtzeitig vor der großen Verhaftungswelle Anfang 1939, entschlossen sich Hilde und Erwin Walter Palm, über Nacht nach Sizilien zu fliehen. Von dort aus emigrierten sie im März 1939 über Paris nach Südengland, wo sie Hilde Domins Eltern wiedersahen. Eine Schwester ihrer Mutter hatte dort in eine wohlhabende Familie eingeheiratet.

Ihren Lebensunterhalt verdiente Hilde Domin als Sprachlehrerin für Diplomatenkinder an einem College in Somerset. Die englische Sprache war die dritte, die sie, nach dem Französischen und dem Italienischen, lernte. Sie lebte dreisprachig. Italienisch war die Privatsprache des Ehepaars, „so gut wie ein Geheimcode". Mit den Eltern sprach sie deutsch, in Gesellschaft englisch.

Doch aus Angst vor einer deutschen Invasion und vor verkappten Nazi-Spionen zeigte sich das Gastland ungastlich. Jüdische Flüchtlinge und Nazi-Sympathisanten wurden gemeinsam in Internierungslagern als sogenannte feindliche Ausländer eingesperrt.[8] Sogar Domins fast siebzigjähriger Vater wurde verhaftet und erst freigelassen, nachdem er ein Visum bekommen hatte. Die Eltern hatten ihr letztes Geld mit der Tochter geteilt, damit sie im Sommer 1940 mit ihrem Mann England verlassen konnte. Im „untersten Deck eines kleinen Dampfers" (AH 28) – Stefan Zweig reiste in der ersten Klasse desselben Schiffes – gelangte sie über Kanada und Jamaika nach Santo Domingo. Die Erfahrungen dieser Suche nach einem Zufluchtsort dokumentiert das Gedicht *Graue Zeiten*:

> Menschen wie wir unter ihnen
> fuhren auf Schiffen hin und her
> und konnten nirgends landen
>
> Menschen wie wir unter ihnen
> durften nicht bleiben
> und konnten nicht gehen

Das „Dennoch" von Flucht und Vertreibung

Menschen wie wir unter ihnen
standen an fremden Küsten
um Verzeihung bittend daß es uns gab
(GG 340).

Doppelleben im „zweiten Paradies"

Die Ankunft der Palms auf der Karibikinsel Santo Domingo wurde beinahe durch ein polizeiliches Versehen vereitelt. Der Beamte in Jamaika, wo das Flüchtlingsschiff eintraf, verstand das Wort „for transshipment only" im Pass als Verbot, einen Fuß aufs Land zu setzen, und hielt die Flüchtlinge auf einem Munitionstransportschiff fest. Doch die Palms hatten über einen Schiffsoffizier die Aufmerksamkeit des archäologiebegeisterten Gouverneurs erregt, der den Flüchtenden die Landung erlaubte. Von Jamaika flogen sie über Kuba nach Santo Domingo. Auf dieser Insel am „Ende der Welt" (GA 56) endete ihre Odyssee. Heute macht das Land als „Domrep" touristische Karriere. Damals war es aber keine exotische „Zuflucht am Rande" (VN 84), sondern eine Diktatur unter dem Deckmantel der Menschenfreundlichkeit. Der Diktator Rafael Trujillo Molina[9] nahm die Flüchtlinge aus Zentraleuropa auf, um ein ansehnliches Bildungssystem aufzubauen und sein Land, wie er sagte, aufzuweißen (VN 83). Auf der anderen Seite richtete er Massaker unter den dunkelhäutigen Haitianern an und ließ politisch oder kulturell Andersdenkende brutal verfolgen. Der selbsternannte ‚Große Wohltäter' war ein „furchterregender Lebensretter". Hans Magnus Enzensberger hat das Bildnis dieses Landesvaters als ein Kapitel aus der Geschichte von Politik und Verbrechen beschrieben. Als Trujillo 1961 ermordet wurde, hinterließ er neben 1887 Denkmälern 40 Prozent Arbeitslose, über 60 Prozent Analphabeten, 65 Prozent Bauern ohne Grund und Boden und eine Massenarmut mit einem Durchschnittseinkommen von 200 Dollar: jährlich!

Ihren Mann, dessen Arbeiten sich als Pionierleistung auf dem Gebiet der spanisch-amerikanischen Kunstgeschichte erwiesen, unterstützte Hilde Domin bei der Übersetzung seiner zunächst italienischen, dann englischen Vorlesungen in die spanische

Sprache. Dass Hilde Domin als Mitarbeiterin ihres Mannes und seit 1948 als Deutschlektorin an der Universität St. Domingo die „Texte gewendet" hat „wie andere Kleider wenden" (VN 30), erwies sich als Glücksfall. Die Sprache wurde zum Katalysator der dichterischen und übersetzerischen Tätigkeit. Im Exil übersetzte sie mit ihrem Mann die Hauptautoren der spanischen Moderne.[10] „Gedichte lesend" machte sie sich „in dem fremden Lande, in der fremden Sprache ein wenig heimisch" (FP 37).

Über die Brücke der fremden Sprachen vergewisserte sich Hilde Domin der Muttersprache. Sie war der letzte Besitz, den ihr die Verfolger nicht nehmen konnten. Sie ging nicht so weit wie Paul Celan, der mit der Muttersprache als Mördersprache rang.[11] Aber sie legte großen Wert auf die Wahrhaftigkeit des Wortes und hielt den Niedergang der Sprache mit Konfuzius für den Anfang des Niedergangs der Menschen.

Domins längstes und autobiographischstes Gedicht, *Wen es trifft*, markiert die Grenze zwischen Exil und Rückkehr. Es ist das letzte Gedicht, das sie vor ihrer Rückkehr nach Europa schrieb, entstanden im Oktober 1953 nahe der kanadischen Grenze; und es ist die „erste Anrede" an die, die dem „Überlebenden von Verfolgung begegnen" (FP 33). In suggestiven Bildketten spricht eine furchtlose „kleine Stimme". Sie setzt dem sklavischen Schicksal des Exilierten die Freiheit entgegen, „das Verschlingende beim Namen [zu] nennen/mit nichts als unserm Atem" (GG 240). Diese Freiheit erlaubt es, das Wissen von Exil und Verfolgung zu dokumentieren, ohne es legitimieren zu müssen. Auf diese Weise hält *Wen es trifft* den Zeitpunkt des Überlebens im Gedicht fest. Es ist kein Holocaust-Gedicht, aber ein Gedicht über den Umgang mit der Erinnerung an Holocaust und Antisemitismus, das in eine ganze Reihe weiterer, längst noch nicht hinlänglich gedeuteter Gedichte gehört, beispielsweise *Es kommen keine nach uns* (1958) und *Von uns* (1961).[12] Hilde Domin war sich bewusst, wie schwierig es ist, die individuellen Erfahrungen der Überlebenden von Exil und Holocaust denen weiterzugeben, die davon nur gehört und gelesen hatten. Umso wichtiger war es ihr, das von ihr Erlebte als dichterisches Zeugnis vor allem an die jüngere Generation weiterzugeben. Auf diese Weise schlagen ihre Gedichte über Exil und

Das „Dennoch" von Flucht und Vertreibung

Rückkehr eine Brücke von der Erinnerung der Zeitzeugen zum kollektiven Gedächtnis der nächsten Generation.

Rückkehr aus dem Exil

Die Rückkehr nach Deutschland nach 22jährigem Exil war ein jahrzehntlanger Prozess, der von zwei längeren Spanienaufenthalten unterbrochen wurde. Erstmals kehrten Domin und Palm im Frühjahr 1954 auf Einladung des DAAD zurück. Sie besuchten Hamburg, Berlin, Frankfurt und die Heimatstadt Köln. 1954/55 wohnte Hilde Domin mit ihrem Mann fast ein Jahr lang in München, wo sie nach 25 Jahren ihren Bruder wiedersah. Sie erkannte in dieser Zeit, dass sie „hier ein wenig mehr/als an andern Stätten/zuhaus" war (GG 16).

Bei ihrem erneuten Deutschlandbesuch 1957 bereitete ihr die literarische Welt eine „euphorische Heimkehr" (VN 38). Die Titelmetapher des ersten Lyrikbandes *Nur eine Rose als Stütze* (1959) wurde von der Kritik als Vertrauensbeweis für die deutsche Sprache verstanden (VE 53–56). Man kann sich dieses Wortvertrauen Hilde Domins gut vorstellen, wenn man das Titelbild mit den Bildern ihrer deutsch-jüdischer Schicksalsgeschwister vergleicht. Nelly Sachs spricht von der „Windrose der Qualen", Paul Celan von der „Ghetto-Rose" und der „Niemandsrose". Dennoch (und das ist wieder typisch für Hilde Domin) gewinnt sie ihrem Bild etwas Positives ab. Als sie ihr Mann sie beim Tode ihrer Mutter im Stich ließ und bei einer mexikanischen Millionärswitwe weilte, da hatte sie eben „nur eine Rose als Stütze".

Etwas Besonderes ist Domins Rückkehr auch, weil sie die erste von ganz wenigen Lyrikern war, die nach Deutschland zurückkehrte – und dann auch noch als Botin der Versöhnung. Sie hielt es aus, dass in ihrem ersten Heidelberger Haus unter ihr ein Schwager von Hitler wohnte. Ihr Sinn stand nicht nach Vergeltung und falschen Verdächtigungen. Offenherzig bekannte sie sich zur Bundesrepublik Deutschland. Sie schätzte die deutsch-französische Versöhnung, die „Anbindung Deutschlands an Europa", die deutsch-israelische Begegnung zwischen Konrad Adenauer und Ben Gurion sowie das Grundgesetz.[13]

Zum religiösen Trend in der Gegenwartsliteratur

Aber auch hier gibt es ein Dennoch. Trotz der Schönheit Heidelbergs, wo Hilde Domin seit 1961 bis zu ihrem Tod lebte, blieb die Rückkehr ein „Erlebnis von äußerster Zerbrechlichkeit" (AH 70). Hilde Domin reagierte hochempfindlich auf antisemitische Vorfälle. Sie lebte in einem Heidelberger Stadtteil, in dem in den 1960er Jahren jeder Achte die NPD wählte. Nach Schändungen jüdischer Friedhöfe erwog sie, aus der Bundesrepublik auszureisen. Sie konnte nie vergessen, dass Deutschland das Land war, „in dem unsagbare Furchtbarkeiten unter dem Schweigen und Wegsehen aller geschehen waren". *Hier*: so lautete selbstbewusst der Titel ihres dritten Lyrikbandes von 1964). „Hier", aber nicht: „Heimat". Deutschland ist für Hilde Domin das Land, wo sie „das Fremdsein/zu Ende" kostet (GG 253). Wer heimkehrt, wird mit Wiedererkennen beschenkt, aber mehr noch durch Nichtwiedererkennen erschreckt. Das Land der Geburt und der Kindheit ist ein doppelbödiges „zweites Paradies". Die Fremde ist nicht zur Heimat geworden, und dem Rückkehrer erscheint die Heimat fremd.

Dieses ambivalente Rückkehrerlebnis[14] thematisiert der Roman *Das zweite Paradies*, ein nicht leicht zu verstehendes Buch, das nach einer mehrjährigen Odyssee durch die Verlage erst 1968 erscheinen konnte. Wir können das Buch heute als Migrationsroman lesen. Es erzählt von einer Ankunft ohne anzukommen, vom Fremdwerden der Sprache und vom Verrat der Liebe. Diese Botschaft hat in einem interkulturellen Deutschland, in dem derzeit jeder fünfte einen, wie man sagt, „Migrationshintergrund" hat, an Gültigkeit nicht verloren. Ein Gedicht Hilde Domins sagt es als Mahnung: „Gewöhn dich nicht./Du darfst dich nicht gewöhnen./ Eine Rose ist eine Rose./Aber ein Heim/ist kein Heim" (GG 210).

Das Gedicht als „Augenblick von Freiheit"

Hilde Domins Lyrik entzieht sich jeder gängigen Einordnung. Sie hat sich der Negativität der Weltuntergangsliteratur ebenso verweigert wie der politischen Tendenzdichtung. Als der Krieg zu Ende war, warnte sie vor *Nachkrieg und Unfrieden* (so heißt die von ihr 1970 herausgegebene, 1995 erweiterte Anthologie). Als die Dichter 1968 auf die Barrikaden gingen und nicht mehr Gedichte, sondern „Analysen und Steine" in die Hand nahmen, da war sie den einen zu links und den anderen nicht links genug. Als Mitte der 1990er Jahre die Atomkriegs- und Kaltekriegsangst vergangen zu sein schienen, erinnerte sie an das Vernichtungspotenzial des technischen Fortschritts: „Der übernächste Krieg/sagt Einstein/wird wieder mit Pfeil und Bogen geführt".[15]

Hilde Domins „Dennoch"-Gedichte setzen Zeichen der Hoffnung wider alle Hoffnung. Etwa in den drei *Liedern zur Ermutigung* (1961). Das erste beginnt mit dem traurigen Bild von den tränennassen Kissen mit verstörten Träumen. Dann folgt das „Dennoch": „Aber wieder steigt/aus unseren leeren/hilflosen Händen/die Taube auf" (GG 221). Die Hände sind hilflos, sie sind sogar leer. Aber die emporsteigende Taube ist kein billiger Dichterzaubertrick, sondern Symbol eines poetischen Vertrauens. Der Vogel ist Zeichen eines Wunders, einer sehr irdischen Gnade, die dem Menschen ebenso zufallen kann wie das größte Unglück. Deshalb ist Domins Hoffnungspoetik nicht mit dem Glauben zu verwechseln. Sie ist keine christlich denkende Dichterin. Es geht ihr darum, Modellerfahrungen auch aus der jüdischen und christlichen Exil-Tradition zu artikulieren, Beispiele, mit denen der Dichter den politisch wachen, brüderlich denkenden Menschen im Leser anzusprechen bemüht ist. Dazu bedarf es nicht vieler Worte und keiner komplizierten Sprache. Hilde Domins „einfache Worte" „riechen nach Mensch". Der Kern dieser dialogischen Poetik ist das Vertrauen darauf, dass es ein Du gibt, das sich von einem Ich anrufen lässt.

Aufschlussreich ist auch das Gedicht *Sisyphus* aus dem Jahr 1967: ein jenseits der Philosophie des Absurden angesiedelter Aufruf, den Stein bergaufwärts zu rollen, obwohl es sinnlos scheint; eine Ermutigung zum Neuanfang. Auf diese Weise sind Hilde Domins Gedichte „Depeschen aus der Agentur der praktischen Vernunft", wie Iso Camartin anlässlich der Verleihung des Heidelberger Preises für Exilliteratur an Hilde Domin (1992) sagte.

Hilde Domins Exil-Gedichte erinnern an Flucht und Vertreibung, ohne Wehmut, mit dem Mut zum Dennoch und zur zweiten Chance. Worin diese Chance besteht, das haben ihr selbst die kritischsten ihrer Kollegen bescheinigt. Es ist eben Hilde Domins

Zum religiösen Trend in der Gegenwartsliteratur

„Sanfter Mut" zu einem Dennoch, das auf Taubenfüßen daherkommt, aber tiefe Spuren hinterlässt und allem entgegentritt, was den Menschen daran hindert, ein Mensch zu sein. *Sanfter Mut*, so heißt das Dennoch-Gedicht, das Erich Fried der Kollegin in den 1980er Jahren gewidmet hat:[16]

„Du
würdest auch noch dem Tod
leise
entgegentreten!"

„Leise?
Vielleicht.
Aber
entgegentreten."

Anmerkungen

* Zitate aus Hilde Domins Werken im Folgenden mit den Siglen: AH = Aber die Hoffnung. Autobiographisches. Aus und über Deutschland. München 1982; FP = Das Gedicht als Augenblick von Freiheit. Frankfurter Poetik-Vorlesungen 1987/88. München und Zürich 1988; GA = Gesammelte autobiographische Schriften. Fast ein Lebenslauf. München und Zürich 1992; GG = Gesammelte Gedichte. Frankfurt a. M. 1987; VE = Vokabular der Erinnerungen. Zum Werk von Hilde Domin. Hrsg. von Ilseluise Metz. Frankfurt a.M. 1998; VN = Von der Natur nicht vorgesehen. Autobiographisches. München 1974. Vgl. auch Irmgard Hammers: Hilde Domin: Dichtungstheoretische Reflexion und künstlerische Verwirklichung. Köln, Weimar, Wien 2017. – Teile des Beitrags wurden erstabgedruckt: M. B.: Vokabular der Erinnerungen. Zum 100. Geburtstag von Hilde Domin. In: Stimmen der Zeit 134 (2009) H. 7, 459–468.
[1] Jan Assmann: Exodus. Die Revolution der alten Welt. München 2015, S. 391.
[2] Marion Tauschwitz: Dass ich sein kann, wie ich bin. Hilde Domin: Die Biografie. Heidelberg 2009, S. 382.
[3] Vgl. Birgit Lermen, Michael Braun: Hilde Domin. „Hand in Hand mit der Sprache". Bonn 1997; Ilka Scheidgen: Dichterin des Dennoch. Eine Biografie. Lahr 2006; dies.: „Damit es anders anfängt zwischen uns allen". In: Stimmen der Zeit 129 (2004), S. 473–486; Michael Braun: Hilde Domin. In: Killy Literaturlexikon. Bd. 1. Berlin 2008, S. 79–81; Tauschwitz (Anm. 2)
[4] Bertolt Brecht: Ausgewählte Werke. Bd. 3. Frankfurt a.M. 1997, S. 347 (*Zufluchtsstätte*).
[5] Zit. nach Horst Meller: Hilde Domin. In: Deutsche Dichter der Gegenwart. Hrsg. von Benno von Wiese. Berlin 1973, S. 360.
[6] Hilde Domin: Die Liebe im Exil. Briefe an Erwin Walter Palm aus den Jahren 1931–1959. Hrsg. von Jan Bürger und Frank Druffner. Frankfurt a.M. 2009, S. 63.

[7] Vgl. ebd.
[8] Vgl. Norbert Gstreins Roman *Die englischen Jahre* (Frankfurt a.M. 1999)
[9] Vgl. Mario Vargas Llosas Roman *Das Fest des Ziegenbocks* (Frankfurt a.M. 2001)
[10] Vgl. Rose aus Asche. Spanische und spanisch-amerikanische Lyrik seit 1900. Hrsg. u. übertragen von Erwin Walter Palm. München 1958.
[11] Paul Celan: Gesammelte Werke. Bd. 3. Hrsg. von Beda Allemann und Stefan Reichert. Frankfurt a.M. 1983, S. 186.
[12] GG 141 u. 241; vgl. Margret Karsch, „Das Dennoch jedes Buchstabens". Hilde Domins Gedichte im Diskurs um Lyrik nach Auschwitz. Bielefeld 2007, S. 286–302.
[13] Hilde Domin: Dankeswort. In: Literaturpreis der Konrad-Adenauer-Stiftung 1995: Hilde Domin. St. Augustin 1995, S. 24f. (auch in: FAZ, 5.7.1995); vgl. GA 73–70.
[14] Vgl. Stephanie Lehr-Rosenberg: Umgang mit Fremde und Heimat in den Gedichten Hilde Domins. Würzburg 2003.
[15] Hilde Domin: Der Baum blüht trotzdem. Gedichte. Frankfurt a.M. 1999, S. 50.
[16] In: Unerhört nah. Erinnerungen an Hilde Domin. Hrsg. von Marion Tauschwitz. Heidelberg 2009, S. 42.

„Es fiel mir der Glaube ein"

Günter Grass, die Bibel und das Christentum

„Es fiel mir der Glaube ein": Der Satz steht im 11. Kapitel von Günter Grass' *Blechtrommel*. Gesprochen wird er von Oskar, dem gnomenhaften Erzähler, der im Alter von drei Jahren sein Wachstum eingestellt hat und seither die Geschichte frech von unten betrachtet. Ort des Geschehens ist die Danziger Herz-Jesu-Kirche. Oskars Mutter, Agnes, geht dort sonnabends zur Beichte. Gebeichtet wird vor allem „das sechste Gebot": Sie hat eine Affäre mit ihrem Vetter. Oskar inspiziert derweil die Jesus-Figuren, die gipsbemalte Herz-Jesu-Figur im rechten Kirchenschiff und den Gekreuzigten über dem Hochaltar. Beten aber will er erst, wenn er Jesus „dreimal gesehen hat".

Oskars Gebet wird bekanntlich ein Fiasko, ein Gottesverrat. Die Szene hat sich in Volker Schlöndorffs kongenialer, 1979 gedrehter Verfilmung des Romans eingebrannt: Oskar klettert auf den Marienaltar im linken Kirchenschiff, hängt der Jesusfigur seine Trommel um. Es geht darum, Jesus für Oskar trommeln zu lassen: „Wird er nun trommeln, oder kann er nicht trommeln, oder darf er nicht trommeln, entweder er trommelt, oder er ist kein echter Jesus, eher ist Oskar ein echter Jesus als der, falls er nicht doch noch trommelt." Am Ende geschieht „Kein Wunder" (so die Kapitelüberschrift). Oskar wird von Hochwürden erwischt und verdroschen, zur Rache zersingt er die Kirchenfenster.

Idee und Katastrophe des Glaubens

„Kein Wunder" ist in vielerlei Hinsicht eine Formel für Grass' Verständnis von Christus und Christentum. Zunächst erscheint der Autor ja erstaunlich gut in der Kirchenarchitektur bewandert. Auch das ist sozusagen kein Wunder: In der Danziger Herz-Jesu-Kirche wurde der 1927 geborene Günter Grass getauft, die katholische Herkunft seiner Mutter hatte sich gegen den Protestantismus des Vaters durchgesetzt. Passionsweg, kirchliche Liturgie, religiöse Motive, Ikonographie: Der Autor weiß, wovon er seinen Blechtrommler erzählen lässt. Und das mit Lust an scholastischen Argumenten.

Doch das geschieht völlig gegen den Strich. Grass meidet Glaubensdogmen und religiöse Rituale. Der ‚Einfall' seines persönlichen Glaubens ist immer auch ein Einsturz der nationalen Leicht- und Gutgläubigkeit der Deutschen. Der blinde Führerglaube ist der Kardinalfehler des Volkes, das Hitler mit überwältigender Zahl gewählt hatte und so die nationalsozialistische Diktatur jahrelang stützte. Grass wurde Messdiener, als sein Vater in die NSDAP eintrat. Er hörte Gebete für den „Führer" im Gottesdienst. Er erlebte, wie die marodierende SA am 9. November 1938 Synagogen anzündete und wie gleichzeitig fromme Frauen auf der Straße religiöse Schriften verteilten. Er sah und fragte nicht, als ein „Verweigerer" im „Reichsarbeitsdienst" eines Tages „abkommandiert" wurde, „wie es hieß", ins „KZ": ein Zeuge Jehovas, ein „Bibelforscher"?

Nie wieder Ideologie als blinde Staatsreligion, das war die Lehre aus der Geschichte. Es galt, so war Grass nach dem Krieg überzeugt, „den absoluten Größen, dem ideologischen Weiß oder Schwarz abzuschwören, dem Glauben Platzverweis zu erteilen und nur noch auf Zweifel zu setzen, der alles und selbst den Regenbogen graustichig werden ließ". Die politische Religion als Sündenfall des Geistes, der Intellektuelle als Protest-Prophet, der Zweifel als Denkprinzip: Das ist das große und gnadenlos ausgewalzte Thema des Werkes von Grass.

Vernunft statt Glaube

In seinem literarischen Kalendarium gibt es deshalb den Advent ohne Geburt Christi. Statt des Weihnachtsmanns kommt der „Gasmann", dem Karfreitag fehlt die Perspektive auf die Auferstehung, in der „grünen Truhe Pfingsten" wird eine tote Taube fortgetragen, die „Sechzig-Watt-Glühbirne" ersetzt das ewige Licht, und die Apostel treten als „zwölf Lakaien" der künftigen Amtskirche auf (aus der Grass 1974 ausgetreten ist). Nur Tho-

„Es fiel mir der Glaube ein"

mas, sein „standhaft Finger", findet Gnade vor den Augen des radikalen Gotteszweiflers: „Glaube hin, Glaube her, hier wird gezweifelt". Grass' „Meißner Tedeum", eine 1966 entstandene, mit einer Antiphon von Wolfgang Hufschmidt zum tausendjährigen Bestehen des Meißner Domes komponierte Kontrafaktur zu dem Ambrosianischen Lobgesang aus dem 4. Jahrhundert, endet nicht mit einem Lob des Glaubens. Der Dichter rühmt stattdessen die „Eckensteherin Vernunft". Das „Amen" liest er rückwärts: „Nema", Niemand.

Kein rettender Sprung in den Glauben, sondern Surrealismus, absurdes Theater, der pikareske Roman, der das Erhabene schäbig aussehen lässt, und eingreifende politische Lyrik: Auf diesen Stationen beginnt Grass' schriftstellerisches Werk. Es ist ein Schreiben gegen die verstreichende Zeit, eine Chronik des Krebsgangs der Geschichte, die sich von den christlichen Ursprüngen nur lösen kann im Gestus von Abwehr und Absage. Etwa in dem ratlosverzweifelten Roman *Die Rättin* (1986). Diese postapokalyptische Geschichte erschien acht Wochen vor der Reaktorkatastrophe in Tschernobyl. Ausgemalt werden die Schrecken einer an sich selbst erschöpften Schöpfung. Hier nimmt Grass endgültig Abschied von der „Dauerläuferin Hoffnung", von „Gott und Bach". Der Mensch hat nicht nur das Maß der Dinge verloren, sondern auch die Krone der Schöpfung, sich selbst also. Er ist Produkt des Zufalls, Opfer des Verfalls, verunsicherter Mitspieler im Weltuntergangstheater.

Suche nach einer Wahrheit außerhalb der Religion

Doch Grass setzt seine Figuren auch ohne „Eintrittskarten zum Himmelreich" auf die „Spötterbank", wie sein Biograph Dieter Stolz schreibt. Satire und Sensualismus sind die Mittel, um die Endlichkeit der Existenz zu überspielen und die allzu menschlichen Nöte erzählbar zu machen. Von daher ist der Sensualismus, abseits von Geschmacksfragen, nicht pornographisch, sondern gegen Moralfrömmelei gerichtet. Und die Satire bläst, mit Karl Kraus gesagt, die Wahrheit auf, um sie erkennbarer zu machen.

Zum religiösen Trend in der Gegenwartsliteratur

Gerade deshalb ist die *Blechtrommel* kein Fall für Blasphemieparagraphenreiter. Der Roman, für den Grass 1999 den Nobelpreis erhielt, ist ein Buch der Suche nach einer anderen Wahrheit, nach einer Wahrheit außerhalb der Religion, einer Wahrheit der Kunst, die nicht totalitär ist, sondern ästhetisch. Auch hier duldet Grass' Weltbild christliche Motive allein im grenzenlosen Spiel der Kunst. „Wenn der Katholizismus nicht Hand in Hand daherkommt mit Fanatismus und Intoleranz, die eben gleichermaßen auch katholisch sind", so Günter Grass 1979 im Gespräch mit der französischen Autorin und Übersetzerin Nicole Casanova, „dann halte ich ihn für eine sehr lebbare, sehr phantasiereiche, sehr humane Form der Existenz".

Wer unter diesem entvölkerten Himmel einer unheilen Welt in Grass' Werken Themen und Motive aus dem katholischen Raum sucht, wird leicht fündig. Seine Romane und Erzählungen sprechen immer wieder von Gott und der Jesusfigur, von biblischen Gestalten wie Kain und Abel, von der Kirche und von liturgischen Ritualen. Vor allem in den frühen Gedichten. Sie heißen *Himmelfahrt, Die Krönung, Prophetenkost, Credo*. In den *Drei Vater unser* wird aus dem christlichen Gottes- und Glaubensbekenntnis eine säkulare Chronik von Gewalt, Geisteskrankheit und Tod. „Gott ist – laut Nietzsche – verstorben,/doch als Mehrzweckwaffe/immer noch tauglich/und weltweit im Handel,/weil urheberrechtlich nicht geschützt", schreibt Grass in seinem Gedichtband *Fundsachen für Nichtleser* (1997).

Und das Gedicht *Im Ei* (1957) enthält Grass' Weltbild in nuce, ein umgedrehtes platonisches Höhlengleichnis: „Wir leben im Ei", bekritzeln die „Innenseite der Schale", die „Propheten im Ei" wissen aber weder über den Brüter noch über die Brutzeit Bescheid. Wer weiß, vielleicht haut uns am Ende jemand „in die Pfanne".

Kein Zweifel, Grass parodiert und verfremdet hier das „Gedächtnis der Frömmigkeit" (Wolfgang Frühwald). Er liest nicht Religion als Literatur wie sein ebenfalls aus katholischem Milieu stammender Autorenkollege und Antipode Martin Walser. Grass liest und schreibt Literatur als Gegenreligion. Wenn er das als Anwalt verfolgter Minderheiten tut oder als Ankläger sozialer Missstände, überzeugt sein poetisches Credo häufig. Öfters aber wird

„Es fiel mir der Glaube ein"

auch der Bogen überspannt, wenn er schweigt, wo es nottäte zu reden, oder wenn er sich gegen den Lauf der Dinge aufbäumt (wie 1989/1990 gegen die deutsche Einheit). Dann wird der Autor zum „fragwürdigen Zeugen", zur angreifbaren Autorität. Der Beispiele sind Legion. Vor allem in der Autobiographie *Beim Häuten der Zwiebel* (2006). Hierher gehört das späte Geständnis des Autors, in den letzten Kriegsmonaten Mitglied der Waffen-SS gewesen zu sein.

Die Trommel als Kreuz

„Es fiel ihm der Glaube ein": Religion und Christentum sind für Grass nicht anders denkbar als im Zeichen von Idee und Katastrophe. So wie Oskars Trommel das Kreuz ist, das er auf sich nimmt, um der Welt zu demonstrieren, wie unerlöst und unheil sie ist, so ist für Grass die Erinnerung an seine katholische Herkunft „Gnade und Fluch" zugleich. Der „zwischen Heilgem Geist und Hitlers Bild" aufgewachsene Autor, der seine jüngere Schwester aus dem Kloster herausgeholt hat, in den Nachkriegsjahren in Rom seine „Vorstellungen von Freiheit" erprobte und seine Figuren bekennen lässt, der Katholizismus fessle sie „wie ein rothaariges Mädchen", zeigt damit: Er gehört durchaus zu den religiös musikalischen Schriftstellern unserer Zeit, auch und gerade in den Misstönen des Werkes.

Jenseits des Christentums?

Martin Walser und die Religion

Jenseits der Liebe heißt ein Roman von Martin Walser aus dem Jahr 1976. „Jenseits der Literatur" war die Kritik in einer großen deutschen Tageszeitung überschrieben, die kein gutes Haar an diesem Roman ließ. Sie stammte von Marcel Reich-Ranicki, der fortan zu Walsers Lieblingsfeind wurde. Der Autor war zutiefst getroffen: Er sah in dem Kritiker den Erzengel, der ihn, so heißt es in Walsers Tagebuch, „mit dem Flammenschwert aus dem einzigen Bereich, in dem ich leben will, vertreibt". Wenig später, 1978, erschien *Ein fliehendes Pferd*, eine Urlaubsgeschichte mit viel Erotik und etwas Esoterik, vom selben Kritiker als Meisternovelle gelobt, zweimal verfilmt und auch für die Bühne zubereitet. 2010 schließlich kam Walsers Novelle *Mein Jenseits* heraus, ein literarisches Glaubensbekenntnis. Der 1927 geborene Autors hat es offenbar mit dem „Jenseits". Ist er im Alter etwa gläubig geworden? Und was lohnt, aus einem so reichhaltigen Werk, die Walser-Lektüre heute unter den Vorzeichen der Religion?

Transzendentales Obdach

Dazu muss man zunächst den Erzähler Martin Walser kennen. Der im katholischen Milieu am Bodensee aufgewachsene und früh vaterlose Walser ist ein „sanfter Wüterich" (Enzensberger), der seinen Figuren viel – manche sagen: zu viel – Raum lässt. Es sind kleine oder mittlere Angestellte unter Anpassungsdruck, die ihr „Ja zum Nein der Welt" kultivieren und es immer wieder schaffen, durch tragikomische „Unterlegenheitsanfälle" das drohende Unglück von sich abzuwenden. Sie heißen Anselm Kristlein, Franz Horn, Xaver Zürn, Helmut Halm, Feinlein und Fink, und es ist kein Wunder, dass sie der Autor gerne zu jenen Glaubenszweifel-Büchern greifen lässt, die auch ihm lieb und teuer sind: Kierkegaard und der späte Nietzsche vor allem. Im *Fliehenden Pferd* liefert der dänische Philosoph das Motto und die Grundeinstellung von Walsers Erzählen: das Bekenntnis. Es kommt dem Autor nicht darauf an, den Leser mit einer vermeintlich besseren Weltanschauung zu überzeugen, sondern darauf, ihm ein offenes Gottesbild vorzustellen, ein transzendentales Obdach zu bieten, ohne Privatheit, ohne Missionarismus, aber mit einem starken Glauben an sich selbst: „Kein Kriminalroman ist so spannend wie ich für mich."

Walser ist aber keiner, der die Öffentlichkeit mit seinen Weltschmerzen betupft. Wohl aber ein provozierender, ein polemischer Zeitgenosse, der sich in seiner Paulskirchen-Rede (1998) und mit dem Roman *Tod eines Kritikers* (2002) weit aus dem Fenster herausgelehnt und damit, wie manche unterstellten, rechtslastigen, ja sogar antisemitischen Deutungen Vorschub geleistet hat. Doch hinter Walsers Politik steht meistens Walsers Glauben. Er kommt in den Altersromanen immer stärker zum Tragen. Nicht von ungefähr kreisen sie um eine unorthodoxe, Paulus und Dionysos versöhnende Form von Liebe, *Der Lebenslauf der Liebe* (2001), *Der Augenblick der Liebe* (2004), *Ein liebender Mann* (2008).

Unheilige Allianz von Bürgertum und Christentum

Die religiöse Position von Walser zeichnet sich bereits in der Rede ab, die er am 23.10.1983 unter dem provokanten Titel *Woran Gott stirbt* zur Verleihung des Büchnerpreises hielt. Walser sah eine unheilige Allianz von Bürgertum und Christentum am Werke, die Gott verharmlose und an Wissenschaft, Kirche und Sprache ausliefere. Barmherzigkeit und Mitleiden seien daher verschwunden. „Gott ... stirbt daran, daß er nicht hilft", schreibt Walser. Dieses Credo führt nicht mehr nach oben, sondern nach innen: in eine philosophisch angehauchte Merksatz-Sprache. „Glauben heißt, die Welt so schön zu machen, wie sie nicht ist", heißt es in einer späten Novelle.

Man muss Walsers ästhetischem Pantheismus nicht in allen Windungen folgen. Aber wenn man die Strategie erkennt, die der Autor verfolgt, kann das Lesen seiner Bücher einen religiösen

Mehrwert gewinnen. Walser sieht die Literatur im Dienste eines Glaubens, der nicht privat ist, sondern repräsentativ, nicht säkular, aber auch nicht christlich, ein Spätprodukt des „Gedächtnisses der Frömmigkeit" (Wolfgang Frühwald), das bis ins 19. Jahrhundert den Zusammenhalt von Literatur und Religion bestimmt hat. Die Religion, meint Walser, war einmal ein „Aufrüstungstext, eine Kraftquelle". Nun sei die Religion beerbt durch die Theologie, die Kirche sei ersetzt durch das zeitgeistbesorgte Fernsehen, der Beichte habe das Interview den Rang abgelaufen, an die Stelle des Genies trete der Star. Dagegen setzt Walser in seinem Denk-Buch *Statt etwas oder Der letzte Rank* (2017) seinen „Hölderlin-Mut", durch Zustimmung schön zu werden. Und sein Bekenntnis zum Ritual:

> Ich bin an den Sonntag gebunden
> Wie an eine Melodie
> Ich habe keine andere gefunden
> Ich glaube nicht, aber ich knie

Walsers literarisches Jenseits

In der Novelle *Mein Jenseits* (2010) ist Walsers poetisches Glaubensbekenntnis wohl am besten aufgehoben. Das hat auch mit der Gattung zu tun. Am glücklichsten schlägt Walser in der kurzen Form auf. Augustin Feinlein ist Professor in der Psychiatrie, will aber Messner werden. Er schreibt an einem Buch über Reliquien, stiehlt aus der Ortskirche eine Blutreliquie und flieht nach Rom. Wie Walser diesen entlaufenen Glaubensmutbürger aufbaut, ohne ihn bloßzustellen und dem Spott seiner rationalen Wutbürger auszuliefern, ist schon ein Kunststück für sich.

Um die Novelle hat Walser dann den Roman *Muttersohn* (2011) gebaut. „Großer Gott, Walser!", war die Rezension in der *Zeit* überschrieben (14.7.2011). Aus dem Mysterium der Glaubenserzählung wird ein Werk der epischen Mystik. Das ist eine literarisch bedenkliche Tat, die dem Leser einiges zumutet. Im Mittelpunkt des Romans steht Anton Percy Schlugen, ein Krankenpfleger in einer psychiatrischen Klinik in Südwestdeutschland. Der Leiter der Klinik, der schon bekannte Augustin Feinlein, ist ein ausgesprochen religiös musikalischer Mensch, der seinem Ersatzsohn deshalb nicht nur Latein, sondern gleich auch das Orgelspiel beibringt. Hinzu kommt ein schweigsamer Patient, der Motorradfahrer, politischer Redner, Suizidkandidat, Briefpartner von Percys Mutter Fini ist, die ihren Sohn ohne Zutun eines Mannes, so heißt es, empfangen hat. Doch auf eine Romanhandlung mit Figurenentwicklung und Dialogen wartet der Leser vergebens. Percy, der „Jesus vom Bodensee", erscheint als ein „Engel ohne Flügel", als vaterloser „Mutter-" und Mariensohn, der ein Leben in der reinen Gegenwart und statt der Kritiker (die „Heruntermacher") nur die Zustimmenden liebt. In diesem „Religionstheater" gibt es von Böhme und Seuse inspirierte Worte aus der Mystik und schöne Aphorismen („Glauben, das ist eine Gleichung, die nie aufgeht"), aber inmitten absurder Einfälle (ein Motorradverein, der das Bike als „Erlösung" preist und die Losung ausgibt, den Nächsten statt sich selbst zu hassen), religiöser Reden und hoher seelischer Leidensfrequenzen ist das für einen guten Roman einfach zu wenig. Als mystischer Roman ist das Buch missglückt, doch der Mittelteil „Mein Jenseits" lohnt das Lesen.

Liebesleiden und Glaubensgewinn

Ein Meilenstein in Walsers religiöser Biographie ist *Das dreizehnte Kapitel* (2012), ein nicht ganz pathosfreies Glaubensbuch, getarnt als Liebesleidensgeschichte. Es geht um ein Paar, einen erfolgreichen Schriftsteller namens Basil Schlupp und eine evangelische Theologieprofessorin Maja Schneilein, beide glücklich verheiratet, er mit der schreibambitionierten Iris, sie mit dem Molekularbiologen und patentierten Firmengründer Korbinian (schon die Namen sind eine Sache für sich). Schlupp und Schneilein lernen sich im grandiosen Eingangskapitel bei einem Empfang in Schloss Bellevue kennen: beim Bundespräsidenten. Darunter macht es Walser nicht, der auch den Bundestagspräsidenten mit auftreten lässt. Die Ausgangslage ist religiös infektiös, so Walser in einem Vorab-Interview: „Das ist ein Paar, das kann moralisch nur existieren, wenn ihre Beziehung unmöglich bleibt. Denn die sind beide glücklichst gebunden, und schreiben sich trotzdem aufeinander zu – weil sie feststellen, dass sie einander etwas sagen können, was sie sonst nirgends sagen können."

Und was haben sie sich zu sagen? Natürlich geht es um die Suche nach einer gemeinsamen Sprache der Liebe in liebestötenden Zeiten, um das Verhandeln der Religion jenseits von Dogma und Konfession, darum, „gute Miene zu einem Spiel (zu machen), das uns böse macht". Die Briefe, die sich das Paar schreibt, kreisen um das Thema der Rechtfertigung. Das ist ein hocheminentes Thema, das Walser aus der Theologie für den Roman zu retten sucht. Der Theologe Karl Barth, einer der Lieblingsautoren der Theologin in Walsers Roman, hat einen berühmten Römerbrief-Kommentar geschrieben (mit einer legendenumwobenen Erstausgabe 1919). Walser hat sich darauf in seiner brillanten Harvard-Rede *Über Rechtfertigung, eine Versuchung* (2011) eingelassen. Wie Barth sieht er den Menschen als Angeklagten vor einer höheren Instanz, wie Barth will er aus dem System des Rechthabenmüssens aussteigen und eine „ungerechtigkeitsabweisende Empfindlichkeit" praktizieren. Es gibt viele Bezüge des Romans zum Römerbrief, auch zu dessen 13. Kapitel über Nächstenliebe und moralischen Wandel. Doch Walser konzentriert den Dreiklang „Glaube, Liebe, Hoffnung" auf die Liebe im globalisierten Zeitalter. *Das dreizehnte Kapitel* schreibt die Literaturgeschichte der Unmöglichkeit der Liebe fort. Das steht der Möglichkeit der Liebe in der Ehe nicht unbedingt entgegen; in Goethes Roman *Wahlverwandtschaften* (1809) beginnt ja im 13. Kapitel der Ehebruch mit einem „geheimen Briefwechsel". Martin Walsers Briefroman inszeniert die Unmöglichkeit, von einer solchen Liebe zu erzählen.

Und was sagt die Theologie dazu?

Der 2012 verstorbene Fribourger Pastoraltheologe Michael Felder hat sich in einem Sammelband Walsers *Jenseits*-Novelle mit großem Schwung angenommen. Wer will, kann darin das Schauen als Modus der Jenseits-Annäherung beobachten, Bezüge der Pilgermadonna zu Caravaggio entdecken, über Zeit und Alter und die Ambivalenz von „Religionswörtern" nachdenken. Was indessen Theologie und Literatur bei allen Verschiedenheiten für Walser zusammenbringt, erläutert der Schriftsteller und studierte Theologe Arnold Stadler in seinem Nachwort: „Der Theologe will verstehen, und nicht irgendetwas. Der Schriftsteller weiß, dass es nichts zu wissen gibt. Und doch. Er will glauben können. Und glaubt. Und schreibt manchmal davon, Bücher, die *Mein Jenseits* heißen."

Einend sind also der Glaube ans Wort und die Empathie, die bei Theologen ‚Erbarmen' oder ‚Gnade' heißt. Und weil der Glaube die Welt schöner macht als sie ist, ist das Jenseits des Schriftstellers: die Literatur. Diese Einsicht in die Religiosität von Literatur, die ein gutes Stück von einer Ästhetik der Theologie hat, verdanken wir solchen Kommentaren wie denen von Michael Felder. Vielleicht bringt er die kundigen Leser ja auch dazu, Walsers Roman *Muttersohn*, in den die Novelle *Mein Jenseits* eingebettet ist, einmal als Glaubensroman zu lesen: der „Muttersohn" etwa als literarisierter „Menschensohn"?

Das „Modell Lukas"
Christoph Heins religiöse Chroniken ohne Botschaft[*]

Ein religiös musikalischer Autor wie der 1944 in Schlesien geborene Christoph Hein, Sohn eines protestantischen Pfarrers,[1] war in der Literatur der DDR etwas höchst Seltenes. Religion und Christentum waren in der DDR in eine Randstellung gedrängt, Kirchen wurden geheimdienstlich „bearbeitet", die Zahl der Kirchenmitglieder ging beständig zurück (bis 25 Prozent im Herbst 1989). An die Stelle des Religionsunterrichts an Schulen rückte atheistische Erziehung, Konfirmation und Firmung wurden durch das Ritual der Jugendweihe ersetzt. Von den Folgen dieser Erziehung ohne Religion erzählt Christoph Heins erfolgreichstes Buch, die Novelle *Der fremde Freund* (1982), die 1983 als westdeutsche Lizenzausgabe unter dem Titel *Drachenblut* erschien.

Das Gegengedächtnis von Kirche und Religion

Doch die Kirche, besonders die evangelische, die der Opposition ein Dach für Veranstaltungen und die geistige Grundlage gab, war allein schon durch ihre Existenz eine offene Tür in der geschlossenen Gesellschaft der DDR. Auch Hein nutzte in den 1980er Jahren kirchliche Räume zur politischen Kritik.[2] Seine literarische Sprache steht in der Tradition „der protestantischen Bibelübersetzung" Luthers.[3] Religion und biblische Bilder dienen in seinen Werken dazu, „eine Art Gegen-Gedächtnis" zum offiziellen kulturellen Gedächtnis der DDR zu bilden.[4] Dieses Gegengedächtnis versucht diejenigen Erinnerungen zu retten, die von Staats wegen unterdrückt oder verboten und mit den Mitteln der Zensur verfolgt werden. Diese Zensur war so stark, dass „in der Literatur der DDR bis 1989 kein Manuskript zum Buch wurde, das in der Lage war, das kollektive Gedächtnis ernsthaft zu erschüttern".[5] Getroffen werden konnte nur das individuelle Gedächtnis des Lesers, und auch das nicht im Klartext, sondern ‚zwischen den Zeilen'.

Zum religiösen Trend in der Gegenwartsliteratur

Der Leser muss mehr wissen, als im Text steht. Ein guter Teil dieses Mehrwissens stammt aus dem „Gedächtnis der Frömmigkeit", dessen ursprünglich „sakrale Ausdrucksformen in Poesie laufend säkularisiert werden".[6] Heins literarische Erinnerung ist insofern keine „verborgene Theologie" mehr wie im Zeitalter von Martin Opitz. Dies zeigt besonders die Kurzgeschichte *Moses Tod* (1992).[7]

Religionsverbot als Erinnerungsverbot

Die vierseitige Erzählung *Moses Tod* erschien 1994 in Christoph Heins Band *Exekution eines Kalbes*, der Prosastücke aus der Zeit vor 1989 versammelt. Die Literaturkritik war mit dem Titel des Bandes nicht einverstanden: das höre sich an wie „Krach in der Mastrinderbrigade".[8] Doch Hein geht es nicht um eine satirische Ideologiekritik am Arbeiter-und-Bauern-Staat, sondern um den Umgang mit dem kulturellen Erbe. Dazu gehört – neben den literarischen Klassikern wie Hebel und Kafka (darauf nehmen die Erzählungen *Unverhofftes Wiedersehen* und *Zur Frage der Gesetze* Bezug) – eben auch die religiöse Tradition.

Moses Tod beginnt im sachlich-nüchternen Berichtsstil der biblischen Chronik:

> „Moses war hundertzwanzig Jahre alt, als Jahwe ihn auf den Berg Nebo schickte, auf dass er von dort das gute Land sehe, welches Jahwe seinem Volk versprochen hatte. Mose sollte es vor seinem Tod sehen, aber er sollte es nicht betreten, denn sein Gott war mit ihm unzufrieden, hatte sich Mose doch gegen ihn vergangen und ihn inmitten der Israeliten nicht heiliggehalten."

Nebo ist der Berg, auf dem Mose stirbt (5. Mose 31,1–5). Sein Tod löst den Erinnerungsprozess des kommentierenden Erzählers aus. Er sucht nach einem Ort für die Erinnerung: Moses Grab. Zugleich spielt die moralische Frage nach der Schuld eine Rolle: „Unbekannt wie der Ort, an dem Mose begraben wurde, blieb auch sein Vergehen, womit er Jahwe derart erzürnt hatte" (EK 120). Die von der Bibel angebotenen Antworten, „Glaubensschwäche" des langjährigen Führers, „Ungehorsam des Alten", werden verworfen. Stattdessen konstruiert Hein eine von der Bibel nicht überlieferte Gegengeschichte. Die große Mehrzahl der Kundschafter, die Mose ausgesandt hatte, um das Gelobte Land zu erkunden, soll – so Heins Fiktion – an der Bewohnbarkeit des neuen Landes gezweifelt haben, und zwar aufgrund der entsetzlichen Entdeckung, „dass sich über dem guten Land kein Himmel wölbt" (EK 122). Auch Mose war dagegen, das „neue Land" zu betreten. Nur Kaleb und Josua von den jahwetreuen Stämmen Juda und Ephraim teilen seine Zweifel nicht und dürfen das Land betreten.

Hein variiert hier das Thema vom Verlust der Utopie. Man kann das „Gelobte Land" auf die Idee von einem „besseren Deutschland" beziehen und die Rolle des Mose auf jeden Intellektuellen der DDR, der diesem Traum skeptisch gegenübertrat, weil sich erkennbar „kein Himmel über diesem Land wölbt" (EK 123). Die Mehrheit der Intellektuellen hat sich freilich von den Versprechen der Gründerjahre auf einen demokratischen Rechtsstaat, auf eine Republik von gleichberechtigten Arbeitern und Bauern verführen und täuschen lassen. Diesen moralischen Konflikt hat Hein in seinem 1999 uraufgeführten Einakter *Himmel auf Erden* verarbeitet. Das Vierpersonenstück spielt in einer mecklenburgischen Striptease-Bar und dreht sich um die verdrängten Ost-Erinnerungen der Protagonisten.[9]

Parabel über das Vergessen der religiösen Erinnerungskultur

Zugleich ist *Moses Tod* als Parabel auf die vergessene religiöse Erinnerungskultur der DDR lesbar. Dieses Gleichnis wird in einer raffinierten Binnenfiktion entfaltet. Der Erzähler erzählt nämlich nicht aus eigenem Wissen. Er stützt sich auf eine häretische Schrift, die „nicht mit den anderen Zeugnissen übereinstimmt" und von der „man wenig Glauben erwarten darf" (EK 121). Dieser Bericht, der eine Erklärung für Moses Tod liefert, sei öffentlich verbrannt und mit dem Namen des „unwürdigen Chronisten" aus dem kollektiven Gedächtnis der Israeliten ausgelöscht worden.

Auch die kritischen Einwände von DDR-Intellektuellen sind aus der offiziellen Geschichtsschreibung der DDR entfernt worden. Bücher wurden zensiert oder verboten, Lesungen untersagt. Wenn die Kritik zu stark war, wurden sogar die Intellektuellen selber aus dem Land gewiesen. Davon zeugt der Massenexodus von DDR-Intellektuellen aus ihrem Land nach der Ausbürgerung Wolf Biermanns (1976). Der Erzähler – und mit ihm Christoph Hein – erinnert an diese unliebsame und von Staats wegen verfolgte Kritik, die nicht vergessen werden darf. Er steht insofern auf der Seite des Zweiflers Mose, nicht auf der Seite des Volkes, das treuselig in das „gute Land" zog.

Noch etwas anderes kommt hinzu. Wie Mose steht Hein an einer Schwelle der Erinnerungskultur. Sie sind Augenzeugen einer vierzigjährigen Geschichte von Entbehrung und Hoffnung. Wenn ihre Erfahrung nicht vergessen werden soll, muss sie im kulturellen Gedächtnis der nachfolgenden Generationen schriftlich fixiert werden. Das gilt besonders dann, wenn die persönliche Erfahrung im Widerspruch zu der kollektiven Erinnerung steht. Berufungsinstanz dieser persönlichen Erfahrung ist die Religion. Mit ihr ist es möglich, die politischen Parolen von einem „Himmel auf Erden" (EK 123) Lügen zu strafen. Der „Himmel" steht nicht nur für Hoffnung und besseres Leben. Er steht auch für die in der DDR verdrängte Erinnerung an die Religion.

Kontrapräsentisches Erinnerungsdrama

Auf diese Weise schreibt Hein die Religionsgeschichte zu einem kontrapräsentischen Erinnerungsdrama um. „Kontrapräsentisch" heißt: Die religiöse Erinnerung steht im Kontrast zur Gegenwart. Eben nicht auf das fundierende Gedächtnis, das mit der Landnahme- und Staatsgründungserzählung eine nationale Identität gestiftet hat, kommt es an, sondern auf die Erinnerung an die unterdrückten Wahrheiten der Geschichte und an die Selbstwidersprüche der Utopie. Am Ende formuliert es der Erzähler so: Niemand vermisse den Himmel über dem Land, „wo der Himmel auf Erden ist" (EK 123). Wenn es eine Wahrheit der Geschichte gibt, dann muss man sie zwischen Utopie und Utopiekritik suchen, im Bereich der Religion und der Moral.

Hein hat sich in seinen poetologischen Essays als „Chronisten ohne Botschaft" bezeichnet.[10] Der Chronist überliefert Geschichten. Er erzählt nüchtern und sachlich, was gewesen ist, auf der Grundlage eigener und überlieferter Erfahrungen. Doch damit kommt die literarische Chronik in der Diktatur nicht aus. Sie muss eine Zensur umgehen, die beschönigend „Druckgenehmigungspraxis" genannt wurde. Hein hat in seiner Rede auf dem X. Schriftstellerkongress 1988 diese Zensurpraxis als „überlebt, nutzlos, paradox, menschenfeindlich, volksfeindlich, ungesetzlich und strafbar" bezeichnet (OJ 134). Hier bekommt die Chronistenrolle eine moralisch-religiöse Dimension. Der Chronist muss mit dem Finger auf das weisen, was nicht gut und nicht wahr ist. Er erinnert an das, was in der Vergangenheit verdrängt wurde und in der Gegenwart fehlt. So ist er ein professioneller Erinnerer, der Zweifel an seinem Tun pflegt, ähnlich wie der antike Mnemon. Doch ist er

> „als Religionsstifter untauglich, da für ihn das erste Gebot jeder Religion nicht gilt, nämlich andere Götter nicht anzuerkennen. Der Chronist muß dem anderen Gott Gerechtigkeit widerfahren lassen, er hat die Tugenden und Untugenden aller Götter zu nennen. Er hat nicht zu huldigen [...]. Nicht Sinnstiftung und Religionsersatz, vielmehr ein Prüfen und Bezweifeln des Sinns, ein kritisches Durchleuchten der Gottheiten sind gefordert." (OJ 152)

Schlüsselerzählung für das religiöse Chronistentum

Eine Schlüsselerzählung für dieses religiös fundierte Chronistentum findet sich in Heins Prosaband *Von allem Anfang an* (1997), der reigenartig in seine DDR- und Westberliner Kindheit der 1950er Jahre zurückführt. Die Erzählung heißt *Der Evangelist Lukas*. Sie berichtet auf den ersten Blick von der sexuellen Initiationserfahrung eines Jungen im Zirkusmilieu. Entscheidender ist jedoch der zweite Blick: der Blick, den der Ich-Erzähler auf das große Altarbild in seiner Heimatkirche wirft. Hierauf ist der Evangelist Lukas zu sehen, dessen Evangelium er „besser als das der anderen" findet: „seine Worte waren einprägsamer. Viele seiner Sätze kannte ich sogar auswendig, obwohl ich sie nie gelernt hatte und nur gelegentlich zu hören bekam". Der Grund der Bewunderung ist ein dritter Blick: der des Evangelisten, der „teilnahmslos und ohne Erregung oder erkennbares Mitleid auf den Gekreuzigten blickte oder zu dem Betrachter des Bilds", der „die

Hinrichtung scheinbar unbeeindruckt zur Kenntnis nahm, nicht gewillt einzugreifen und zu helfen" (AA 110).

Es kann kein Zweifel daran bestehen, dass der in der Theologie als „erster christlicher Historiker" geltende Lukas[11] den biblischen Prototypen des „Chronisten ohne Botschaft" abgibt. Und sollte doch noch ein Leser zweifeln, so hilft eine explizite Leseanweisung für das biblische Bild im Sinne des augustinischen *Tolle, lege* nach: „Nimm und lies!" Denn so wie in der Erzählung der Evangelist auf dem Altarbild „mit einem langen und eigenartig gebogenen Finger" auf ein Buch weist, das „wohl die Bibel sein sollte" (AA 109), so nimmt Hein im Titel des Erzählbandes den Prolog des Lukas-Evangeliums auf, das mit den Worten beginnt:

> „schon viele haben es unternommen, eine Erzählung der unter uns geschehenen Ereignisse abzufassen, wie sie uns überliefert sind von denen, die *von Anfang an* Augenzeugen und Diener des Wortes waren. Nun hielt auch ich es für gut, nachdem ich *allem von Anfang an* [meine Hervorhebungen, M.B.] genau nachgegangen, es der Reihenfolge nach für dich aufzuzeichnen [...], damit du die Zuverlässigkeit der Dinge erkennst, über die du unterrichtet worden bist." (Lk 1,1–4)

Heins Poetik der Erinnerung

Das „Modell Lukas" (Lothar Bluhm) liefert die Elemente von Heins religiös geprägter Poetik der Erinnerung: archivalische Strenge, unbestechliche Perspektive, Lernen aus der Geschichte. Häufig tragen diese Erinnerungen eine religiöse Sinnschicht mit: Flucht und Vertreibung (von dem Stück *Passage* aus dem Jahr 1987 bis zu dem Roman *Landnahme* von 2004), Bilderverbot (in dem 2006 erschienenen Künstlerroman *Frau Paula Trousseau*), Vertreibung aus dem Paradies (in der 1990 publizierten Nachwendeparabel *Kein Seeweg nach Indien*). Der Chronist ist ein sekundärer Zeuge; er hat wie Lukas Kontakt zum Erfahrungsgedächtnis der Augenzeugen und muss deren Wissen glaubwürdig an seine Generation und die folgende übermitteln. Was den literarischen Chronisten aber von seinem biblischen Vorbild unterscheidet, ist der Verzicht auf eine wie auch immer frohmachende und fundierende Botschaft.

Das „Modell Lukas"

Anmerkungen

* Der Beitrag geht zurück auf meinen Aufsatz: Das Gedächtnis des „Chronisten". Christoph Heins Erzählungen von Erinnerung und Religion. In: Carsten Gansel (Hrsg.): Rhetorik der Erinnerung. Literatur und Gedächtnis in den ‚geschlossenen Gesellschaften' des Real-Sozialismus. Göttingen 2009 (= Deutschsprachige Gegenwartsliteratur und Medien), S. 151–164.
1 Vgl. Hilary Mimpriss: „Ohne Hoffnung können wir nicht leben". Christoph Hein's Use of Religious Motifs as an Expression of Resignation and Hope. In: Graham Jackman (Hrsg.): Christoph Hein in Perspective. Amsterdam 2000 (German Monitor No. 51), S. 95–114.
2 Christoph Hein: Der Dialog reicht nicht aus. In: ders.: Die fünfte Grundrechenart. Aufsätze und Reden 1987–1990. Frankfurt a.M. 2000, S. 184–188.
3 Christoph Dieckmann: Der Chronist wird König. Christoph Hein – der neue PEN-Präsident. In: Die Zeit, 5.1.1998.
4 Carsten Gansel: Zwischen offiziellem Gedächtnis und Gegen-Erinnerung – Literatur und kollektives Gedächtnis in der DDR. In: Gansel: Rhetorik der Erinnerung (Anm. *), S. 21.
5 Carsten Gansel: Die „Grenzen des Sagbaren überschreiten". Zu Formen der Erinnerung' in der Literatur in der DDR. In: ders.: Rhetorik der Erinnerung (Anm. *), S. 21.
6 Wolfgang Frühwald: Das Gedächtnis der Frömmigkeit. Religion und Literatur in Deutschland vom Barock bis zur Gegenwart. Frankfurt a.M. 2008, S. 22.
7 Heins Werke werden im Folgenden mit Siglen zitiert: AA = Von allem Anfang an. Berlin 1997; EK = Exekution eines Kalbes und andere Erzählungen. Berlin/Weimar 1994; OJ = Der Ort. Das Jahrhundert. Essais. Frankfurt a.M. 2003.
8 Vgl. Gustav Seibt: Krach in der Mastrinderbrigade. Und doch kein Anlaß zum Literaturstreit: Christoph Hein erzählt. In: FAZ, 19.4.1994.
9 In: Christoph Hein: Die Stücke. Frankfurt a.M. 2005, S. 527–548.
10 Vgl. Klaus Hammer (Hrsg.): Chronist ohne Botschaft. Christoph Hein. Ein Arbeitsbuch: Materialien, Auskünfte, Bibliographie. Berlin und Weimar 1992.
11 Vgl. Martin Dibelius: Der erste christliche Historiker. In: ders.: Aufsätze zur Apostelgeschichte. Hrsg. von Heinrich Greeven. 4. Aufl. Göttingen 1961, S. 108–119.

„Ein bisschen Metaphysik schleppt jeder mit sich herum"

Ralf Rothmanns literarisches Gedächtnis der Frömmigkeit*

„Die Väter haben saure Trauben gegessen, aber den Kindern sind die Zähne davon stumpf geworden." Dieses Wort aus dem Buch Ezechiel (18,2) steht als Motto Ralf Rothmanns jüngstem Roman *Im Frühling sterben* (2015) voran. Im biblischen Kontext geht es um die Frage, ob eine Schuldlast auf die nächste Generation übergehen kann. Im Schlagschatten der Kollektivschulddebatte nach 1945 hat sich die sogenannte Väterliteratur an diesem Thema abgearbeitet. Die Väter wurden als Täter verurteilt (Bernward Vesper) oder als Zeitzeugen beobachtet (Michael Kleeberg). Ralf Rothmann aber geht einen anderen Weg. Von einer Vererbung von Schuld hält er gar nichts. „Wir Nachfahren haben keine Schuld an dem vergangenen Krieg, aber wir haben die Verantwortung, dass so etwas nicht wieder geschieht", sagte er im Gespräch mit der *Süddeutschen Zeitung* (15.6.2015).

Geschichte, sprich!

Rothmann erzählt in dem *Frühlings*-Roman die Geschichte seines Vaters. Es ist eine kühle und zugleich sehr einfühlsame Geschichte. Sie handelt vom Schweigen und Verschweigen. Der Vater hat nichts von dem Schrecken preisgegeben, den er in jenem Frühling 1945 erfahren hat. „Wozu denn noch? Hab ich's dir nicht erzählt? Du bist der Schriftsteller", sagt der Vater auf dem Sterbebett (FS 10). Was der reale Vater verschwiegen haben mag, davon aber kann der Sohn im Roman umso besser erzählen. Die Geschichte beginnt zu sprechen, *history* verdichtet sich zur *story*, das Schweigen bricht auf, und es entsteht eine religiös musikalische, eine tragische Erzählung von Schuld ohne Sühne. Der Vater war SS-Soldat und musste seinen besten Freund, weil dieser desertiert war, auf Befehl seines Kommandanten erschießen. Diese Schuld hat sich so tief in den kaum achtzehnjährigen Kriegsteilnehmer, der Melker war und später jahrzehntelang untertage im Kohlenbau arbeitete, eingegraben, ja eingekapselt, dass sie unaussprechbar wurde, eine „intrapsychische Gruft" (Nicole Sütterlin).

Mit der Bibel in der Hand

Man muss wohl, im übertragenen Sinne, untertage gehen und nach den tieferen Gründen von Rothmanns Erzählen fragen, wenn man die „schrankenlose Bewunderung", welche die Kritiker fast unisono diesem Roman zollten, verstehen will. *Im Frühling sterben* gehört nämlich nicht in die Riege der Familienerinnerungsromane, in denen eine Protestgeneration mit den Sünden ihrer Eltern abrechnen. Auch ist dieser Roman alles andere als eine Autobiographie. Dafür sorgt der fiktionale Rahmen. Er gibt dem *Plot* eine biblische Grundierung. Man ist erstaunt, wenn man das macht, was die Rothmannschen Figuren so oft machen: eine Bibel zur Hand nehmen, wie die spätabends am Küchentisch kettenrauchende Mutter des Erzählers in dem Roman *Milch und Kohle* (2000), und von der Stelle im Motto aus weiterblättern und weiter lesen. Da heißt es dann in dem Buch Ezechiel, ein paar Verse später (18,20): „Ein Sohn soll nicht die Schuld des Vaters, noch ein Vater die Schuld des Sohnes mittragen".

Religiöse und ästhetische Erfahrung

Das ist ebenfalls unserer Aufmerksamkeit würdig, eine „schöne Stelle", die Wolfgang Braungart zufolge die Literatur mit dem Leben verknüpft und ihr einen religiösen Bezugsrahmen gibt. In Rothmanns Büchern geht es immer wieder um die „Poesie des Unsichtbaren", um „positive Visionen einer erlösten Existenz" (Christian Goldammer) oder, etwas realistischer gesagt, um die „metaphysische Verlorenheit" (Anja Kindling) unserer Zeit. Dem Autor ist es darum zu tun, wie er 2014 in einem seiner seltenen Gespräche sagte, „die knarrende Selbstgewissheit der Epoche in Frage zu stellen". So wird das Zitat des Propheten zum thematischen Schlüssel des Romans *Im Frühling sterben*. Die Bibel wird dadurch

"Ein bisschen Metaphysik schleppt jeder mit sich herum"

zu einem Mittel, mit dem wir uns religiös orientieren, aber auch einer ästhetischen Erfahrung versichern können, die aus einem „ungläubigen Staunen" (Navid Kermani) hervorgeht. Damit gehört der Autor in die Tradition eines „Gedächtnisses der Frömmigkeit" (Wolfgang Frühwald). Seine Romane und Erzählungen, seine Gedichte und Dramen erinnern an eine spirituelle Ursprungsader der deutschen Sprache, in der „sakrale Ausdrucksformen" wie Rituale, Gebete oder eben Bibellektüren längst so sehr säkularisiert worden sind, dass sie fast nur noch auffallen, wenn sie aus diesem weltlichen Bedeutungsnetz herausgerissen werden. Aus der Sünde ist eine Schuld, aus dem Vergehen gegen göttliche Gebote ist der Verstoß gegen menschliche Gesetze geworden, hat Jürgen Habermas nach dem Attentat vom 11. September 2011 argumentiert. Und aus der Hausfrömmigkeit noch des 18. Jahrhunderts, in der der gestirnte Himmel über uns und das moralische Gesetz in uns noch Ehrfurcht auslösten, ist heute die Haltung einer Weltfrömmigkeit geworden, zu der sich Martin Walser einmal so bekannt hat: „Ich glaube nicht, aber ich knie." Wer Rothmann liest, wird gewahr, dass Frömmigkeit eine Form des nicht-wissenschaftlichen Wissens von Gott, Religion und Metaphysik ist. Mit seinen Werken betreten wir, sagt Wolfgang Frühwald, einen christlichen Bildraum, „in dem sich die Begegnung des Menschen mit dem ereignet, was sein Denken, sein Begreifen und die Erhaltensbedingungen seiner Existenz übersteigt".

Biographisches Gerüst

Ralf Rothmann wurde 1953 in Schleswig geboren und wuchs, nach eigenen Worten „brachial katholisch erzogen" (*Freitag*, 28.7.2000), mit einem schweigenden Vater und einer unangepassten Mutter, im Ruhrgebiet in der Umgebung von Bochum und Oberhausen auf. Nach der Volksschule und einem kurzen Besuch der Handelsschule absolvierte er zunächst eine Lehre als Maurer, arbeitete dann als Fahrer, Koch, Drucker und als Krankenpfleger. Seit 1976 lebt er in Berlin.

Das schmale biographische Datengerüst ist ein literarisches Programm. Wer etwas über Ralf Rothmann wissen will, muss seine Werke lesen. Hier lässt er seine Erzähler so auftreten, wie er sich als Autor positioniert: als ein „Schweiger unter Schwätzern", der ein Herz für die Welt und die Menschen hat, deren „Größe im Scheitern" er beschreibt (Monika Grütters), als umsichtiger, distanzierter, auf Neutralität bedachter, aber dennoch teilnehmender Beobachter, der am Schicksal seiner „gehäuteten Anti-Helden" (Hubert Spiegel in der *FAZ*, 14.1.2006) Anteil nimmt, sei es auf Baustellen, in Großküchen, Krankenhäusern oder in städtischen Randmilieus.

„Für mein Schreiben gilt", sagt er, „dass es autobiographisch ist. Ich würde für mich allerdings eher die Formulierung ‚autobiographisch getönt' gebrauchen. Ich kann nur wenig erfinden. Was ich beschreibe, muss ich annähernd erlebt und erfahren haben. Nur dann bekommt meine Sprache eine gewisse Schwerkraft. Wenn ich einfach nur fabulieren würde, dann fehlte ihr etwas. Die Biographie kann aber immer nur ein Anstoß sein, denn einerseits ist das eigene Leben natürlich zu schade, um nicht darüber zu schreiben – das ist das narzisstische Element –, andererseits ist es zu langweilig, als dass man nichts hinzuerfinden müsste." (*Neue Rundschau* 1995)

Mit seinem Jahrgang zählt Ralf Rothmann zu den Autoren, denen die engagierte Literatur zu politisch und die Popkultur der achtziger Jahre zu postmodern ist. „Die Schriftsteller meiner Generation, der um 1953 geborenen", so Rothmann in seiner Dankrede zum Max-Frisch-Preis (2006), „sind seltsam lange jung geblieben – oder haben lange Angst davor gehabt, erwachsen zu werden. Man weiß es nämlich nicht besser und will auch nicht so tun, auch nicht vor laufenden Kameras, man misstraut dem Wunsch nach Antworten, man ist allenfalls behilflich, die Fragen an das Leben etwas genauer zu stellen."

Autoritätsstürze und Familiendesaster als Themen

Schon in dem Debütband *Kratzer* (1984) finden sich die Hauptquellen von Rothmanns Generationserfahrung: Autoritätsstürze und Familiendesaster („die Kindheit,/eine Prügelstrafe; Jugend, ein Motorradrennen;/Mannesalter Suff", so summiert es ein Ge-

„Ein bisschen Metaphysik schleppt jeder mit sich herum"

dicht), das Freiheitsverlangen der Jugend und die rückblickende Verantwortung, Flucht aus vorgezeichneten Lebensläufen, Gewalt in sozialen Randmilieus und Konflikte der Arbeitswelt, Anziehungskraft und Unbehagen der Geschlechter, Sinnsuche und biblische Motive.

Mit dem Roman *Stier* von 1991 fand Ralf Rothmann seinen eigenen Ton. Das Buch eröffnet die „Ruhrgebiets-Tetralogie", die – mit den folgenden Romanen *Wäldernacht* (1994), *Milch und Kohle* (2000) und *Junges Licht* (2004) – ein Kapitel aus der Geschichte der alten Bundesrepublik aufblättert, das bislang einseitig der Literatur der Arbeitswelt vorbehalten war. Ralf Rothmann verzichtet aber auf den aufklärerischen Anspruch der Dokumentarliteratur. Ihm geht es nicht darum, benachteiligte Sozialmilieus zu studieren, sondern an ihnen kulturelle Wandlungsprozesse abzulesen. Jeder seiner Romane, die in der Gegend zwischen Oberhausen und Essen spielen, führt aus einer gegenwärtigen Rahmenhandlung in die Handlungszeit der Jahre um 1970. Aus dieser Spannung zwischen Gegenwart und Erinnerung an die Jugend erwächst die Einsicht, dass es „niemals die Zeit [ist], die vergeht" (W 9), sondern die Erinnerungen, deren Rettung eben deshalb vordringliche Aufgabe der Literatur ist.

Bibelbildungsromane in großstädtischem Milieu

In jedem Buch von Ralf Rothmann, hat Susanna Schmidt in ihrer Laudatio auf den Stefan-Andres-Preisträger 2016 beobachtet, gibt es mindestens einen Toten. Der Tod ist der stille Gast in seinem Werk, ein unheimlich naher Begleiter, ein Bote des unaufhaltsamen Endes. Meistens sind es Eltern, die sterben, in *Im Frühling sterben* ist es der Vater. Vom Ende her borgt der Anfang seine Autorität, holt er sich jenen Rat, der auf „die epische Seite der Wahrheit, die Weisheit" (Walter Benjamin) gehört. Weisheit ist das Muster, das dem Realismus und Naturalismus von Rothmanns Erzählen zugrunde liegt. Im Sinne der weltfrommen Moderne schreibt Rothmann Bibelbildungsromane in großstädtischem Milieu, die Hoffnungen, Ängste und seelische Deformationen der Generationen in den Blick nimmt. Und das ganz und gar ohne nostalgische Scheuklappen. Der „Kohlenpott" ist längst eine Region, die als europäische Kulturhauptstadt 2010 „nicht mehr Staub, sondern Zukunft atmet" (Adolf Muschg). Der zur Beerdigung seines Vaters zurückkehrende Erzähler in *Stier* sieht Einfamilienhäuser in den ausgeräumten Flözen, „größere Bäume, üppigere Hecken, mehr Autos und weniger Menschen auf den stets gefegten Straßen", aber auch einen „zweiten Supermarkt und einen neuen Hospitalflügel, eine Abteilung zur Behandlung von Alkohol- und Tablettensucht". Die stillgelegten Zechen, die geschleiften Fördertürme hinterlassen neue Problembezirke und leere Wohnungen, in denen Taubenschwärme und Elstern nisten (St 29f.), aber sie erinnern auch an den kirchlichen Fluchtraum, der Trost und Schönheit bot in den tristen Zechensiedlungen. Mühelos, aber eben ohne Romantik kann das Schöne in einem „rotgoldenen Hochamt" auf das Göttliche verweisen (FM 23).

Das religiöse Gedächtnis der Poesie

Berlin als europäische Metropole ist das zweite Epizentrum von Rothmanns epischem Werk. Doch nicht die florierende Kunstszene, nicht die Konzentration von politischer Macht reizt den Erzähler, sondern der genaue und ironisch milde Blick auf Rückzugsmilieus, auf Aussteiger und gesellschaftliche Außenseiter. Dies hat zu der Feststellung geführt, dass sich Ralf Rothmann „der Wahrheit über die Bergpredigt" nähere: „Es sind die zu kurz Gekommenen, die von der Maloche Zerstörten, die spontan Helfenden, die für einen Augenblick einen Anruf zu vernehmen vermögen." Religiös wird dieser Anruf nicht durch eine ausdrückliche wörtliche Rede, sondern durch einen gestischen Sinn, durch einen Griff zur Bibel (H 233), eine glaubenslose Haltung des Gebets (BB 77f.), ein Hören auf die Stimme der Natur. Es sind diese „stillen Gesten der Zuwendung und der Güte", welche die innere Einheit von Rothmanns Werk stiften und inmitten von Schmerz- und Gewalterfahrungen vom religiösen Gedächtnis der Poesie zeugen. So führen auch die Romane *Flieh, mein Freund* (1998) und *Hitze* (2003) aus den urbanen Milieus von Migration und Interkulturalität zurück auf uralte Frömmigkeitserfahrungen, deren sakrales Potential verschüttet worden ist. Sei es der weise griechische Freund des Erzählers in *Flieh, mein Freund*, bei dem es schon „wie ein Sakrament" aussieht, „wenn er sich die Hände wäscht oder nur ein Glas Wasser trinkt" (FM 21), sei es die mystische Vereinigung des Paars in *Hitze*, welches „das ganze Leben" sucht (H 265): Immer gibt es solche Hinweisschilder auf rituell-religiöse menschliche Grundhaltungen, mit denen besonders die Übergangsphasen des Lebens umgeben sind: Erwachsenwerden, Vereinigung der Geschlechter, Tod.

Auch die Stadtgeschichten in den Prosabänden *Ein Winter unter Hirschen* (2001), *Rehe am Meer* (2006) und *Shakespeares Hühner* (2012) führen über die Milieubeschreibung hinaus in spirituelle Erfahrungsbereiche, denen „man Sinn geben muß" (St 150). Wie oft zitieren Rothmanns Figuren bedenkenlos Worte aus der Bibel, „Wunder, Zerknirschung oder Gnade" etwa (FM 21) oder den Vers „Flieh, mein Freund" aus dem *Hohelied* (8,14), ohne dabei zu bemerken, wie sehr die Sprechsituation archetypisch vorgeprägt ist. „Herr, sie haben keinen Wein mehr", sagt ein Gast auf einer Hochzeit und blickt „auf die Uhr" (St 230): Der Mesalliance des Brautpaars hat die wahre Stunde schon geschlagen.

Suche nach dem erlösenden Wort

Es sind die Bibel und die Tradition der Frömmigkeit, die bei der Suche nach einem „erlösenden Wort" unaufdringlich zu Rate gezogen werden, um „eine Handvoll Silben klingen, einen Rhythmus pulsieren und ein Bild aufleuchten" zu lassen (St 186). Ralf Rothmann weiß, dass die „spirituelle Dimension" (BB 23) in einer Zeit, der es niemandem mehr Kummer macht, von Gott nichts zu wissen, keiner Konfession und keines Gottesglaubens mehr bedarf. „Zeit/tötet Götter. Zeit zerreißt Glocken", summiert der Lyrikband *Gebet in Ruinen* (GR 12) und kehrt die theologische Beweislast mit einem Pathos, das an Rilke und Celan gemahnt, um: „Du müßtest wieder an uns glauben, Herr,/es eilt." (GR 17) Der Titel des Gedichtbandes reflektiert aber nicht nur das Wissen darum, „wie schwierig es ist, heute noch Gedichte vorzulegen, die nicht ruiniert wären". „Gébet in Ruinen»: das lässt sich auch so akzentuiert als Imperativ lesen, Orientierung zu geben in den Ruinen einer untröstlichen Zeit, das Göttliche in der Welt zu entdecken und „Epiphanien [...] im profansten Alltag" aufscheinen zu lassen.

Biblische Parallelgeschichten

Wenige Geschichten illustrieren die säkularisationsbedingte Verdrängung der sakralen Ausdrucksformen von Religion und Ritual – die nach glaubhaften Untersuchungen etwa 70 Prozent unserer kommunikativen Handlungen ausmachen – so augenfällig wie die Erzählungen *Von Mond zu Mond* (2001) und *Gethsemane* (2006). Sie gehören spiegelbildlich zusammen im Koordinatensystem von Rothmanns Gedächtnis der Frömmigkeit: einerseits eine negative, andererseits eine positive Auferweckungsgeschichte, zwei Erzählungen vom Verrat am Leben und an der Liebe in einer Nacht vor dem Tod. *Von Mond zu Mond* ist eine Neuerzählung der biblischen Auferweckungsgeschichte (Lk 8,40–56), und zwar aus der Sicht eines zufälligen Augen- und Ohrenzeugen des Geschehens. Der Hirt Enosch ist der einzige, der hört, was Jesus tatsächlich ins Ohr der toten Tochter des Synagogenvorstehers Jairus, einem „Kind wie Milch und Kohle" (WH 89), geflüstert hat; nicht „Steh auf!" (Lk 8,54), sondern: „Vergib mir!" (WH 103). Der als „gottlos" verschriene Enosch sieht und hört, er versteht dieses Wort nicht, aber er steht dem „Nazarener" mit seiner Aufmerksamkeit, die Malebranche zufolge „das natürliche Gebet der Seele" ist, näher als die erst sprachlose, dann mit „Knochenflöten" lärmende Menge, der das geflüsterte Wort Jesu entgeht. Nur Enosch, dessen hebräischer Name „Mensch" bedeutet, hat in der Stille seiner Frömmigkeit ein Ohr für den sprachlichen Ausdruck des Mysteriums. Als schweigender Beobachter bezeugt er eine existentielle religiöse Erfahrung, wenn auch eine, die sich nicht leicht entschlüsseln lässt. Hierin liegt Rothmanns Erzählkunst, „durch Verschwiegenheit zu sprechen". Auch der Erzähler gibt dem Leser nur den diskreten Hinweis, dass jedes Leben im wörtlichen Sinne einmalig ist, selbst das Leben des von einer Schlange gebissenen Hundes, den Enosch in jener Nacht in seiner Manteltasche mit sich getragen und letztlich vergebens zu retten versucht hat.

"Ein bisschen Metaphysik schleppt jeder mit sich herum"

Negativ akzentuierte Auferweckungsgeschichte

Die Erzählung *Gethsemane* ist eine negativ akzentuierte Auferweckungsgeschichte. Sie spielt an einem Gedächtnisort aus der Passionsgeschichte. Das Gethsemane des ehemaligen Arztes Raul ist das Krankenhaus, in dem seine Lebensgefährtin Marie wegen ihrer Spinalparalyse operiert werden muss. Am Abend vor der Operation verlässt Raul erschöpft das Krankenzimmer, um das Bett am nächsten Morgen, vor der anstehenden Revision, „leer" zu finden (RM 112). Die Geschichte erzählt vom Kampf des Erzählers gegen sein schlechtes Gewissen, „nicht eine Stunde" mit der Kranken wachen zu können (RM 111), – und den Kampf gegen seine eigene radikale Ablehnung der Klinikmedizin: „Nicht länger mehr Elend und Tod und die Lügen der Hoffnung" (RM 107). Doch der Vorwurf des Verrats reicht tiefer. In Rauls Bibel, einem Geschenk Maries, ist der Satz markiert: „... und fand sie schlafend vor Traurigkeit" (RM 101; Mt 26,40). Dieser Satz erinnert nicht nur an die doppelte Traurigkeit, die Jesus als Todesangst und die nicht mit Jesus wachenden Jünger aus schlechtem Gewissen erfasst. Der Schlaf der todeskranken Frau ist traurig auch deshalb, weil ihr die Entscheidung über das Ende des Lebens von der Medizin abgenommen wird. Und von ihrem Lebenspartner. Denn er hat ihr das Formular, auf dem sie sich „im Fall des Todes mit der Sektion ihres Körpers einverstanden erklärt" (RM 104), nicht vorgelegt und offenbar an ihrer Stelle eine Vorentscheidung getroffen. Raul als Todesbote, als des Schlafes Bruder – das Ende der Erzählung lässt viele Deutungen zu.

Die thematischen Bindemittel, die beide Auferweckungsgeschichten zusammenhalten, sind die Verdrängung des Lebens zum Tode und die Untröstlichkeit der Todesgewissheit. Ralf Rothmann bietet keine Lösung, aber mit dem Gedächtnis der Religion eine Hilfe, um die „Fragen an das Leben etwas genauer zu stellen".

Bevor er die Geschichte seines Vaters erzählt, greift der Erzähler von *Im Frühling sterben* zur Bibel. Es ist das zerschabte und abgewetzte Lederexemplar seiner Eltern. Darin hat jemand eine Stelle eingeritzt, offenbar mit einem Fingernagel (FS 13). „Unstet und flüchtig sollst du sein auf Erden" (Gen 4,12). Es ist das Wort Gottes zu Kain, dem Brudermörder. In Rothmanns Roman wird es zum Wort des Freundesmörders. Der Sohn erbt das traumatisierte Gedächtnis des Vaters, eine böse Geschichte. Aber er macht daraus eine sehr gut erzählte Geschichte, die im Gedächtnis der Frömmigkeit ihren religiösen Impuls bewahrt.

Anmerkungen

* Ralf Rothmanns Werke, alle bei Suhrkamp erschienen, werden mit folgenden Abkürzungen zitiert: BB = Berlin Blues (Schauspiel, 1997), FM = Flieh, mein Freund! (Roman, 1998), FS = Im Frühling sterben (Roman, 2015), GR = Gebet in Ruinen (Gedichte, 2000), H = Hitze (Roman, 2003), MK = Milch und Kohle (Roman, 2000), RM = Rehe am Meer (Erzählungen, 2006), St = Stier (Roman, 1991), W = Wäldernacht (Roman, 1994), WH = Ein Winter unter Hirschen (Erzählungen, 2001). – Der Beitrag geht aus dem Vortrag hervor, mit dem ich am 24.10.2016 in die Lesung von Ralf Rothmann im Aachener Dom eingeführt habe. Für Anregungen danke ich Birgit Lermen (Bonn) und Susanna Schmidt (Berlin).

Thomas Hürlimanns religiöses „Welttheater"*
Laudatio auf den Stefan-Andres-Preisträger 2007

Ein fünfzehnjähriger Klosterschüler klettert während der Sonntagsmesse in den Dachstuhl der Klosterkirche. Dort faltet er ein Papierflugzeug und lässt es durch die kleine Öffnung in der Kuppel ins vollbesetzte Kirchenschiff segeln. Auf dem Papier steht geschrieben: „Die Religion ist der Wille zum Winterschlaf".

Der Junge ist Thomas Hürlimann. 1951 ist er in Zug in der Schweiz geboren, seine Schulzeit (1963–1971) hat er im Einsiedler Stiftsgymnasium verbracht, wo er den „Himmel als Deckel, die Religion als Terror" empfand. Man kann sich vorstellen, wie das fliegende Nietzsche-Zitat seinerzeit in die Kirchengemeinde eingeschlagen hat. „Zwei Jahre später, Anno 1968", schreibt Hürlimann, „besetzten wir das Rektorat und verbrannten unsere Kutten. Wir verlangten freien Ausgang, Pommes frites wollten wir essen und Cola trinken und die Stones hören".

Auch Stefan Andres war einmal, 40 Jahre vor Thomas Hürlimann, ein Klosterschüler. Auch er hat später darüber geschrieben, aus kritischer Distanz, versteht sich, denn Andres war zwar – als jüngstes Kind einer katholischen Familie – zum Priester bestimmt, aber zum Künstler berufen. Sein Bekenntnis, dass er „weder die charakterliche noch die geistige Bauart mitbrachte, um als Mit-Weichensteller innerhalb eines geschlossenen Systems ohne Schaden für meine Seele – und nicht nur für sie! – leben zu können", könnte auch für Thomas Hürlimann, den eingeschworenen Gegner geschlossener Denk- und Literatursysteme, gelten.

Es gibt also – erfreulicherweise – mehr Ähnlichkeiten zwischen beiden Autoren als den Namen des Preises, mit dem Thomas Hürlimanns Werke, von der Stadt Schweich und der Stefan-Andres-Gesellschaft ausgezeichnet werden. Wer vergleicht, wird leicht auf Gemeinsamkeiten stoßen: novellistische und dramatische Begabung in unterschiedlicher Gewichtung; politische Essayistik aus einem kosmopolitischen Geist, der nationale und

Zum religiösen Trend in der Gegenwartsliteratur

religiöse Schranken überwindet; und zugleich Bekenntnis zur Region – ohne das „Lied der Heimat" an die Barden von provinzieller Nestwärme und nostalgischer Heimatkunst zu verraten. Das „Heimweh" ist ja eine den Schweizern besondere Krankheit

In diesem vergleichenden Sinne hat es mehr als anekdotische Bedeutung, dass der literarische Beginn beider Autoren im Zeichen einer mutigen, ja beinahe mutwilligen Tat stand. Es war Stefan Andres' spätere Frau Dorothee Freudiger, die 1932 eigens einen Zug in Jena übersprang, um den dortigen Verleger mit dem Manuskript des ersten Romans ihres Mannes zu überzeugen. Thomas Hürlimann selbst stahl sich als Sechzehnjähriger aus der Klosterschule, um mit dem Manuskript seines ersten Stückes das Direktionszimmer des Zürcher Schauspielhauses zu stürmen: Wann denn die Uraufführung angesetzt sei?

In beiden Fällen will selbst der Autor nicht so genau wissen, was aus den Manuskripten geworden ist, in denen sich das Thema der ersten Liebe mit dem Furor des Anfängers Bahn bricht, dort in den Herzensergießungen eines Klosterbruders, hier in einer Schmonzette. Wichtig ist, dass an der Wiege des Erzählers eben nicht nur die Liebe, sondern der Tod steht: als Drohung bei Stefan Andres, der 1936 wegen der jüdischen Herkunft seiner Frau vor den deutschen Antisemiten ins schlesische Lomnitz floh und dort die Novelle schrieb, die ihn zu einem bedeutenden und berühmten Autor machte: die Erzählung über das immer wankende Verhältnis der Kunst zur Macht, *El Greco malt den Großinquisitor*. Als Realität bei Thomas Hürlimann, der Ende der siebziger Jahre dem wochenlangen Sterben seines 20jährigen Bruders Matthias beiwohnte und sich diesen existentiellen Todesschrecken mit seiner ersten Novelle *Die Tessinerin* von der Seele schrieb. Sie erzählt eine Geschichte über die Grenzen des Lebens, eindringlich, mit hoher Präzision und mit filmisch genauer Schnitttechnik („der Schnitt bestimmt den Stil", schreibt Hürlimann selbst). Mit der *Tessinerin* eröffnete Egon Amman seinen Zürcher Verlag, dem Hürlimann von 1981 bis 2007 die Treue gehalten hat.

Das Schlüsselerlebnis des Sterbens steht im Zentrum von Thomas Hürlimanns Werken. Es ist untrennbar verbunden mit dem Thema der Familie, deren Geschichte immer miterzählt wird – sei ner Familie. Thomas Hürlimann gehört zu den Autoren, die ihren Stoff nicht erfinden, sondern finden: in Familiengeschichten, die in Literatur verwandelt werden. Der Bruder, der Vater, die Mutter, der Onkel (der Stiftbibliothekar von St. Gallen): Sie sind, zuletzt der Prälat, gestorben. Aber sie leben weiter – in den Geschichten, die der Schriftsteller-Sohn erzählt. Die Eltern spielen unter ihren Realnamen Rollen in dem ersten Stück *Großvater und Halbbruder* (1980). Die Romane *Der große Kater* (1998) und *Vierzig Rosen* (2006) bilden mit der Novelle *Fräulein Stark* (2001) eine autobiographisch grundierte Schweizer Familiengenealogie, mit Glanz und Elend, wie sie ähnlich auch in anderen zeitgenössischen europäischen Romanen erzählt worden ist, etwa von Peter Esterhazy, aber vielleicht nirgends so innerschweizerisch wie hier. Deshalb ist auf dem Holzweg, wer nur die Realbezüge der Romane entziffert und ihren symbolischen Mehrwert außer Acht lässt. Thomas Hürlimann, der „Inlandskorrespondent", ist ein Meister leitmotivischer Bezugsketten und mehrfachcodierter Bilder.

Der Tod der Familie, der Tod *in* der Familie: Das Bindemittel, das diese Thematik zusammenhält, ist das Verhängnis. Der „Verhängnisforscher" Thomas Hürlimann, der die Wörter nicht nur ernst, sondern wörtlich zu nehmen pflegt, hat dieses Wort so erklärt: Das „Verhängnis" kommt „aus der Furcht des Kutschers vor dem Durchbrennen des Gespanns. Jagt es dem Abgrund entgegen, reißt es die Kutsche mit – sie ist mit den Pferden verhängt". Und das Hauptverhängnis unseres weltweit vernetzten Zeitalters ist die Zeit, deren ungeheure Beschleunigung beim Zappen durch mehr als hundert Fernsehkanäle und bei der Echtzeitkommunikation im Internet gar nicht mehr wahrgenommen wird. Die Zeit, schreibt Hürlimann, „wird nur noch selten von Glocken geschlagen", sie strömt nicht mehr, sondern steht im Digit, der kleinsten elektronischen Informationseinheit, still, Punkt für Punkt.

Viele Geschichten und Stücke Hürlimanns beginnen damit, dass der Tod in eine Gemeinschaft eintritt, im wahrsten Sinne – so wie der Arzt sagt: „Der Tod ist eingetreten", ein ungebetener, heimlicher, Familienfassaden einreißender Gast, vielleicht *Der letzte Gast*, wie in dem gleichnamigen Stück von 1990. Der Tod lässt niemanden in Frieden ruhen in Hürlimanns Werken, schon gar nicht den, der wegsieht und ihn den Spitalzimmern und der palliativen Hochleistungsmedizin überlässt. Mehrfach ist davon die Rede, dass die Augen der Verstorbenen mit einem Heftpflaster zugeklebt werden: „Verendet ein Mensch, verendet die Welt", heißt es. Der Augen-Blick des Todes ist der blinde Fleck unserer Weltwahrnehmung.

Hürlimann geht es darum, die Würde des Menschen im Angesicht des Todes zu retten. Seine Totentänze sind Symbole der gebrechlichen Einrichtung der Familie, deren Struktur mit Begriffen wie „patchwork", „Ausnahmeerscheinung", „Restfamilie im Wohlfahrtsstaat" beschrieben worden ist. Heilig ist diese Familie schon lange nicht mehr. Die Ursituation dieser entgötterten Spätmoderne findet sich in dem Stück *Carleton* von 1996. Der Agronom Carleton ist in seine Heimatstadt Kansas City zurückgekehrt, ihm verdankt Amerika den wetterbeständigen russischen Weizen, aber statt eines triumphalen Empfangs erwartet den Heimkehrer das Hinterhofmilieu einer Stadt ohne Kirche und mit einem Gott, der sich nur noch im Korn und im Geld verbirgt. So zappeln die metaphysischen Antennen vieler Hürlimann-Figuren ins Leere. „Der Himmel wurde geschlossen, Gott für tot erklärt, und das war möglich, weil ihn die Menschen als Seinsgeber nicht mehr brauchten", resümiert die kleine Poetologie *Das Holztheater* (1997). Aber der Autor ist kein Adept einer pantragischen oder auf christliche Versöhnung getrimmten Tradition; er steht zwischen Rolf Hochhuth und Thomas Bernhard, zwischen christlich modernisiertem Trauerspiel und grotesker „Komödientragödie". Seine Stücke, hat ein Theaterkritiker gesagt, sind „Komödien in Weh-Dur".

Hürlimanns bevorzugtes Mittel, das Ernste erträglich zu machen, ist die Situationskomik. Sein Humor ist manches Mal abgründig, zumal wenn er politischen oder religiösen Fragen gilt. Zum Beispiel in der (Dürrenmatt gewidmeten) Kurzgeschichte *Der Tunnel*, wenn die feiernden und pokulierenden Politiker im Eidgenössischen Jubeljahr 1991 in ihrem Extrazug zwar grandiose Auftritte, aber keine Abtrittsmöglichkeit, sprich: eine Toilette haben – ihr Publikum sind Schüler, die, als der Zug notgebremst und jeder Mann herausgekommen ist, die Nationalhymne schmettern, „aber mit geschlossenen Augen". Oder wenn (in *Der große Kater*) der apostolische Nuntius beim Galadinner des Schweizer Bundespräsidenten religiöse Fragen unter der Hand in kulinarische verwandelt und die göttliche Vorsehung mit dem – da sind sich alle geladenen Gäste sicher – zweifellos am Ende aufgetragenen Dessert veranschaulicht. Die Figuren des „katholischen Atheisten" Thomas Hürlimanns, der in dem berühmten Fragebogen der F.A.Z. als meistbewunderte Reform den „Übergang vom Korsett zum Dessous" angibt, diese Figuren Hürlimanns sind keine Verächter sinnlicher Erkenntnis.

Auch in der *Satellitenstadt*, der 1992 erschienenen Geschichtensammlung, ist kein Platz für religiöse Gefühle, christliche Wunder oder biblische Wandlungen. Die Humoreske „Onkel Egon und der Papst" demonstriert, wie das Fernsehen Ende der fünfziger Jahre als Epiphanie der Medienmoderne die Wohnzimmer erobert. Es wird dort verehrt wie ein höheres Wesen. Der Kniefall der Zuschauer gilt nicht dem Papst, der auf dem Bildschirm den Segen *urbi et orbi* spendet; nein, sie fallen vor dem Medium nieder, dem „Wunder der Television". Das ist eine bezeichnende und im Grunde tragikomische Situation. Das „Wunder der Wandlung" hat sich von der Messe in die Medien verlagert. Auf dieser säkularen Bühne der Verwandlung entdeckt Hürlimann die Komik in den traditionellen Tragödien, auch in denen der Bibel.

Bei Autoren des absurden Theaters ist Thomas Hürlimann in die Schule gegangen. Darin steht er Beckett näher als Brecht. Dissonanz und Dialektik sind die Strukturgesetze seiner Stücke. Durch Lachen bessern wollen sie nicht, nur Einsicht geben. Deshalb fehlt den frühen Lehrstücken, *Großvater und Halbbruder* oder *Der Gesandte*, auch jegliche wohlfeile Lehre. Diese Stücke zielen auf das fatale Doppelleben, auf die historischen Lebenslügen der Schweiz und ihre Neutralitätspolitik, die in den neunziger Jahren des 20. Jahrhunderts ins Schussfeld der öffentlichen Diskussion geriet. Mit der „Gewissensqual aus zweiter Hand", die Max Frisch der Schweiz schon 1965 attestierte, rechnet Hürlimann ohne moralischen Urteilszwang ab. Warum der Großvater, der den sich als Hitlers Halbbruder ausgebenden Flüchtling während des Krieges beschützt hat, nach dem Krieg als Nazifreund beschimpft wird, warum der Gesandte der Schweiz, der während

Zum religiösen Trend in der Gegenwartsliteratur

des Krieges in Berlin mit bedenklichen Schachzügen die Schweiz beschützte (getreu dem Motto, dass man nicht die eigene Bank überfällt), nach der Heimkehr aus dem Krieg schlicht vergessen (und darüber wahnsinnig) wird, dafür findet die Geschichte keine Erklärung. Die opportunistische Person wechselt gerne ihre Masken, nicht nur im Theater. Die Literatur jedenfalls ist zur Demaskierung solcher Lügen da. Ihr Pflichtteil ist es, solche „weggelogenen Geschichten wiederzufinden".

Vierzig Rosen heißt der bislang jüngste Roman von Thomas Hürlimann. Es ist, nach der Novelle *Fräulein Stark*, sein erfolgreichster. An die 100.000 Exemplare sind verkauft, Übersetzungen gibt es schon in zwei Sprachen. Zugleich läuft der Roman auf ein schon erwähntes thematisches Großmassiv von Hürlimanns Prosa zu: auf die Zeit. Wenn der Tod die Geburt des Erzählers ist, dann ist die knappe Zeit, in der von ihm erzählt wird, reiche Zeit, gewonnene Lebenszeit.

Vierzig Rosen werden Marie an jedem Geburtstag zugestellt, pünktlich um neun in der Früh. Sie sind ein Geschenk ihres Gatten Max, der hoch hinaus will in der Politik. Sein merkwürdiges Geschenk dient als Ritual, um das Altern der Liebe aufzuhalten, um die „Vergänglichkeit an die Wand zu spielen". Marie spielt die Rolle der parkettsicheren Politikerfrau zu perfekt, um diesen charmanten Betrug platzen zu lassen. Die Rosenkönigin im Kleid von Pucci, ihr Kavalier im Dinnerjackett, so steuert das Paar im Grand Hotel der Regierungshauptstadt zielbewusst zum Tisch der politischen „Gruppe Eins". Hier hat es der Mann endlich geschafft – mit und dank seiner klugen, schönen Frau.

Aber wiederum um den Preis eines Familiendesasters. Am Geburtstag der Mutter bleibt der sterbenskranke Sohn zu Hause; die Eltern wissen, dass er sterben wird. Die nächste Station des Blumenboten, der das prächtige Bouquet am Morgen überbringt, ist der Friedhof. Die Zeit lässt sich nicht aufhalten und nicht beherrschen, weder mit Pünktlichkeit noch mit Perfektion – sie verrinnt unerbittlich, weil es niemanden gibt, um den man sie bitten kann. Es gibt eigentlich die reine Gegenwart gar nicht, schreibt Augustinus (im zehnten Buch der *Confessiones*), nur Vergangenheit und Zukunft, und zwar im Modus der Erinnerung oder der Erwartung.

Thomas Hürlimanns religiöses „Welttheater"

Die Gegenwart, die Hürlimann in seiner Familientrilogie beschreibt, ist eins mit der Mode des gesellschaftlichen Parketts und der modernen Schweizer Bundespolitik; und auf beiden tanzen Marie und Max in erfolgssicherem Gleichschritt. Hier lüftet die Zeit ihre Maske. „Modérn", wusste Karl Kraus, lässt sich durch eine leichte Akzentverschiebung auch als „módern" lesen. „Was heute *en mode* ist, wird morgen *passé* sein", schreibt Hürlimann.

In dem Roman gibt es ein wichtiges Zeichen für die Zeit. Es ist das Familienwappen der Familie Katz, das in der Form einer offenen Schere über dem Haus hängt. Als jüdische Emigranten sind Maries Vorfahren aus Galizien in die Schweiz eingewandert. Dort haben es die „Seidenkatz" in der Konfektionsbranche zu Ruhm und Reichtum gebracht. Doch die gekreuzten Klingen, die so gut zu dem seinen Aufstieg dem Abschneiden alter Zöpfe verdankenden Max passen, stehen auch für den Krebs, der den Sohn dahinrafft.

Wo bleibt das Positive, kann man auch hier fragen? In dem Roman liegt es in der Musik und in der Liebe. Sie sorgen für die Verbindung mit dem Himmel, der auf der Erde nicht zu haben ist. Auch die Geschichten, die von der Literatur erzählt werden, sind ein Mittel gegen die Vergänglichkeit. Auch wenn sie nicht unbedingt versöhnen, so verbinden sie doch eine Erzählgemeinschaft, die für die Zukunft der Erinnerung sorgt: der Erinnerung an die Familiengeschichte, zumal ihren jüdischen Zweig, an die Geschichte der Schweiz, an die Geschichte Europas und des Abendlandes.

Ein Lob auf Thomas Hürlimann wäre keines, würde es nicht letztlich auch dem *Einsiedler Welttheater* gelten. In Sommer 2007 wurde es mit großem Erfolg in der Regie Volker Hesses auf dem Klostervorplatz in Einsiedeln reinszeniert. In der Neuübersetzung von Calderóns Stück laufen die Hauptthemen des Werks von Hürlimann zusammen: Tod und Zeit, Familie und Verhängnis, Erinnerung und Erwartung (selbst für die Situationskomik ist im Stück mit der Schar von Kälins, die in Einsiedeln wirklich fast alle so heißen, und mit Dialektpartien ausreichend gesorgt). Hürlimann ist hier in einer Person: Inlandskorrespondent, Verhängnisforscher und „Welttheater"-Autor zugleich.

Zum religiösen Trend in der Gegenwartsliteratur

Aber aufgepasst! Die Neu-Inszenierung von 2007 unterscheidet sich in Figuren, Sprache und Stil entscheidend von der Aufführung aus dem Millenniumsjahr 2000. Hürlimann hat den Riss zwischen der Katholizität des frühneuzeitlichen Mysterienspiels und der modernen Philosophie vergrößert. Calderón hatte Gott durch „el autor" ersetzt. Aber auch dieser Autor, der in Hürlimanns erster Fassung des *Welttheaters* die Figuren auf die Bühne geschickt hat, ist nun verschwunden und ersetzt durch die „Welt". „Der Meister hat sich aus dem Stück zurückgezogen, und die Welt ist eine alte Schachtel", heißt es in Hürlimanns Kommentar. Sinnigerweise gespielt von des Autors ehemaligem Physiklehrer Pater Kassian, hat die „Welt" einen starken Auftritt, als sie, wie es sich gehört, unter einem klosterplatzgroßen (1200 Quadratmeter) roten Tuch hervortritt, und sie hat einen nicht minder furiosen Abtritt: als der leibhaftige Tod auf einer von schwarzen Müllsäcken übersäten Bühne. Die Welt ist am Ende, die Schöpfung restlos erschöpft, im Bewusstsein des eingebrochenen Endes finden die alten Paare wieder zusammen. Ist das Hoffnung?

Zwischen Auf- und Abgang der Welt vollziehen sich sieben szenische Übergänge. An sechs allegorischen Figuren (King Kälin, der Schönheit, der Reichen, dem Bauern, der Bettlerin und dem Pater Kluge) vollzieht sich der Lebenszyklus zwischen Geburt und Tod, Angstwut und Amüsiermut. In sich steigernder Weise wird die Szenenfolge apokalyptisch orchestriert durch einen „Endwind". Keiner weiß, woher dieser Wind weht. Aber jeder glaubt zu wissen, wie er die knappe Zeit nutzen, die Endzeit hinauszögern kann: der Reiche setzt Windräder ein, der Bauer vertrinkt seine Habe, der König schwört auf die segensreiche Demokratie, für die Schöne muss sich die Welt weiter um sie drehen, die Bettlerin bekommt Visionen, der Pater hält apokalyptische Bußpredigten.

Der Übersetzer des Stücks hat eine kongeniale Neuschöpfung geschaffen. Aus dem Fronleichnamsspiel Calderóns wird Hürlimanns Weltendetheater, in das die Krisen der Zeit eingegangen sind: Kampf der Kulturen, Pandemien, Klimakatastrophe. „Barock dynamisch, innen panisch, außen manisch", singen die Mönche im Stück. – „Barock dynamisch": Ist das nicht auch die Weltformel für Stefan Andres und sein opus magnum, den 2007 neu edierten Roman *Die Sintflut*, der die Krisen einer anderen, uns gar nicht so fernen Zeit umfasst: totalitären Terror, Selbstvermessenheit des technischen Zeitalters, Missbrauch der Religion. Bei Andres wie bei Hürlimann ist es ein leidenschaftlicher und mutiger, ein christlich geprägter Humanismus, der gläubige und ungläubige Zeiten verbindet und die Weltuntergangsszenarien nicht überstrahlt, aber immerhin in ein mildes Licht der Hoffnung taucht.

„Toda la vida/Una entrada, una salida:/Esta es la Comedia humana", „alles im Leben ist ein Auftritt, ein Abgang, eine menschliche Komödie": so beginnt Thomas Hürlimanns Stück, das uralte Drama der Menschheit. Alles im Leben ist ein Auftritt, ein Abgang, eine menschliche Komödie. Eine allzumenschliche Komödie. Für den Dramatiker und Erzähler kommt es darauf an, die „Übergänge" zu gestalten, zwischen Poesie und Philosophie, Komödie und Tragödie, Religion und Atheismus. Diese verkehrten Welten machen das große „Welttheater" seiner Geschichten aus. Sie offenbaren uns eine Welt, sie sind ihr voraus. Deshalb dürfen sie gelobt, sie müssen aber vor allem gelesen sein.

Anmerkungen

* Der Beitrag geht auf die Laudatio auf Thomas Hürlimann aus Anlass der Verleihung des Stefan-Andres-Preises in der Schweicher Synagoge am 20.10.2007 zurück.

Aus der „metaphysischen wetterecke der welt": Ulrike Draesner*

An die Stelle einer regelrechten „Liaison" zwischen Literatur und Religion setzt Ulrike Draesner eine sprachliche Ursprungssuche, die ihre religiöse Seite nicht verbirgt. „Manchmal wandert etwas in einen Text ein, von dem ich später nicht sagen kann, woher es kam bzw. was es ist, möchte oder kann",[1] sagt sie in Anlehnung an das Bibelwort vom Wind, der weht, wo er will.[2] Bilder aus der ältesten Herkunftsgeschichte der Menschheit, „Adam, Eva, Apfel, Baum, Schlange und Gott",[3] haben ihr Schreiben von Anfang an beeinflusst. Schon der erste Roman *Lichtpause* (1998) inszeniert dieses Ursprungsdenken im Bewusstsein eines verunglückten Kindes, das mit einem Wittgensteinschen Blick auf den Betrug der Begriffe ausgestattet wird. Warum zum Beispiel, fragt dieses Kind, haben Adam und Eva einen Nabel, obwohl diese Köperöffnung doch eigentlich ein „Geburtszeichen" ist?[4] Diese „Nabelfrage", die in einem späteren Zyklus von Damaskus-Gedichten wiederauftaucht,[5] dient der Umdeutung biblischer Schöpfungsmotive. So erzählt *Lichtpause* mit den Mitteln der sprachlichen Aufklärung auch von der Vertreibung aus dem Kindheitsparadies. Die Sprache ist eine nur scheinbar erhellende Kopie des Dings, das sie beschreibt, aber sie wirft „ein paar Lichtpunkte" in die Geschichte hinein, wie Draesner in einem anderen Roman anhand eines Caravaggio-Bildes erläutert.[6]

Religion ist also in Ulrike Draesners Werken der Versuch, über „etwas äußerst Reales", „nicht Sicht-, aber Ausdrückbares" zu sprechen, von dem man weiß, dass es die Grenzen des Sagbaren überschreitet und zu „Absturz, Unsinn, Abenteuer – und Entdeckung" führen kann.[7] Was also Religion und Dichtung verbindet, ist weder Konfessionalität oder Kirchlichkeit, auch kein Gedächtnis der Weltfrömmigkeit oder ein „religiöser Sanitätsdienst",[8] sondern vielmehr ein radikales, über die bekannten Erkenntnishorizonte hinausreichendes Fragen nach Herkunft und Ursprung des Menschen, der sich nicht mehr religiös beheimatet sieht im Zeitalter von biotechnischer Revolution, Geschlechterkampf und spiritueller Orientierungslosigkeit.[9] Ein „heimlicher Held" dieses Schreibens ist der Pfarrerssohn und Mediziner Gottfried Benn, der Gott für ein „ungünstiges Stilprinzip" hielt, aber als „schwarzer Romantiker" nicht aufhörte, „von Geschichte und Erfüllung, Sinn und Bedeutung, Männlichkeit und Überlegenheit" zu träumen.[10]

Ulrike Draesners Gedicht *taucher, radebrech*[11] enthält eine kleine, von der „Lust am Auslegen der Schrift"[12] stimulierte Hermeneutik ihres dichterischen Selbstverständnisses:

taucher, radebrech
(vom vierfachen sinn der schrift)

anzüge mit füßen hingen
am geländer, im trockner
hingen köpfe

je weiter ein boot entfernt ist
um so tiefer nach unten muss man
um es zu hören

mit dem andrang der schwärze
gegen die maske vorm gesicht
ertrinken, verstehen

Das kurze und auf den ersten Blick nicht leicht erschließbare Gedicht überträgt die Lehre vom vierfachen Schriftsinn von der Bibelexegese auf die Literatur. Der Widerstand beim Lesen ist symptomatisch. Ulrike Draesner hat in einem zunächst als Kommentar zu dem Gedicht geplanten, dann aber unveröffentlichten Text auf eine Predigt Meister Eckhards über die Unergründlichkeit der Heiligen Schrift (vermutlich aus dem Jahr 1326) verwiesen, die mit einem tiefen Meer verglichen wird. Von der Unergründlichkeit zum Grundlosen ist es nur ein Wortschritt. Aber die mystische Auslegung der Kirchenväter macht Draesner nicht mit. Nur Eckhards origineller Gedanke von der Auflösung der Hierarchie der Sinnstufen wird übernommen. So werden die Deutungsschichten, die der kanonische Merksatz „Littera gesta docet, quid credas allegoria, moralis quid agas, quo tendas anagogia" festhält, als fließende Gedankenkette ins Bild gesetzt. Der buchstäbliche Sinn erscheint im impulsgebenden Bild von den trocknenden Taucheranzügen und -masken. Die zweite Versgruppe stellt die Anwendungsregel vor, die Moral: Der Taucher muss sich im ungewohnten Element auch ungewöhnlich verhalten, um nicht die akustische Orientierung zu verlieren. Der allegorische Sinn wird in der „schwärze" der Tiefe bewusst verdunkelt, und den letzten Sinn, auf den alles zuläuft, fasst der Schlussvers in dem Paradoxon „ertrinken, verstehen" zusammen. Dass jedes Abtauchen in vermeintlich tiefere Sinnbereiche das Risiko birgt, auch darin zu versinken, impliziert schon der Titel. „taucher, radebrech" ist der poetische Auftrag des Dichters, die Schrift zu erklären, auch wenn die Sprache so unzulänglich und so misshandelbar ist, wie es das auf mittelalterliche Foltermethoden zurückgehende Verb „radebrechen" nahelegt. Das Verhältnis von Schriftkörper und körperlich erfahrbarer, einverleibbarer Schrift (vgl. Offb 10,9–10), die brüchige Korrespondenz zwischen dem Sinn und den Sinnen bestimmt Ulrike Draesners Werke von Anfang an.

Gedichte zu schreiben begann Ulrike Draesner, als sie 1984 nach der Rückkehr von ihrem Studienaufenthalt in Oxford im Deutschen über phonetische Überlagerungen und semantische Doppeldeutigkeiten stolperte und in Wörtern wie „Bad" ‚bad' hörte. Konsequenterweise orientiert sich ihr poetisches Verfahren seither an der Frage, wie Bilder und Worte ins Gedicht kommen, gerade dann, wenn man am wenigsten damit rechnet. Während einer Zugfahrt von Bombay nach Puna, am 11. März 2004, sah sie sich plötzlich ihrem Großvater gegenüber sitzen. Keine Halluzination, vielmehr das inspirierende Auftauchen von etwas scheinbar Bekanntem inmitten des Unbekannten. Ihr Großvater (1892–1972) war Schlesienflüchtling, dessen Vertreibungsschicksal in dem Roman *Sieben Sprünge vom Rand der Welt* (2014) erzählt wird.[13] In dem Gedicht *He*, das sie damals in Indien auf Englisch schrieb, hat Ulrike Draesner die Erinnerungen und Erzählungen von ihrem Großvater so verdichtet, dass die „unvorstellbare Vergangenheit" zu einer bedrängenden gegenwärtigen Vorstellung wird.[14]

In ihren Lyrikbänden hat Ulrike Draesner diese Erinnerungs- und Inspirationskraft des Gedichts konsequent verstärkt. Das Gedicht wird zum „Gefäß", in das die Dinge der vorstellbaren und der unsichtbaren Welt mit sprachlicher Finesse gegossen werden. In dem Debütband *Gedächtnisschlaufen* (1995, 2. Auflage 2000) geht es dabei vor allem um die intertextuellen Bindungen, die die Autorin selbst geknüpft hat und an die sie anknüpft. Das erste Gedicht „nachkriegsmensch" nimmt, gleich einem Motto, eine kritische Inventur des Nachkriegsbewusstseins vor, zu dem die Westintegration und das Wirtschaftswunder ebenso gehören wie die sexuelle Revolution und die Werbesprache.

In den Übersetzungen ausgewählter Shakespeare-Sonette (1999), in dem Sonettkranz *anis-o-trop* (1997) und in dem Lyrikband *für die nacht geheuerte zellen* (2001) hat Ulrike Draesner ihre ästhetische Position weiter ausgebaut. Physiologie und Poesie gehen unter dem Einfluss naturwissenschaftlicher Erkenntnisse eine spannungsvolle Verbindung ein. Thematisch durchschreiten die Gedichte der sechs Zyklen den Mikrokosmos der Zellen über den physischen Alltag von Menschen und Tieren bis zu den Landschaften der urbanen Moderne.

Auslöser der Shakespeare-Übertragungen war die Idee, die klassische Liebes- und Eifersuchtsthematik im Zeitalter des gentechnischen Klonens neu zu lesen. 1997 wurde in Edinburgh die erste genetische Kopie eines Lebewesens aus dem Erbgut einer Körperzelle (und nicht aus einer befruchteten Eizelle) präsentiert, das Schaf Dolly. – Radikal sind Draesners Übersetzungen deshalb, weil sie ein Grundmotiv von Shakespeares Sonetten, die Zeugung, aufgreifen und sozusagen von dieser Wurzel aus auf das naturwissenschaftliche Verständnis von Zeugung als einer Selbstreproduktion „nach Wunsch und Vorstellung des Menschen" beziehen: „Die genmanipulativen Möglichkeiten, die 1997 Wirklichkeit wurden, haben den Bezugsrahmen von Zeugung, Mortalität, Individualität und Reproduktion vollständig verändert. In meiner Radikalübersetzung mutieren Shakespeares Sonette daher in wechselnder Folge in Reden an einen Klon, Reden des Klons zurück, in Reden von Klonen in einer geklonten Welt", schreibt Draesner in einem erklärenden Nachwort.[15]

Mit dem Gedichtband *berührte orte* (2008) hat Ulrike Draesner die Technik der Kontrafaktur verfeinert. Die Kontrafaktur ist

Aus der „metaphysischen wetterecke der welt": Ulrike Draesner

ein textuelles Verfahren, bei dem charakteristische Änderungen gegenüber der Vorlage vorgenommen werden, ohne diese überbieten oder unterbieten zu wollen. Ursprünglich kommt der Begriff aus der Porträt- und Kostümkunde des Barock im Sinne einer ‚naturgetreuen Wiedergabe', wurde dann jedoch auf das Verständnis der Umdichtung weltlicher in geistliche Dichtung (oder umgekehrt) eingeengt.[16] In Ulrike Draesners neuen Gedichten geht es nicht nur um sprachlich-textuelle Referenzen, sondern auch um Berührungen globaler Orte. So nehmen sich ihre Kontrafakturen fremder Begriffe und Bilder an, die aus Tanger und Casablanca, aus Svendborg, aus Kalkutta, Damaskus stammen. Es entstehen Wörterwandlungswelten, oft multilingual (mit englischen, französischen, dänischen und arabischen Einflüssen), bevorzugt in Langzeilen und stets in konsequenter Kleinschreibung. Auf diese Weise sind Ulrike Draesners Gedichte selbst „berührte" Orte; sie inszenieren ihre Herkunft.

Im durchsonnten Damaskus, wo zur Weihnachtszeit „innen die religiösen/pakete der christen" stehen und die Plastikbäume „hektisch blinken", taucht auf einmal der arabische Kosename für die Stadt auf, „el sham", was „Schönheitsmal" bedeutet.[17] Das Wort erleuchtet den Ort, den es benennt. Umgekehrt erfindet die Dichterin neuartige Bilder für arabische Begriffe. „waset" wird nicht mit „Oase" eingedeutscht, sondern als „kessel des lichts" übersetzt. Dieser Übertragungsprozess mit der „angel muttersprache" ist ein metaphorisch hochaktiver Stoffwechsel, bei dem im Sinne von Karl Kraus sowohl das „Über-Setzen" wie auch das „Üb Ersetzen" erprobt werden. Gerade Draesners nordafrikanischen Gedichten kann man eine Wahrnehmungsgenauigkeit bescheinigen, die sich von einem eurozentrischen Blick zu lösen vermag. Ein „dorf ohne straße" im Hohen Atlas oder Kamele, die Kakteen kauen, werden genauso eindringlich beschrieben wie die in die ummauerten Städte eingezogene digitale Computer- und Satellitenwelt.

Im Kontext der multimedial vernetzten Kommunikationsgemeinschaft verändern sich das Bild des Autors und das Bild des Textes. Der Schreibende besteht, so führt Ulrike Draesner in ihrem luziden Essay über Ingeborg Bachmann aus, aus einer

„bio-mediale[n] Autorengestalt und eine[r] den Texten implizite[n] Schreibfigur".[18] Und das Gedicht ist notwendigerweise eine Stimme unter vielen. In Ulrike Draesners Essay *Was könnte ein Gedicht heute sein?* (vorgetragen als Dankrede zum Hölderlin-Förderpreis 2001) heißt es:

„Das Gedicht als Stimme ist abhängig von den Stimmen, die es anderweitig gibt: Stimmen, die über Satellit einmal um die Erdkugel hüpfen, sich verknäuelnd, in sich selbst zusammengerollt, um 3 Meter neben mir im Handy anzukommen; Stimmen, die aus Reality gefütterten Fernsehprogrammen quellen, Stimmen, die stöhnen und schreien, Stimmen, die sich fürs therapeutische Klonen stark machen und uns die Abfolge von ACTG segmentieren, Stimmen, die sich leise erinnern, Stimmen Stimmen – im medialen Gewimmel des Jetzt."[19]

Christoph Gellner hat zutreffend festgestellt, dass es in Draesners Romanen ganz zentral „ums Bildermachen" geht: „in der Liebe, in den Wissenschaften, in Religion und Theologie"[20] – aber auch in Ästhetik und Kunstgeschichte. In Draesners zweitem Roman *Mitgift* (2002)[21] sind es vor allem biologische und kulturelle Geschlechter-Bilder, die mit den Rollenerwartungen der Gesellschaft in Konflikt geraten. Es geht um den „zu extremer Medialität gesteigerten Mensch[en]" (234), der an seinem übercodierten Körper leidet. Dies betrifft Anita, zweite Tochter aus einer Flüchtlingsfamilie, die zur Scham ihrer Eltern als sexueller Zwitter zur Welt kommt, einer langwierigen Tortur von Operationen und Hormonbehandlungen unterzogen wird und sich nach einer Erfolgskarriere als Model, Juristin, Ehefrau und Mutter entschließt, den anderen, männlichen Teil ihrer geschlechtlichen Identität zu leben. Diese Geschichte des gespaltenen Menschen endet tragisch. Doch der Hermaphroditen-Roman hat auch noch eine zweite Geschichte. Hier erzählt Anitas ältere Schwester Aloe, eine „Hermesstatuen und Aphroditeabbildungen" (228) liebende Kunsthistorikerin. Gegen den Fortschrittsoptimismus der Naturwissenschaftler, die den „Menschen vor dem Sündenfall" erfinden wollen (139), setzt sie die künstlerische Interpretation der Wirklichkeit, die das vielfach schattierte Dunkel auf den Bildern Caravaggios (den Chiaroscuro-Stil) einschließt. Nicht zufällig hat

Ulrike Draesner Anita, und nicht Aloe, die erste Erzählerstimme ihres Romans anvertraut. Aus dieser Sicht wird die hermaphroditische Figur theologisch gedeutet als „göttliche Herausforderung" (110) und „Monster" (163), als „Strahlemädchen und Sündenbock" (229) in einer Person. Das geschlechtliche Zwitterwesen formuliert eine Mahnung und Warnung im Sinne des Ecce homo: „Ihre Schönheit zeigte, was der Mensch ist – Mann und Frau und immer etwas von beidem, zerbrechlich in seiner Zufälligkeit, verletzlich in seiner Lebendigkeit, tollköpfig und wunderbar" (217).

Bilder des Terrorismus stehen im Mittelpunkt von Ulrike Draesners Roman *Spiele* (2005), dem wohl ersten Roman der deutschen Literatur, der vom Münchner Olympiaattentat 1972 erzählt. Am frühen Morgen des 5. September 1972 stürmte ein palästinensisches Terrorkommando das Olympiadorf, drang in das Gebäude der israelischen Sportler ein und nahm neun Geiseln gefangen. Nach nervenaufreibenden Ultimaten und erfolglosen politischen Interventionsversuchen endete das Geiseldrama auf dem Flughafen Fürstenfeldbruck mit dem Tod sämtlicher Geiseln, eines Polizisten und fast aller Terroristen. In den Fernsehbildern jenes Tages, von denen die Erzählerin, die etwas über vierzigjährige, erfolgreiche Fotojournalistin Katja, in der Jetztzeit des gerade angebrochenen 21. Jahrhunderts berichtet, spiegelt sich die katastrophische Vergangenheit der vom Weltterror weitgehend verschonten Bundesrepublik wider.

Eng mit der ‚großen Geschichte' von Terror und Gewalt verflochten ist die Familiengeschichte der Erzählerin, eine Geschichte von Krieg, Flucht und Vertreibung, von Heimatsuche und Heimatflucht. Retrospektiv recherchiert Katja den Zusammenhang zwischen privater und öffentlicher Katastrophe, beseelt davon zu erfahren, „wie etwas, was wir tun, auf andere abstrahlt, deren Leben ändert und Folgen in alle möglichen Richtungen hat".[22] Zwischen „Kindheitssuche" und intensiver, auf Dokumenten und Zeitzeugengesprächen beruhender Recherche vollzieht sich dieser spannende Prozess der Aufklärung.

Ulrike Draesners Roman spielt virtuos mit politischen Verschwörungstheorien und den widersprüchlichen Versionen vom Hergang des Terroraktes. Die Olympischen Spiele, die Gedankenspiele der Erzählerin und ihrer Gewährsmänner: das sind Vorder- und Kehrseite der Geschichte. Aus dieser Konstellation heraus macht Draesner erstaunliche Parallelen sichtbar zwischen dem 5. September 1972 und dem 11. September 2001: beide Male erfolgte der Anschlag aus heiterem Himmel, beide Male berichteten die Medien „live" vom Schauplatz des Terrors, so dass die Zuschauer erschrocken, ja schockiert ansehen konnten, wie Geschichte vor ihren Augen abrollt. Beide Male stehen sich die Bilder der Gewalt und die Gewalt der Bilder einander gegenüber. Der Terrorismus erscheint so nicht nur als eine der schlimmsten Möglichkeiten der Phantasie, diese ist auch eine der schlimmsten Möglichkeiten des Terrors.

Bilder der Liebe dominieren in dem Roman *Vorliebe* (2010), einem Liebesroman ohne Sentimentalität und Sirenengesang. Er beginnt damit, dass zwei Lebensläufe außer Kurs geraten und kollidieren. Der Ingenieur Ash, unterwegs mit seinem Sohn, rammt beim Rechtsabbiegen die helmlose Fahrradfahrerin Maria. Im Krankenhaus stellt sich dann heraus: Marias Mann, der protestantische Pfarrer Peter, war die erste große Liebe von Ashs Partnerin, der Heldin des Romans: Dr. Harriet Saramandipur ist eine Astrophysikerin Ende dreißig, halbindischer Herkunft, abgeklärt, ehrgeizig, erfolgreiche Spitzenforscherin. Sie meint ihr Liebesleben im Griff zu haben wie die Zahlen, mit denen sie die Welt vermisst.

Harriet und Peter nehmen ihre Beziehung wieder auf und verwickeln sich in intensive Gespräche über Glauben und Wissen. Es geht dabei weder um eine klassische Ehebruchsgeschichte noch um die moderne Problematisierung der „Liebe als Passion" (Niklas Luhmann), sondern um die naturwissenschaftliche Entzauberung der Liebe. Ist Peter als liebender Mann noch eine postromantische Dulderfigur, so sind Ash und Harriet vernunfttrainierte Physiker, die gelernt haben, dass sich das Gefühl beherrschen und das Schicksal berechnen lässt. Beide sind „analytische Liebhaber", „schon nach der Liebe".[23] Am Ende des Romans ist Peter tot.

Die an Goethes *Wahlverwandtschaften* (1809) erinnernden Paarungen in *Vorliebe* bringen zusammen, was nicht mehr zusammengehört:[24] Daten und Dogmen, Teilchenphysik und Gottesglaube, den bestirnten und den religiösen Himmel. Ein krasses Beispiel ist das „Märchen", das Ulrike Draesner in die architektonische Mitte ihres Romans eingebaut hat. Es erzählt in den Masken von Rotkäppchen und dem Wolf eine bösartige Version von Harriets Verführung des karitativen Pfarrers, und zwar mit vertauschten Geschlechterrollen; „Käppchen" umarmt die Wölfin (157). Doch der „Jäger" ist nahe – eine Kontrollfigur der aufgeklärten Moderne, die den Tabubruch ignorieren oder bestrafen kann. Draesners „Märchen" hat ein offenes Ende; weder ein Fluch noch ein Segen liegt auf dem ungleichen Paar – ganz anders als in der glücklich endenden Novelle von den wunderlichen Nachbarskindern in Goethes oben erwähntem Roman.

Die Frage, „wie Menschen miteinander verbunden waren" (72), ist in *Vorliebe* eingebettet in mythologische oder metaphysische Diskurse. Bei einem „Bibelkreis" wird gefordert, „Schluss mit dem Lückenbüßergott" zu machen, „den man nur brauchte, um zu erklären, was die Naturwissenschaften noch nicht zu erklären vermochten, und wenn die Wissenschaft wieder etwas verstand, etwa wie man eine Maus dazu brachte, sich ein menschliches Ohr aus dem Rücken wachsen zu lassen, schrumpfte dieser Gott erneut." (117) Kurz darauf legt Pfarrer Peter Olvaeus – der hebräische Name bedeutet „Maus" – die alttestamentliche Erzählung vom Propheten Jona aus, der vor seinem göttlichen Auftrag flieht, von einem Wal verschlungen und dann wieder ausgespien wird:

„Jona verkündete Gottes Gericht in Ninive, die Bewohner der Stadt bekehrten sich, Jahwe verschonte sie. Da grollte Jona, ganz der Alte, mit Gott. Und Gott, weniger streng als sein Mensch, gab dem Trotzigen eine prophetische Nachhilfestunde: er erschien ihm in der Wüste. Als Kürbis" (119).

Schiff, Wal und Kürbis werden in Olvaeus' Bibelexegese zu „Gefäßen" für „Wissen, Stummheit und Traum". Für Harriet ist das eine Lektion über die Entstehung der Metapher. Kunstvoll wird gezeigt, wie sich die Literatur aus biblischen „Bildern in Worten" (119) bildet – ein Spiegel, der auch Gott einfängt. In diesem Zusammenhang steht ein an den Apostel Paulus (1 Kor 13,12) anklingendes, in Draesners Roman zitiertes Gedicht des australischen Autors Les Murray: „Es ist derselbe Spiegel:/beweglich, blitzend, nennen wir ihn Dichtung,/um eine Mitte gerichtet, nennen wir ihn Religion,/und Gott ist die Dichtung, die in jeder Religion gefangen wird." (121)

Anmerkungen

* Der Beitrag geht auf den Aufsatz mit gleichem Titel zurück, in: Erich Garhammer (Hrsg.): Literatur im Fluss. Brücken zwischen Poesie und Religion. Regensburg 2014, S. 60–70. Vgl. auch den Artikel im Kritischen Lexikon zur deutschsprachigen Gegenwartsliteratur, 116. Neulieferung, Juni 2017, S. 1–20.

1 Ulrike Draesner: Religion und Gegenwartsliteratur – Schreibende geben Auskunft. In: Albrecht Grözinger, Andreas Mauz, Adrian Portmann (Hrsg.): Religion und Gegenwartsliteratur. Spielarten einer Liasion. Würzburg 2009, S. 181.

2 „Der Wind weht, wo er will, und du hörst seine Stimme, aber du weißt nicht, woher er kommt und wohin er fährt" (Joh 3,8).

3 Ulrike Draesner: Zauber im Zoo. Vier Reden von Herkunft und Literatur. Göttingen 2007, S. 8.

4 Ulrike Draesner: Lichtpause. Roman. Berlin 1998, S. 91.

5 Ulrike Draesner: berührte orte. Gedichte. München 2008, S. 91. – Das Zitat im Titel dieses Aufsatzes ebd., S. 97.

6 Ulrike Draesner: Mitgift. Roman. München 2002, S. 70.

7 Draesner: Religion und Gegenwartsliteratur (Anm. 1), S. 182. Vgl. auch Draesners Aufsatz: Resignation – oder: Der leise Luxus der Intelligenz. In: Wespennest 2008, Heft 153, S. 66–70 mit der Pointe, dass „Resignation", wörtlich: um- oder neuschreiben, ein „listiges Wort für ‚Abenteuer'" sei (70).

8 Wolfgang Frühwald: Das Ende der Schwermut. Zum tragischen Lebensgefühl im Werk Reinhold Schneiders. In: Reinhold Schneider: Texte eines radikalen Christen. Hrsg. von Michael Albus. Freiburg/Basel/Wien 2008, S. 21.

9 Vgl. dazu allgemein: Wolfgang Frühwald u.a.. Das Design des Menschen. Vom Wandel des Menschenbildes unter dem Einfluss der modernen Naturwissenschaften. Köln 2004; speziell: Anne-Rose Meyer: Physiologie und Poesie: Zu Körperdarstellungen in der Lyrik von Ulrike Draesner, Durs Grünbein und Thomas Kling. In: Gegenwartsliteratur. Ein germanistisches Jahrbuch 1 (2002), S. 107–133; Stephani Catani und Friedhelm Marx (Hrsg.): Familien, Geschlechter, Macht. Beziehungen im Werk Ulrike Draesners. Göttingen 2008 (Poeisis. Standpunkte der Gegenwartsliteratur; Gabriele Wild: Schillernde Wörter. Eine Rezeptionsanalyse am Beispiel von Ulrike Draesners Lyrik. Wien 2008; Anna Alissa Ertel: Körper, Gehirne, Gene. Lyrik und Naturwissenschaft bei Ulrike Draesner und Durs Grünbein. Berlin/New York 2011; Axel Ruckaberle u.a. (Hrsg.): Ulrike Draesner. München 2014 (Text+Kritik Bd. 201).

[10] Ulrike Draesner: Gottfried Benn, Gespensterich und Ichgespenst. In: Dies.: Heimliche Helden. Essays. München 2013, S. 240.
[11] Aus: Ulrike Draesner: kugelblitz. Gedichte. München 2005, S. 82.
[12] Erich Garhammer: Zweifel im Dienst der Hoffnung. Poesie und Theologie. Würzburg 2011, S. 15.
[13] Der Roman, dessen Anfänge auf die Arbeit an dem Roman *Vorliebe* zurückgehen, sollte zunächst „Die Verzogenen" heißen. So in dem NDR-Feature vom 17.9.2013 (20 Uhr) „Die Verzogenen. Wie die Schriftstellerin Ulrike Draesner ihre Familiengeschichte in einen Roman verwandelt".
[14] Ulrike Draesner: Gefäße. In: Roman Bucheli (Hrsg.): Wohin geht das Gedicht? Göttingen 2006, S. 33.
[15] Ulrike Draesner: Dolly und Will. In: Peter Waterhouse, Ulrike Draesner, Barbara Köhler: to change the subject. Göttingen 2000, S. 31.
[16] Vgl. dazu Michael Braun: Kafka im Netz. Ulrike Draesners Kontrafakturen. In: Wirkendes Wort 63 (2013) H. 1, S. 121–135.
[17] Draesner: berührte orte (Anm. 5), S. 81.
[18] Ulrike Draesner: Frau Bachmann und der Schwindel im Erzählen. In: Dies.: Schöne Frauen lesen. Essays. München 2007, S. 136.
[19] http://www.draesner.de/de/essays/gedichte/ (Abfrage am 12.12.2013).
[20] Christoph Gellner: „nach oben offen". Literatur und Spiritualität – zeitgenössische Profile. Mainz 2013 (= Theologie und Literatur Bd. 28), S. 257.
[21] Zitate hinfort mit Seitenzahl aus der Ausgabe: Draesner: Mitgift (Anm. 6).
[22] Ulrike Draesner: Spiele. Roman. München 2005, S. 211.
[23] Ulrike Draesner: Vorliebe. Roman. München 2010, 78. Zitate aus dem Roman hinfort mit Seitenzahl.
[24] Von Paarungen handeln Ulrike Draesners Erzählungen *Richtig liegen. Geschichten in Paaren* (München 2011).

„Diener der bessernden Wahrheit":
Petra Morsbach*

Als im Sommer 2006 Günter Grass sich und alle Welt an das bis dahin verschwiegene SS-Kapitel seiner Biographie erinnerte, kam auch, von den meisten unbeachtet, ein kleines Buch von Petra Morsbach unter dem Titel *Über die Wahrheit des Erzählens* auf dem Markt. Fast prophetisch nahm dieser Essayband, der nach vier Romanen der Autorin die poetologische Zwischensumme eines erstaunlich kontinuierlichen und vielseitigen Schaffens zieht, wesentliche Themen der seinerzeitigen Grass-Debatte vorweg: die Frage der geistigen Freiheit des Autors, sein Verhältnis zu Wahrheit und Religion, die Relation von Literatur und Kritik, das Besondere der literarischen Erinnerung.

Russische Anfänge

Wer ist Petra Morsbach, mit der das 2007 erschienene Handbuch *Christliche Literatur für unsere Zeit* eine stattliche Reihe kanonfähiger Autoren beschließt?[1] Die 1956 in Zürich als Tochter eines Ingenieurs geborene Petra Morsbach studierte seit 1975 in München Theaterwissenschaften, Psychologie, Slawistik und hielt sich seit 1978 häufig in Russland auf. Sie erlernte die russische Sprache, studierte 1981/82 als Austauschwissenschaftlerin an der Leningrader Theaterakademie und promovierte 1983 über den Dramatiker und Erzähler Isaak Babel. Aus Liebe zur Oper – noch vor dem Magisterabschluss brachte sie mit Händels „Belshazzar" (in deutscher Übersetzung) ihre erste Inszenierung heraus – arbeitete sie als Assistentin und Dramaturgin an verschiedenen Musiktheatern, dann dreieinhalb Jahre als freie Regisseurin. Ende 1990 quittierte sie das Regiefach, weil sie Regie über ihre eigenen Geschichten führen wollte. Und davon ist ihr Erfahrungsschatz zumal seit der Zeit in Russland randvoll.

Naturgemäß ist ihr erstes Buch *Und plötzlich ist es Abend* (1995) ein Russland-Roman. Doch der Ort des literarischen Debüts brachte zunächst kein Glück. Ein Kapitel aus dem Romanmanuskript, das sie bei den Klagenfurter Literaturtagen vorlas, wurde verrissen. Petra Morsbach ließ sich von den Absagen renommierter Verlage nicht abschrecken und gewann den entdeckerfreudigen Hans Magnus Enzensberger für ihren Roman. Enzensberger, entzückt von den epischen Qualitäten und der filmschnittartigen Szenentechnik des Romans, dem er „Döblinsches Format" zusprach, vermittelte ihr eine Publikation im Eichborn Verlag. Das Buch wird ein Erfolg, ein Longseller, ein auch von der Kritik anerkanntes Werk der neueren deutschen Russland-Literatur.[2]

Den Titel des Romans findet Petra Morsbach bei dem sizilianischen Nobelpreisträger Salvatore Quasimodo: „Ognuno sta solo sul cuor della terra/trafitto da un raggio di sole/ed è sùbito sera." – „Jeder steht allein auf dem Herzen der Erde/durchdrungen von einem Strahl Sonne/und plötzlich ist es Abend". Aus diesem Nukleus erwächst das epische Großgeflecht, das kleinteilig in Kapitel gegliedert und damit auch übersichtlich erzählt wird. Im Mittelpunkt des Romans steht die Popentocher, Fabrikarbeiterin und Kantinenwirtin Ljusja, eine russische Mutter Courage, die sich mit wechselndem Geschick durch das Dickicht der sowjetischen Städte schlägt.

„Es geschieht ungeheuer viel in diesem Roman, und es geschieht viel Ungeheuerliches", hob ein Rezensent hervor.[3] „Immerhin", resümiert Ljusja in einem der vielen Kurzkapitel des Buches, die sich lesen wie eine „Perlenkette von Kurzromanen",[4] habe sie bisher „intelligente, bedeutende Männer gehabt: den Literaten Bojarow, den Akademiker Tretjakow, den erfolgreichen Spekulanten Pascha. Sie waren zwar alle bescheuert, aber überdurchschnittlich begabt und unbedingt interessant. Und hiernach Iwan Sergejitsch, den russischen Wanja, den ehemaligen Tschekisten und Handlanger Stalins, den korrupten Apparatschik, der dem Wodka ergeben ist? Wäre das ein Abstieg, mal ganz abgesehen von der ungeklärten moralischen Frage?"[5]

"Diener der bessernden Wahrheit": Petra Morsbach

Sinn- und Glaubensfrage

Keine allmächtige Erzählerstimme hilft Ljusja aus der Not. Petra Morsbach lässt ihre Figuren ganz für sich und aus sich selbst sprechen, ohne sie in ihrem Milieu naturalistisch zu isolieren. Zugleich steht der Lebenslauf Ljusjas mit ihren wechselnden Partnerschaften exemplarisch für die moderne russische Geschichte, die von der Gründungsphase der Sowjetunion über die Stalinzeit bis zu ihrem Verfall miterzählt wird. Dabei geht es immer auch um die Sinn- und Glaubensfrage. So gibt ein ehemaliger politischer Sträfling und Emigrant im 400. Kapitel Gott die Schuld an der Misere der Menschheit, weil „er Abels Opfer annahm, das Kains aber verschmähte. [...] Seitdem sind Dissonanz und Pein auf der Erde, und die armen Künstler bügeln es aus in ihren rührenden Versuchen, das heillose Durcheinander für ein paar Augenblicke zu harmonisieren".[6] Petra Morsbach beschreibt ihre Figuren so, dass deren Lebensläufe im Ganzen tragisch, aber im einzelnen auch komisch sind. Tragikomik fasst, sagt sie, „die Widersprüche des Lebens zusammen, seinen Witz und seine Vergeblichkeit. Sie erschüttert und versöhnt gleichzeitig, wobei diese Gefühle einander nicht aufheben, sondern verstärken."[7]

Künstlerin der „dichten Beschreibung"

Fortan hat Petra Morsbach mit jedem weiteren Buch eine andere Lebenswelt erschlossen. Vor der Gefahr des Milieuromans, die Umwelt zum Schicksal zu stilisieren, bewahrt sie die „Kunst der dichten Beschreibung".[8] Diese Kunst ist eine des Erzählens. Sie nimmt die Welt sprachlich wahr. Der *Opernroman*, 1998 in Enzensbergers Reihe *Die Andere Bibliothek* erschienen, ist kein Insiderroman nur für Opernfreunde, sondern ein episches Drama aus der Welt der Musik in fünf Akten. Am Beispiel von fünf Repertoirestücken – von Wagners *Tristan und Isolde* bis zu Brahms *Deutschem Requiem* – inszeniert Morsbach die großen Hoffnungen und kleinen Lebenslügen eines Provinztheaterensembles von der Primadonna bis zur Kantinenwirtin, ohne dabei jemals den Blick hinter die Kulissen indiskret erscheinen zu lassen. Die

Oper im *Opernroman* ist ein sozialer Miniaturkosmos, in dem die Regisseurin mit fast traumwandlerischer Sicherheit die Rollenfächer vergibt und die Extreme zusammenführt: „Erhabenes und Lächerliches, Intensität und Intrige, Begeisterung und Neid, Hingabe und Gier".[9]

Auch den Titel von Petra Morsbachs drittem Roman darf man nicht zu wörtlich nehmen. Die *Geschichte mit Pferden* (2001) ist, ganz ohne Reiterromantik, die weibliche Variation des Herr-und-Knecht-Themas, eine entlarvende Studie über soziale Ausbeutung und Lebenslügen. Die Erzählerin ist eine Frau in den nicht mehr besten Jahren, die eine Stelle als Köchin auf einem norddeutschen Reiterhof angenommen hat und dort erlebt, wie die Gäste und das Personal von der schicken Chefin und deren Mann nach Strich und Faden ausgenommen werden. Auch ringt die Heldin mit dem traumlosen Unglück ihrer eigenen Vergangenheit und sucht die Befreiung aus der „sinnlosen Liebe" zu ihrem kranken Mann.

Der Cembalospieler (2008) ist ein Roman über den fiktiven Cembalospieler Moritz Bauer, der sein Augenlicht verloren hat. Der Fall von blinden Musikern, bei denen die Gabe des absoluten Gehörs sechsmal so häufig ausgeprägt ist wie bei ihren sehenden Kollegen, ist bekannt. Wir wissen von Neurologen, dass blinden musikalischen Genies ihr offenbar unzerstörbares Gedächtnis für Töne in besonderem Maße zugute kommt: sie hören nicht nur Melodien, sie hören geradezu *mit* den Melodien.[10] Morsbachs Roman beschreibt die schmerzhafte Geburt des Künstlers aus einer unmusikalischen Familie, die anfangs nur Ignoranz und Hysterie für das Wunderkind übrig hat. Eindringlich wird geschildert, wie sich das junge Talent aus diesem Milieu befreit, Fugen in g-Moll komponiert, sich ein teures Instrument, eine exzellente Ausbildung und mit Bachs „Chromatischer Fantasie und Fuge" ein Stück aus der Königsklasse des Cembalospiels erobert. Der zweite und deutlich längere Teil des Romans widmet sich der Konzertkarriere, die vom Kirchenmusikstudium über die Musikhochschule auf das europäische Konzertparkett führt. Dort sorgt eine Reihe privater Kunstmäzene für ein ausgepolstertes Reiseleben, zu dem neben Kreuzfahrten und Luxusvillen, Trüffeln und Champagner auch die lässige Toleranz der „besseren Gesellschaft" gegenüber homosexuellen Partnerschaften gehört. Doch der Cembalist, am unteren Ende der oberen Zehntausend angekommen, erlebt ein wunschloses Unglück. Der Kurswert seines Genies, das sich zu je 40 Prozent aus Fleiß und Beziehungen, nur zu 20 Prozent aus Begabung zusammensetzt, hängt stark vom Interesse des Publikums für Cembalomusik ab, das in den 1990er Jahren schwindet. Und von der Laune seiner Gönner, die zwar anspruchsvoll, aber letztlich eben auch nur Konsumenten sind, getrieben von „Prestigestreben, Identifikation mit dem Erfolg". Eindringlich und mit Sinn auch für komische Momente demonstriert Petra Morsbach die Spannungen zwischen künstlerischer Freiheit, Publikumsgeschmack und Zeitgeist. Der *Cembalospieler* warnt vor der Überschätzung künstlerischer Genialität, erinnert aber zugleich an den Respekt vor der „Brillanz, Dramatik und Phantasie" großer Musik.

Chronistin ohne Botschaft

Spätestens seit den ersten drei Romanen gilt Petra Morsbach als etablierte Größe auf dem Buchmarkt. Unter den Erzählern ist sie eine „präzise Ethnographin",[11] eine Forscherin, eine Chronistin ohne Botschaft: „Ich filtere meine Beobachtungen nicht durch ein weltanschauliches Konzept, ich gebe ihnen keinen ‚Drall' und sage den Lesern nicht, was sie von den Geschichten zu halten haben."[12] Wichtige Schreibvoraussetzungen für sie sind Beobachtung, Einfühlung und Phantasie, immer nach Maßgabe der gestaltbaren Wirklichkeit. Auf ihrer Homepage hat die Autorin ihr Realismuskonzept so erläutert: „Ein realistischer Autor sollte seine Deutung der Wirklichkeit anpassen, nicht umgekehrt. Je mehr Wirklichkeit er erfaßt, desto aussagefähiger ist sein Zeugnis."[13] Ziel dieser lebensweltlich möglichst genauen Beschreibung der Wirklichkeit ist die Wahrheit. Diese ‚Wahrheit' ist kein Begriff für ein bloßes Abbildverhältnis von Kunst und Natur, sondern eine „bereichernde Version des Lebens"[14] und ein religiös unterfütterter Anspruch, wie man ebenfalls aus dem Fragenkatalog auf ihrer Homepage erfährt: „Ohne die Wahrheit beweisen zu können, widme ich ihr mein Leben. Das ist ziemlich schwer, riskant und bisweilen lächerlich – aber es ist genau das, was ich tun muß, eine sogenannte Berufung wohl."[15]

Das Wahrheitsprinzip bestimmt die Arbeit an ihrem bisher vielleicht bedeutendsten Roman: *Gottesdiener* (2004). Es geht um ein heikles Thema, den Priesterroman, an dem sich manche Autoren verhoben, und nur wenige bewährt haben; zu letzteren zählen Stefan Andres (*Die Versuchung des Synesios*, 1971), Dieter Wellershoff (*Der Himmel ist kein Ort*, 2009) und Michael Göring (*Der Seiltänzer*, 2011). Petra Morsbach hat für ihr Buch aufwendige Recherchen angestellt, sie hat Vorlesungen der Jesuiten besucht, Messbücher und katholische Rituale studiert, an Exerzitien und Pilgerfahrten teilgenommen und viele Pfarrer, die dazu bereit waren, interviewt. Die Empfehlung aber, dem Pfarrer-Helden eine Geliebte anzuhängen und das Thema Kindsmissbrauch aufzugreifen, hat sie in den Wind geschlagen. Wiewohl sie philosophische, moralische, spirituelle Parallelen zwischen Priester und Schriftsteller zieht, möchte sie sich ungern als Autorin „katholischer Romane" verstanden wissen, die Martin Mosebach zufolge die künstlerische Arbeit belasten, weil sie das Absurde und den Humor leugnen und am Ende „nach schwersten Anfechtungen die Gnade" siegen lassen:[16]

„Nicht einmal entschlossene Katholiken wie Graham Greene, Martin Mosebach, Heimito von Doderer und Evelyn Waugh haben katholische Romane geschrieben. Gute Literatur erforscht das Leben, sie muß, wie das heute wohl heißt, ‚ergebnisoffen' sein. Aber sie kann auf diesem Weg der freien Suche zu den Wurzeln dessen geraten, was auch die beste Seite des Christentums ausmacht: Humanität, Gnade."[17]

Gottesdiener ist ein auf Verklärung und Folklore verzichtendes Porträt eines bayerischen Landpfarrers und seiner Gemeinde. Natürlich geht es um priesterliche Lebens- und Liebesnöte, um die Frage, warum jemand Priester wird und warum er es bleibt. Aber dahinter wird der tiefgreifende Wandel christlicher Grundwerte ebenso sichtbar wie die Suche nach geistiger und sozialer Orientierung im Wertewandel unserer Gesellschaft. Der Priester, eine „Religionsmaschine im Zustand der Implosion", verkörpert die Möglichkeiten und Grenzen der Religion in der Medienmoderne.

Burkhard Spinnen zufolge liefert die Autorin in dieser „Studie über den Zustand der Resttranszendenz im christlichen Abendland" auch einen „exzellenten Beitrag zur ansonsten oft etwas materialarm geführten Debatte über unsere innere Position gegenüber dem islamischen Fundamentalismus."[18] Doch das Religiöse hebt die Romane Petra Morsbachs über ein weltimmanentes Erzählen hinaus. Was sie in ihre Dankesrede zum Empfang des Jean-Paul-Preises im Oktober 2013 in der Münchner Residenz über Jean Pauls *Rede des toten Christus vom Weltgebäude herab, daß kein Gott sei* sagte, eines der frühesten Dokumente des literarischen Atheismus, gilt auch für ihr eigenes Erzählen. Es belohnt mit Erkennen und Erlösung, aber ohne Anspruch auf restlose Aufklärung: „Geboten wird dem Leser Erlösung, obwohl nichts geklärt ist. Es ist Zauberei – eine lautere, nicht eine der Täuschung, weil sie keine Ungewißheit unterschlägt."[19]

Zu den lesenswerten Aspekten des Romans gehört der Humor. Der Held mit dem unsäglichen Namen Isidor Rattenhuber hat sich ein Privatprogramm an Lebensmaximen aufgebaut, die ihn in Krisensituationen ermutigen: „Satz eins: Das Heil liegt in der Erkenntnis. Satz zwei: Man muß sich anständig benehmen, auch wenn's nichts nützt. Satz drei: Alles gleicht sich aus. Satz vier: Die erste Folge eines Fehlverhaltens ist Verdunkelung des Bewußtseins. Satz fünf: Gewohnheit ist stärker als Sexualität."[20]

Nicht ohne unfreiwillige Komik stößt der bilanzsüchtige Isidor, der es nicht lassen kann, „das ihn umgebende Leben ständig nach Wert und Würde abzufragen" (G 38), auf die Grenzen dieses Programms. Etwa wenn er die „unergründlichen Eheannullierungsbestimmungen der heiligen römisch-katholischen Kirche" missbraucht, um eine Mesalliance zwischen einem „alten Sack" und einer „arglosen jungen Frau" zu verhindern, und dies auch noch mit klammheimlicher Freude seinem Amtsbruder beichtet (G 184f.). In einer anderen Szene, die nicht weniger zur Überprüfung von Isidors Lebensmaximen einlädt, disputiert er mit einem atheistischen Physikerfreund über die Entstehung der Erde, lernt aber, dass sich dessen physikalisches Grundgesetz auf pure „erotische Beziehungen" reduzieren lässt (G 278).

Zum religiösen Trend in der Gegenwartsliteratur

Ein heiterer Literaturbetriebsroman

Für den Roman *Dichterliebe* (2013) hat sich Petra Morsbach abermals Zeit gelassen, Zeit für intensive und ausdauernde ethnologische Studien am Objekt. Es ist ein neues und diesmal ganz besonderes Milieu, dessen Licht- und Schattenseiten Petra Morsbach nur zu gut kennt: der Literaturbetrieb. Damit macht sie sozusagen die Probe aufs eigene Exempel. Was geschieht, wenn Dichter über sich selbst schreiben und das Milieu, in dem sie nicht nur mit missgünstigen Kritikern und unberechenbaren Lesern fertig werden müssen, sondern auch mit Geld- und Liebesnöten, mit Produktionskrisen und Einflussängsten aller Art? Petra Morsbach hat den Literaturbetriebsroman um eine ironische Note bereichert. Damit knüpft sie an das romantische Erbe des Künstlerromans an. Ironie schafft Distanz zu der geschäftlichen Seite der Kunst und reflektiert zugleich ihre ästhetische Seite. So rückt Petra Morsbach mit Liebe zu den Dichtern und mit der – oft eigenwilligen – Liebe der Dichter den Betriebsabhängigkeiten und Betriebsressentiments zu Leibe.

Diese „Dichterliebe" führt ins Herz des Literaturbetriebs, dorthin, wo er – vielleicht – am schönsten ist: in eine „Stipendienstätte" in Ostfriesland, mitten in einem brütenden Sommer. Dort sehen wir den aus dem Erzgebirge stammenden Dichter Heinrich Steiger ankommen, der sich jetzt Henry nennt. Er hat, lange ist's her, einen mustergültigen Aufstieg in der DDR-Literatur hinter sich, als hochdekorierter Lyriker mit Reisekaderprivilegien. Doch nun, Jahre nach Mauerfall und deutscher Vereinigung, kämpft er mühsam mit dem Neuanfang. Von Frau und Kindern verlassen, von Alpträumen gequält, mit seinem „Irrtums-Schicksal" hadernd, ein Alkoholiker, der hinter jedem Rock her ist. Aber mitleidlos mit sich selbst und deshalb alles andere als unsympathisch.

Was passiert mit einer solchen Existenz in der Künstlerenklave? Petra Morsbach inszeniert ein Porträt des Künstlers als gealterter Mann. Erfolg und Publikum bleiben aus. Henry bewegt sich zwischen Schreibtisch, Edeka und Faxbox. Außer ein paar mickrigen Lesungen, Gefälligkeiten von Kulturinstitutionen, die Überschüsse ausgeben müssen, und den Gesprächen mit den Mitstipendiaten fehlt ihm jede Öffentlichkeit. Lyrik ist nicht mehr gefragt. Der Verleger – Lektoren gibt es nicht mehr – hat ihm geraten, es mit einem Roman zu versuchen. Es springen ein paar „Provinzskizzen" heraus, Nachdichtungen und Studien zu einem ehrgeizigen Projekt namens „Metamorphosen".

Das ist natürlich ein sprechendes, ja rufendes Bild. Gewendet hat sich zum einen die Gesellschaft, die es anstelle des einstigen Protests im Osten nun auf Markterfolg ankommen lässt. Das Blatt wendet sich aber auch für Henry selbst. Gleich in der Eingangsszene, einer herrlichen Parodie auf den Kulturbetrieb, kommt eine nicht mehr ganz so junge, aber attraktive und aufgeweckte „Frau mit Sonnenbrille" auf ihn zu, „Typ Westschnepfe". So, meint der Erzähler, „stelle ich mir eine Zahnarztgattin auf Kulturtourismus vor".[21] Und verliebt sich sogleich in die Autorin, die alle Gedichte „poetisch" findet, solche auch schreibt, aber „hübsch, ohne Entwicklung" und sich an einem Opernroman versucht. Sie ist tatsächlich eine getrennt lebende Zahnarztgattin und heißt Sidonie Fellgiebel, was eine hintergründige Anspielung auf die böhmische Baronin Sidonie ist, die Lebensabschnittspartnerin, Muse und Adressatin des großen Satirikers Karl Kraus.

Petra Morsbach spielt virtuos mit alten und neuen Literaturbetriebsgeschichten. Sie flicht Verse bekannter und weniger bekannter Dichter in ihren Roman ein, Richtschnüre in Zeiten der Vielschreiberei. Dass der Roman in einem Online-Chat zwischen Henry und Sidonie ausläuft, die doch nur einen Katzensprung auseinander wohnen, ist die letzte in einer Reihe subtiler Pointen. „Dichterliebe" durchleuchtet das sozusagen betriebsgesetzliche Dichterbild von Hochmut, Nervosität und Liebessehnsucht. Und entdeckt aufs Neue die Wahrheit des Erzählens. So heiter wie in diesem Künstlerdrama ist das Petra Morsbach, ist das einem Autor bislang selten gelungen.

Zum religiösen Trend in der Gegenwartsliteratur

Auf der Suche nach dem „Muster des Lebens"

Der Zeit ein Zeugnis auszustellen, ist nicht das Hauptanliegen von Petra Morsbach. Als Künstlerin ist sie auf der Suche nach dem „Muster des Lebens". Für ihre Untersuchungen sind insofern exemplarische Lebensläufe besonders interessant: „Da die Grundbedingung des Lebens seine Vergänglichkeit ist und die Existenz des Menschen eine zufällige und fragile individuelle Erfahrung, kann der Epiker das Leben nur in individuellen Abläufen schildern. Dieses sogenannte Schicksal mit seinen Rätseln und Fragen steht im Zentrum. Freilich ist die Untersuchung präziser, wenn auch der soziale und historische Hintergrund beleuchtet wird".[22]

Eben dies unternimmt sie in ihrem Essay *Warum Fräulein Laura freundlich war. Über die Wahrheit des Erzählens*. Er befasst sich mit den Erinnerungsbüchern von Alfred Andersch, Marcel Reich-Ranicki und Günter Grass und dem heiklen Verhältnis dieser Autoren zur Wahrheit. Eindringlich weist Morsbach nach, dass geistige Freiheit gute Romane im besten Sinne „ideologisch suspekt" macht[23] und dass vor allem Grass seine Freiheit gegenüber biographischem Stoff und Geschichte zugunsten der Ideologie (s) eines „grandiosen Ich" aufzugeben droht. Dieser Nachweis wird brillant geführt an der Wurzel des Grass'schen Werkes, der *Blechtrommel* (1959), in der die historische Perspektive von Terror und Inhumanität der NS-Diktatur ebenso ausgeblendet wird wie die Gefühlsstruktur von Angst und Scham der Hauptfigur.[24] Morsbachs Befunde lassen sich auch auf Grass' Memoiren *Beim Häuten der Zwiebel* (2006) übertragen, die die Autorin, als sie im Frühjahr 2006 ihren Essay abschloss, noch nicht kennen konnte. Grass' SS-Geständnis habe sie nicht im Geringsten überrascht, sagt sie:

> „In der *Blechtrommel* wird eine Grunderfahrung des ‚Dritten Reichs' verleugnet. Die Haupttechniken der Nazis – Verführung, Manipulation und Sadismus – kommen nicht vor, stattdessen macht ein unverführbarer, manipulativer und sadistischer Kobold ein paar braune Tölpel lächerlich. Es ist ein infantil-magischer Gegenzauber, als Traumaabwehr legitim, doch gewiss keine Bewältigung. Aufmerksame Leser müssten sich durch Grass' Geständnis nicht getäuscht fühlen."[25]

„Diener der bessernden Wahrheit": Petra Morsbach

Vielleicht deshalb hat die Kritik den Essay kaum zur Kenntnis genommen. Dabei hätten die Rezensenten aus dem Buch vielleicht etwas lernen können. Morsbachs Stilkritik, die urteilt, ohne zu verurteilen, und nicht der Person, aber deren Programm gilt, schließt Selbstkritik ein und weiß die epische Tugend der Objektivität mit einer ästhetischer Sensibilität zu vereinen, die an musikalischen Ansprüchen geschult ist. Oberstes Gebot beim Schreiben ist für sie das Erkennen der Welt im literarischen Erzählen. Der einführende Essay des *Fräulein Laura*-Bandes fasst diese These in sechs Punkten zusammen:

„1. Sprache ist ein Erkenntnisinstrument.
2. Erzählen ist ein Erkenntnissystem.
3. Individuelles Erzählen ist ein Erkenntnisvorgang, auch wo uns das nicht bewußt ist.
4. Deshalb zeichnet die Sprache Leistungen und Fehlleistungen der Erzähler auf.
5. Deshalb können Leser auch aus Fehlleistungen Erkenntnisse über Autoren und deren Gegenstand gewinnen.
6. Deshalb können Schreibende auch aus eigenen Fehlleistungen Erkenntnisse über sich und ihren Gegenstand gewinnen."[26]

Klarer und knapper kann man es kaum sagen. Wie die russischen Erzähler, die sie sehr schätzt, recherchiert Petra Morsbach als ein „Positivist der Bescheidenheit", schreibt sie als ein „Diener der bessernden Wahrheit".[27]

Anmerkungen

[*] Der Beitrag geht auf den Aufsatz mit gleichem Titel zurück, in: Erich Garhammer (Hrsg.): Literatur im Fluss. Brücken zwischen Poesie und Religion. Regensburg 2014, S. 134–144.
[1] Georg Langenhorst (Hrsg.): Christliche Literatur für unsere Zeit. 50 Leseempfehlungen, München 2007, S. 312–316. Zur Biographie vgl. auch Herbert Riehl-Heyse: Drama mit Happy-End. In: Süddeutsche Zeitung, 14./15.10.1995.
[2] Vgl. Hubert Winkels: Gute Zeichen. Deutsche Literatur 1995–2005. Köln 2005, S. 187.
[3] Hermann Wallmann: Besichtigung eines russischen Zeitalters. In: Frankfurter Rundschau, 08.06.1996.
[4] Jochen Schimmang: „Ohne Kirch wärn's noch böser". In: Die Welt, 21.04.2004.
[5] Petra Morsbach: Plötzlich ist es Abend. Roman. 3. Aufl. München 1997, S. 458.

[6] Ebd., S. 573.
[7] Interview des Verf. mit Petra Morsbach in Münster, 17.04.2007. Zit. mit freundlicher Genehmigung der Autorin.
[8] Gerhard Lauer: Vom dichten Beschreiben. Zur literarischen Ethnologie Petra Morsbachs. In: Andreas von Below, Michael Braun, Birgit Lermen, Katja Plate (Hrsg.): Brücken bauen in Europa. St. Augustin 2008, S. 225–234.
[9] Petra Morsbach: Opernroman. Frankfurt a.M. 1998, S. 81.
[10] Vgl. Oliver Sacks: Der einarmige Pianist. Über Musik und das Gehirn. Deutsch von Hainer Kober. Reinbek 2008, S. 183–187.
[11] Hannes Hintermeier: Gewohnheit ist stärker als Sexualität. Laudatio auf Petra Morsbach anlässlich der Verleihung des Johann Friedrich von Cotta-Literaturpreises. In: FAZ, 06.08.2005.
[12] Interview vom 17.04.2007 (Anm. 7).
[13] http://www.petra-morsbach.de/html/04_gottesdiener/biblio_05_gd_fragen3.htm (Abfrage 3.12.2013).
[14] Jiří Gruša: Das Unbehagen mit dem Unbenannten. Oder: Das letzte und das erste Wort. Laudatio auf Petra Morsbach. In: Günther Rüther (Hrsg.): Literaturpreis der Konrad-Adenauer-Stiftung 2007: Petra Morsbach. St. Augustin 2007, S. 18.
[15] Ebd.
[16] Martin Mosebach: Was ist katholische Literatur? In: Ders.: Schöne Literatur. Essays. München 2009, S. 112f.
[17] Interview vom 17.4.2007 (Anm. 7).
[18] Burkhard Spinnen: Was politische Literatur jetzt sein könnte. In: Die Welt, 31.10.2006; auch online: http://www.welt.de/print-welt/article91125/Was-politische-Literatur-jetzt-sein-koennte.html (Abfrage am 5.12.2013).
[19] Aus dem Manuskript zit. mit freundlicher Genehmigung der Autorin.
[20] Petra Morsbach: Gottesdiener. Roman. München 2006, S. 25. Fortan zit. mit der Sigle G.
[21] Petra Morsbach: Dichterliebe. Roman. München 2013, S. 7.
[22] Interview vom 17.04.2007 (Anm. 7).
[23] Petra Morsbach: Warum Fräulein Laura freundlich war. Über die Wahrheit des Erzählens. München 2006, S. 180.
[24] Ebd., S. 162f.
[25] Interview vom 17.04.2007 (Anm. 7).
[26] Morsbach: Warum Fräulein Laura freundlich war (Anm. 23), S. 31.
[27] Thomas Mann: Versuch über Tschechow. In: ders.: Essays. Bd. 1: Literatur. Hrsg. von Michael Mann. Frankfurt a.M. 1977, S. 148.

Stadt ohne Gott?

Martin Mosebachs literarische Metropolenbilder*

Die Mythen der modernen Großstadt sind auch die Mythen der modernen Kunst. Walther Ruttmann komponierte seinen Filmklassiker *Berlin. Sinfonie einer Großstadt* (1927) wie ein Konzert. Mit Montage und ungewöhnlicher Kamerabewegung fand der Regisseur Bilder für die Stimmen der beschleunigten und polyphonen Stadt-Moderne. In Fritz Langs *Metropolis* (1927) bekommt die Großstadt ein molochartiges Gesicht, sie wird zum negativen Paradies, in dem Oben und Unten keine transzendenten Grenzen, sondern nur mehr ein soziales Klassengefälle abbildet. Das Los Angeles in Ridley Scotts *Blade Runner* (1982) ist eine entgötterte Traumfabrik, in der der Held Deckard, dessen Name wie von ‚Descartes' klingt, nicht einmal weiß, wer er denn ist: ein Mensch oder ein Replikant, ein Rädchen im Getriebe einer undurchschaubaren Macht. Die moderne Stadt in Literatur und Film scheint keinen Helden mehr zu brauchen, der sie verbessert oder gar retten kann. Er hält ihr bloß den Spiegel vor. Der Held in Christopher Nolans *Batman*-Filmen (2005 bis 2012) ist ein dunkler Ritter (*The Dark Knight*, 2008), der davon überzeugt ist, dass er besser aus der Stadt verschwinde sollte, bevor er stirbt – oder zum bösen Helden wird. Und selbst in Woody Allens Manhattan-Filmen ist die Liebe zur Stadt stets verschwistert mit der Melancholie eines Erzählers, der seinen Glauben mit Freud an den „Prothesengöttern" der Moderne geschult hat, Psychoanalyse, Erotik, Kino, Literatur.

Die Forschung hat diesen ambivalenten Ursprung der modernen Großstadt in Literatur und visuellen Künsten hinreichend genau verortet: „Die moderne Großstadt generiert ihre Geschichte – im Medium des Buches und im Zeichen des Imaginären."[1] Interessant ist, dass die Metropole das Tor zum modernen Roman zunächst als Sittengemälde passiert hat. Mit dem *Tableau de Paris* (1781–1789) von Louis Sébastien Mercier, der von sich behauptet hat, er habe die Stadt so häufig zu Fuß durchquert, dass er das

Buch gewissermaßen mit den Füßen geschrieben habe, begann die moderne Ära der Großstadtliteratur. Entscheidend ist seither nicht nur die ‚Gangart' des Romans, der sich seinem Gegenstand in Momentaufnahmen und Flaneurbewegungen anpasst; zum Protagonisten der Metropolenliteratur wird die Stadt selbst; an ihrem physischen Erscheinungsbild kann man das ethische Verhalten ihrer Bewohner und die ästhetische Position des Erzählers ablesen. Bis heute halten sich die meisten Großstadtromane an die moralischen Gesetze, die ihnen Balzac und Dickens vorexerziert haben. Ob das Sittentableau dann eine ästhetische Vernichtung der Großstadt bedeutet (wie in Rilkes Paris) oder ihre künstlerische Rettung (wie in Döblins Berlin), die Stadt bleibt eine gewaltige Produktionsmaschine von Geschichten, Ideen und Imaginationen. Vielleicht ist Döblins *Berlin Alexanderplatz* (1929) nicht zuletzt deswegen der bedeutendste deutsche Großstadtroman, weil er von Anfang an in so vielen Stimmen spricht, dass man eigentlich nicht die Menschen, und schon gar nicht den hiob-ähnlichen entlassenen Strafgefangenen Franz Biberkopf, der vom Leben mehr erwartet als nur ein Butterbrot, sondern die Medien den Ton angeben sieht.

Döblin ist das Maß, an dem alle Großstadtromane der Moderne gemessen werden. Noch in der Buchmessenbeilage 1989 attestierte Frank Schirrmacher, gerade zum Feuilletonchef der *Frankfurter Allgemeinen Zeitung* befördert, der deutschen Gegenwartsliteratur ein „Versagen vor der Metropole". Er sah nur „Idyllen in der Wüste", aber nicht den ultimativen Berlinroman.[2] In den – brüchigen und beschädigten – Idyllen der deutschen, der Schweizer und österreichischen Provinzen konnte das „Glück in der Beschränkung" (Jean Paul) gesucht, die „metaphysische Antenne" (Thomas Hürlimann) ausgefahren, die Verständigung über Transzendentes gesucht werden. „Ich gönne mir das Wort Gott", gestand Andreas Maier im *Zeit*-Interview mit Ulrich Greiner (17.3.2005). Maiers Romane aus der Wetterau werfen burleske Blicke auf die Großstadt, das benachbarte Frankfurt ist der Ort von Prostitution, von Geld- und Ruhmsucht – aber es hat auch, etwa an der Goethe-Universität, an der Andreas Maier studiert und promoviert hat, eine weltoffene Gesellschaft ohne provinziellen Mief.

Stadt ohne Gott?

Frankfurt am Main ist der Ort, an dem der dort 1951 geborene Martin Mosebach viele seiner inzwischen zehn Romane, seiner Prosa- und Essaybände spielen lässt. In den Romanen *Lange Nacht* (2009) und *Was davor geschah* (2011) ist die Bankenstadt am Main ein Ort, in der der Bürger sein Gottvertrauen, nicht aber seine metaphysische Bedürftigkeit verloren hat. Man muss Mosebachs Werke nicht erst als „katholische Romane" adeln,[3] um ihr religiöses Kommunikationspotenzial zu erkennen. Es reicht, wenn man den epischen Städtebewohnern als Bürgern auf die Schliche kommt. Mit Recht hat die Kritik ja von Mosebachs Renaissance des Bürgertums gesprochen, tritt der Autor doch selbst mit dem bürgerlichen Habitus eines Kulturbewahrers auf, der das Erhaltenswerte zu erhalten sucht, Taktgefühl als eine „politische Tugend" schätzt und bekennt, keinen Tag seines Lebens „mit dem Aufstand gegen Tradition und Autorität zugebracht" zu haben.

Martin Mosebach praktiziert noch den klassischen Handkuß, von dem der äthiopische Prinz Asfa-Wossen Asserate (der 1972 nach Frankfurt kam und mit Mosebach gut befreundet ist) in seinem Kulturführer durch die europäischen *Manieren* (2003) sagt, er sei eine „kleine Tanzfigur", die „Selbstachtung, Distanz und Respekt" ausdrücke. Auch in diesem Sinne darf man Martin Mosebach als einen hochkultivierten Wertkonservativen bezeichnen, der seine Gegenwart an der Überlieferung misst und für jene Ästhetik der bürgerlichen Umgangsformen eintritt, die man eben „gute Manieren" nennt.

Träger dieser Manieren ist das europäische Bürgertum, dem wir die Demokratisierung des Kontinents, den „Strukturwandel der bürgerlichen Öffentlichkeit" (Jürgen Habermas), das moderne Bildungssystem, aber auch und jene säkularisierende Entwicklung der Religion verdanken, an der Mosebach den „Zerfall der hierarchischen und sakramentalen Kirche nach dem II. Vatikanischen Konzil" kritisiert. „Die Kirche stirbt, wir müssen mit Gott allein sein. Das Gebet ist die einzige intelligente Tat", so zitiert er den kolumbianischen Philosophen Nicolás Gómez Dávila. Ohne Kirche und Gebet aber verliert das „Weltende", wie es vor 100 Jahren der expressionistische Dichter Jakob van Hoddis kommentiert hat, seinen Schrecken, es wird zur „Westentaschenapokalypse":

Zum religiösen Trend in der Gegenwartsliteratur

Am Beginn der technischen Moderne beunruhigt den Bürger, dem „vom spitzen Kopf der Hut" fliegt, bloß sein Schnupfen, nicht aber der Weltkrieg, die Mutterkatastrophe des 20. Jahrhunderts.

Mosebachs Romane sind kritische Großstadtstudien aus dem bürgerlichen Milieu, kulturelle Lehrstücke über die feinen Unterschiede, geschult an der Erzähltradition Thomas Manns und Heimito von Doderers. An Manns *Buddenbrooks* (1901) erinnert Mosebachs dritter Roman *Westend* (1992) über Aufstieg und Niedergang eines Immobilienimperiums in der Nachkriegszeit. Insofern sind Mosebachs Romanfiguren Nachfahren der „Buddenbrooks", Stadtbürger mit schlechtem Gewissen und hellem Verstand. Es sind Abenteurer auf der Jagd nach Freiheit im Dickicht der Städte und deshalb auch entlaufene Bürger, denen die religiösen Ursprünge bürgerlichen Lebens (die Hausfrömmigkeit, die Bibelkenntnis, die liturgische Praxis des Arbeitsalltags) abhanden gekommen sind, Hasardeure und Hochstapler. Sie nehmen ganz eigene Lebensrouten, abseits von Erziehung, Schule, Familie, Staat, stets bereit, oft aber unfähig zum „biographischen Bruch" (Uwe Wittstock). Dieser zögerliche Nonkonformismus bewährt sich auch in fremden Milieus. Mosebachs Indienroman *Das Beben* – 2005 auf der Shortlist für den Deutschen Buchpreis nominiert – und der auf seinen Aufenthalt in Bikaner im Herbst 2006 zurückgehende, 2008 erschienene Reisebericht *Stadt der wilden Hunde* – mit dem man die Mosebach-Lektüre gut beginnen lassen kann – erschließen das Heilige in anderen Kulturstädten der Welt. Dabei ist der Distanzblick auf die Fremde immer humorvoll. In Bikaner gibt es keine Bücher und keine Leser, wohl aber einen Bibliotheksstempel und einen großen Schriftsteller, dem der deutsche Dichter eine kleine Gefälligkeit erweist. Sie besteht darin, dass er dem indischen Gastgeber, der ihn ungehörig lange warten lässt und dann um seine Meinung über das „unvergleichliche Buch" bittet, das er geschrieben hat, ein dickes Lob diktiert. Dieses Lob des „zu Gast weilenden Gelehrten Mr. Martin" druckte dann am nächsten Tag die Zeitung.

Mosebachs „Vertrauen in die groteske Wendung und das Auge fürs sprechende Detail" (Felicitas von Lovenberg) gibt seinen Stadtromanen eine in der deutschen Metropolenliteratur seltene

Eleganz. Michael Kleebergs Roman *Ein Garten im Norden* (1998), der eine fiktionale Alternativgeschichte der deutschen Hauptstadt in einem von Krieg und Nationalsozialismus verschonten Deutschland erzählt, gehört ebenso wie Hartmut Langes umfangreiche Berlin-Novellistik zu den wenigen Ausnahmen. Während andere Berlinromane auch sprachlich in den Sog der „kreisenden Weltfabrik" (Else Lasker-Schüler) geraten und der Stil sich nicht richtig vom Sujet lösen kann, so schreibt Mosebach mit geistreicher Ironie, ja stilistischer Kühnheit von einer gottvergessenen und sprachverwahrlosten Gegenwart.

Sprachliche Nachlässigkeit ist in Mosebachs Augen eine Untugend, weil der Schriftsteller sein Wortmaterial nicht beherrschen darf, sondern interpretieren muss. Seine Aufgabe ist es, die Grenzen der Sprache „zu weiten, sich durch ihre Hindernisse hindurchzuwinden, sie in ein überraschendes Licht zu setzen, sie zu verdunkeln, sie zu verknappen, ihre Wirkung zu steigern, ihren Klang zu inszenieren", so betont er in seinem Essay *Schriftstellers Deutsch* (2003). Dazu gehört auch ein phantasievoller Umgang mit den Spezialsprachen und Mundarten des Deutschen. Das „Denglisch", G.B. Shaw zufolge die am leichtesten schlecht zu sprechende Sprache, bekämpft er, weil es nicht die Wirklichkeit, sondern nur die Zugehörigkeit des Sprechers bezeichne (in seinem Aufsatz *Die Schriftsteller und die Fremdwörter*). Die Fremdwörter toleriert er, solange sie anschaulich bleiben, und würdigt sie – wie der Frankfurter Philosoph Adorno – als Goldadern im Körper der deutschen Sprache. Und Blasphemie stört ihn, den Worten Navid Kermanis zufolge, immer dann, wenn sie als „lässige Attitüde oder als kalkulierte Spielerei", als „Schnörkel, Laune oder Ungezogenheit" auftrete.

Ein kurzes Beispiel für Mosebachs Stilkunst als Sprach- und Sozialkritik ist *Stilleben mit wildem Tier*, eine der frühen Erzählungen aus dem gleichnamigen Band (2001). Die neapolitianische Familie Esposito hat in ihrem Wohnzimmer eine stattliche Weihnachtskrippe mit über dreihundert handgroßen Figuren aufgebaut. Während sich draußen das Stadtleben regt, wird in der Krippenlandschaft eine Maus von einer Katze verfolgt, die zum Sprung ansetzt und damit ein Desaster im bürgerlichen Wohnzimmer der Espositos anrichtet. Die Katastrophe der religiösen Provinz, dem Ursprung einer Weltkonfession, ereignet sich inmitten in einer modernen Stadt – als Stilleben. „Die Stille ist nicht gestört worden, und doch gleicht das Tal zu Füßen der Heiligen Familie einem Schlachtfeld", so heißt es in der Erzählung. In klassisch ausgeruhtem Tonfall wird religiösem Kunsthandwerk der Garaus gemacht.

Seit dem Doderer-Preis (1999), dem Kleist-Preis (2002), bis zum Literaturpreis der Konrad-Adenauer-Stiftung (2013) hat sich Martin Mosebach zusehends mit Essays zur kulturellen und geistig-religiösen Lage der Zeit geäußert. In der Tageszeitung *Die Welt* plädierte er im Juni 2004 für einen Gottesbezug in der europäischen Verfassung: „Mit Gott in der Verfassung bekennt der entstehende Riesenstaat, daß er nicht perfekt ist und nicht perfekt sein kann". Nicht selten polarisiert der Autor aber auch mit kontroversen Thesen. So zieht Mosebachs Büchnerpreisrede 2007 *(Ultima ratio regis)* eine Vergleichslinie zwischen der Französischen Revolution und dem Totalitarismus des 20. Jahrhunderts, zwischen Paris und Posen, St. Just und Himmler. Die Aufklärung hat die Metropolen vielleicht mit dem Glauben an den „Besitz des siegreichen Gesetzes der Geschichte", nicht aber mit dem besseren humanen Gewissen ausgestattet. Dementsprechend verteidigt Mosebach das Privileg des Autors, sich in die *„Verbrecher aus verlorener Ehre* und die Kohlhaase einzufühlen". Die Demarkationslinie der künstlerischen Freiheit verläuft für ihn entlang der „guten Sitten", die das zivilisierte Leben der menschlichen Gesellschaft regeln.

Martin Mosebachs Poetik ist einem „staunenden Realismus" verpflichtet, den er 2014 als Fellow des Internationalen Kollegs Morphomata in Köln mit der liebvollen Geste erklärt hat, mit der der Schriftsteller die Träume aus der Tageswelt zu rekonstruieren versteht und von innen heraus die Dinge auf ihre Qualität hin prüft. Dem entgegen stehe der „depressive Realismus" jener Autoren, die das Recht einklagten, in Arkadien geboren zu sein, aber in Städten wie Wanne-Eickel lebten und dort an ihren Klagen stürben. Auf diese Weise neigt Mosebach mehr zu einem philosophischen als zu einem politischen Schreiben.

Stadt ohne Gott?

Martin Mosebachs Romane schlagen mit den Mitteln des realistischen Erzählens Breschen in das Dickicht der Städte. Sie wecken den Bürger im Städtebewohner, der seine christliche Herkunft wohl in der Postmigrationsgesellschaft vergessen hat, aber ohne Gott sein Leben nicht zu deuten vermag. *Der Mond und das Mädchen*, Mosebachs vielleicht geistreichster Frankfurt-Roman aus dem Jahr 2007,[4] erzählt von einem gutsituierten kinderlosen Paar. In der Beziehung von Hans und Ina, die glücklich wirkt, rumort die Sehnsucht nach einem Ausbruch aus ihren „überregulierten" Lebensläufen (129). Als sie ein anderes Paar im gleichen Haus kennenlernen, er Historiker in einem Museum, sie Schauspielerin und 15 Jahre jünger, ist es bald um Hans geschehen. Britta, die Schauspielerin, verführt ihn nach allen Regeln der Kunst, mit dem Einverständnis – und im Beisein – ihres Partners, und entwendet dem schlafenden Hans, aus Rache, Ärger oder Lust an der Provokation, den Ehering. Doch selbst dieser Verlust stiftet keine große dramaturgische Verwicklung; Brittas „kleine Teufelei lief ins Leere" (168). Unerhört ist diese Begebenheit in einem Roman des 21. Jahrhunderts nicht mehr, kein Gedanke wird an Verbannung und Trennung verschwendet, jenen Optionen, die der realistische Roman früher als poetische Versöhnung nach einem Ehebruch vorsah. Ina ist keine Effi Briest, Frankfurt im 21. Jahrhundert ist anders als das Berlin im 19. Aber als Hans im vorletzten Kapitel auf den Hinterhof geht, wo der äthiopische Hausmeister den der Tagesgeschäfte überdrüssigen Städtebewohnern heitere und auch ein wenig unheimliche Sommerabende bietet, da hört er einen „Trinker" singen: „‚Als Gott die Stadt verließ, da war es nicht sein Ernst'" (166). Kurz darauf schlägt ihm Ina eine Bierflasche auf den Kopf.

Das ist der einzige Emotionsausbruch, den sich das wunschlos unglückliche Paar leistet. Hans und Ina bleiben zusammen, ziehen aber in die „Taunusberge". Die Stadtflucht ist ihr voller Ernst. Es geht dabei nicht darum, ob sie auf dem Land den Gott finden, den sie in der Stadt verloren haben. Es geht um die Perspektive auf das Unbehagen der Städtebewohner an ihrer pluralistischen, synkretistischen, unernsthaften Metropolenreligion. Diese Perspektive steht zwischen den Zeilen des Briefes, den Inas Mutter am

Ende des Romans über das Paar schreibt: „Die beiden haben das Stadtleben in vollen Zügen genossen und sind jetzt sehr zufrieden, draußen zu sein" (173).

Anmerkungen

* Der Beitrag, hier in überarbeiteter Form, erschien zuerst in: Internationale Katholische Zeitschrift Communio 45 (2016) H. 2, S. 138–144.

[1] Angelika Corbineau-Hoffmann: Kleine Literaturgeschichte der Großstadt. Darmstadt 2003, S. 31. Vgl. Volker Klotz: Die erzählte Stadt. Ein Sujet als Herausforderung des Romans von Lesage bis Döblin. Erstdruck 1969. Reinbek 1987; Karl Riha: Die Beschreibung der „Großen Stadt". Zur Entstehung des Großstadtmotivs in der deutschen Literatur, Bad Homburg 1970; Sabina Becker: Urbanität und Moderne. Studien zur Großstadtwahrnehmung in der deutschen Literatur. 1900–1930. St. Ingbert 1993; Helmuth Kiesel und Sandra Kluwe: Art. „Großstadtliteratur". In: Daniel Hoffmann (Hrsg.): Handbuch zur deutsch-jüdischen Literatur des 20. Jahrhunderts. Paderborn 2002, S. 323–362.

[2] Vgl. dazu Matthias Bauer (Hrsg.): Berlin. Medien und Kulturgeschichte einer Hauptstadt im 20. Jahrhundert. Tübingen/Basel 2007; Laura Peters: Stadttext und Selbstbild. Berliner Autoren der Postmigration nach 1989. Heidelberg 2012.

[3] Vgl. Steffen Köhler: Martin Mosebach. Der katholische Roman. Dettelbach 2015.

[4] Martin Mosebach: Der Mond und das Mädchen. Roman. München 2007. Zitate aus dem Roman hinfort mit Seitenzahl.

Krimi, Gesellschaftstragödie, Seelendrama
Dieter Wellershoffs Roman
Der Himmel ist kein Ort (2009)

„Ein Verstorbener, der gerade in den Himmel kommt, bittet Gott, ihm eine einzige Frage stellen zu dürfen, die er auf Erden nicht beantworten konnte. ‚Welche Religion ist eigentlich die richtige?' Gott antwortet: ‚Das weiß ich nicht. Ich bin nicht religiös.'"[1]

Dieser Witz, der in Dieter Wellershoffs Roman *Der Himmel ist kein Ort* als durchaus „geistvoll" bezeichnet wird, auch weil er von Pfarrer zu Pfarrer erzählt wird, hat einen doppelten Boden. Die Frage des Verstorbenen gehört ins Ressort der aufgeklärten Religionskritik. Lessing hat sie in der Ringparabel im *Nathan* so beantwortet, dass es eine einzige, richtige, alleinseligmachende Religion nicht geben kann und nicht geben darf:

„Es eifre jeder seiner unbestochnen/Von Vorurteilen freien Liebe nach! / Es strebe von euch jeder um die Wette,/Die Kraft des Steins in seinem Ring' an Tag/Zu legen! komme dieser Kraft mit Sanftmut,/Mit herzlicher Verträglichkeit, mit Wohltun,/Mit innigster Ergebenheit in Gott,/Zu Hülf'! [...]"[2]

Keine Religion kann die richtige sein, weil das Richtige nicht messbar ist und die Wahrheit nicht gefunden werden kann. Die Ringparabel ist ein „Lehrstück über die Schwierigkeiten, die Wahrheit" der Religion zu sagen.[3] Dieses moderne Toleranzgebot hat sich, so suggeriert der Witz, inzwischen auch bis zu Gott herumgesprochen, der sich im Sinne von Jürgen Habermas (der sich wiederum einer Formel von Max Weber bedient) diskursethisch als „religiös unmusikalisch" bekennt.

Das kann man von Dieter Wellershoff, der mit Habermas an der Bonner Universität studiert (seit dem Sommersemester 1947) und ihm einige seiner Texte gewidmet hat,[4] nicht behaupten. Wellershoff, 1925 in Neuss als Sohn eines Kreisbaumeisters geboren, ist protestantisch am katholischen Niederrhein aufgewachsen, seine Frau, eine geborene von Thadden, kommt aus einer der bekennenden Kirche nahestehenden Familie; ihr Halbbruder war der Erfinder des Kirchentags.

Noch als Gymnasiast kam Dieter Wellershoff 1943 zum Arbeitsdienst, wenig später meldete er sich zur Panzergrenadier-Division „Hermann Göring";[5] das Ende des Krieges erlebte er im Lazarett, an der Oderfront und als amerikanischer Kriegsgefangener. Immer wieder hat er die lebensprägende Erfahrung des totalen Zusammenbruchs 1945 als Chance zum Neulernen und als ständigen Lernprozess beschrieben. Im *Zeit*-Interview vom 9.6.2009 sagte er: „Wir Jungen wurden verheizt für die Fantasiepolitik der NSDAP. Damit diese Leute noch ein paar Monate länger an der Macht blieben." Wellershoff erkannte die Lage. Zu diesen Lern-Erkenntnissen gehören die frühe Einsicht, dass der Krieg verloren war, die wachsende Angst, die erst am 8. Mai 1945 zu Ende ging, die Erleichterung über die Befreiung von der Todesangst und die Entschlossenheit des gerade noch einmal Davongekommenen, mit Rückgriff auf unbeschädigte kulturelle Traditionen am Aufbau einer neuen, demokratischen Gesellschaft mitzuwirken. Damit gehört Wellershoff zu den sogenannten „45"er-Demokraten.[6] Bezeichnend ist die Schilderung seiner Rückkehr ins Elternhaus:

„Als ich in unsere Straße einbog, sah ich schon von ferne, dass unser Haus noch stand, aber an der Vorderfront durch eine Bombe schwer beschädigt war. Später sah ich auf einem Foto, dass die Bombe die Vorgartenmauer getroffen hatte und dabei die Haustür und alle Fenster herausgerissen und Mauerwerk und Dach beschädigt hatte. Das war notdürftig repariert worden. Fremde Leute wohnten darin, die mich freundlich aufnahmen. Sie hatten vor auszuziehen, sobald ihr eigenes, noch schwerer beschädigtes Haus wiederhergerichtet war".[7]

Wellershoff hätte als Autor der ersten Stunde der Nachkriegsliteratur beginnen können. Zunächst jedoch schließt er sein Studium mit einer Promotion über Gottfried Benn ab; die Dissertation *Phänotyp dieser Stunde* (1958) ist auch eine Lagebeurteilung in eigener intellektueller Sache; Benn dachte und schrieb, so Wellershoff, „mit der Rücksichtslosigkeit eines Mannes, der deutlich wissen will, wer er ist und in welcher Situation er ist".[8]

Später ediert er Benns Werke und beginnt beim Kölner Kiepenheuer&Witsch Verlag eine Laufbahn im Wissenschafts-, später im Literaturlektorat; einen lukrativen Leitungsposten beim Deutschlandfunk schlägt er 1970 aus, um sich zunächst tageweise, später ganz von der Verlagsarbeit zu lösen. Als freier Schriftsteller publiziert er seit 1966 Romane, außerdem Hörspiele, Essays, Erzählungen, ein Drama, ein Opernskript und einige Gedichte.

Angesichts dieses Lebenslaufs ist Dieter Wellershoff alles andere als ein religiöser Autor im konfessionell strengen Sinne des Wortes. Aber in der Sinnfrage, die seine Romane von Anfang an eindringlich stellen, schwingt stets die Frage nach der Religion in der postsäkularen Gesellschaft mit. Das gilt besonders für den Roman *Der Himmel ist kein Ort*. Dieser Roman gehört zu den auflagenstärksten Büchern des Autors, es ist „ein Buch von existentiellem Gewicht",[9] und das große Interesse, mit dem es von Kritik und Publikum gleichermaßen bedacht wurde, ist längst nicht auf das Religionsthema beschränkt.

Im Folgenden stelle ich drei Lesarten vor, die der Roman anbietet, gestützt auf Wellershoffs eigene poetologische Standortbestimmung. Literatur, so hat er abermals in seinen Frankfurter Poetikvorlesungen *Das Schimmern der Schlangenhaut* (1996) betont, ist ein Simulationsraum, eine Probebühne für Probleme des Alltags, die wir im fiktiven Raum besser, weil risikoloser lösen können als in der Wirklichkeit. Auf dieser Probebühne können verschiedene Spielanordnungen simuliert werden: religiöse, juristisch-kriminalpsychologische, soziale.

Neben der religiösen Ebene, die durch die Hauptfigur des Pfarrers vorgegeben ist, gibt es auch einen kriminalistischen Plot – den Unfall am Baggersee, der ein Mord gewesen sein könnte – und einen sozialen Handlungsraum, der in der Gemeinde spielt, in der sich der Unfall zugetragen hat. Ein Miniaturfeld innerhalb dieses Gesellschaftsraums ist die Liebesgeschichte, die sich zwischen dem Pfarrer und einer schönen Unbekannten abzuzeichnen beginnt, die ihm leidenschaftliche irritierende Briefe schreibt und den „Liebeswunsch"[10] in sein Leben bringt. Der kriminalistische Plot bildet den Handlungskern; er geht auf eine wahre Begebenheit zurück, die dem Autor 1999 „Modell für kompliziert zu deutende Vorgänge" stand.[11]

Wellershoffs Roman als „Simulationsraum" und „Spielfeld für ein fiktives Handeln" ermöglicht es, diese Räume gemeinsam zu bespielen und miteinander in Beziehung zu setzen. Dieses Verständnis von Literatur als ernstem Spiel ist zugleich eine ernstgemeinte Leseanleitung. Zu einen werden dadurch die Regeln bestimmt, nach denen die Geschichte als erfundene, aber auf das wirkliche Leben bezogene Erzählung lesbar ist. Autor und Leser können so im Überschreiten der Grenzen ihrer „praktischen Erfahrungen und Routinen" geeint werden.[12] Dass mehrere Lesarten nebeneinander bestehen können, entspricht zum anderen dem Lebensweltbezug von Dieter Wellershoffs Poetik: „Das Schreiben ist der Versuch, herauszufinden, was man über das Leben weiß".[13]

Literatur, so seine These, ist interpretiertes Wissen, sie stiftet Bildung, und sie umgeht, ja hintergeht dabei oft die vertrauten Muster der Weltdeutung, unsere scheinbare Informationssicherheit, das, was der Autor den „Abwehraufwand der kulturellen Sinndeutungssysteme" nennt.[14] Literatur hebt mit anderen Worten die rein persönliche Alltagserfahrung auf, die uns ja stets weitgehend hilflos in der „Position zwischen Realität und Möglichkeit" belässt, weil wir uns, so oder so, entscheiden müssen: „Alles könnte anders sein, doch fast nichts kann ich ändern."

Im Roman aber kann alles anders sein. Weil der Roman die immer nur an eine bestimmte und irreversible Wahlentscheidung gebundene Willensfreiheit des Menschen in den optional unendlichen Freiheitswillen der Kunst überführt, kann er unser Verständnis von Wirklichkeit ändern. Er simuliert Komplexität ohne Ordnung, Mehrdeutigkeit ohne Maske, Phantasie mit Lebensbezug. Der Roman, das ist „das Zerbröckeln des Sinns", so hält es der Autor prägnant fest.[15] Was sich für den Leser ergibt, sind neue, überraschende Kombinationen der Geschichte.

Krimi, Gesellschaftstragödie, Seelendrama

I.

Welcher Geschichte? Erstens: eines „Kriminalromans" (47).
Der Roman beginnt an einem Tatort – und er beginnt wie ein Tatort, mit einer Leiche. Der Pfarrer Ralf Henrichsen wird in einer verregneten Nacht über sein Notfallseelsorgetelefon an einen Baggersee beordert. Dort ist ein Auto mit drei Insassen in diesen Baggersee gefahren. Die Frau kann nur noch tot geborgen werden, das Kind überlebt, aber mit schwersten Hirnschäden, es bleibt auf die Apparatemedizin angewiesen. Allein der Fahrer, der Realschullehrer Karbe, hat sich retten können, er hat sich aus dem Auto befreit und ist mit letzten Kräften die Böschung hinaufgeklettert, um Hilfe zu holen.

In das Bild von einem Unfall mischen sich jedoch erste Verdachtsmomente, die darauf hindeuten, dass es auch „völlig anders" (42) hätte sein können. Es lassen sich aufgrund des Regens und des Vorrangs der Rettungsarbeiten keine Bremsspuren nachweisen, welche die Aussage des unfallverursachenden Mannes stützen könnten, er habe ausweichen müssen, weil ihn ein entgegenkommendes Fahrzeug geblendet habe. Stattdessen werden erste Gerüchte genährt, schon durch die „zwielichtige" (81) Zeitungsüberschrift „Todesfahrt in den Baggersee. Die Tragödie einer Familie. Polizei ermittelt" (78). Es hätte auch der kaltblütig geplante Mord eines frustrierten Familienvaters oder eine aus einem spontanen Ehestreit resultierende Affekthandlung sein können. Motive dafür gäbe es durchaus: Karbes Frau, fast zwanzig Jahre jünger, war ihm mehrfach untreu, Karbe hat sie nicht zuletzt deshalb mit krankhafter Eifersucht, vermutlich auch mit „Wutausbrüchen und Todesdrohungen" (182) drangsaliert und kontrolliert. Zudem hat er vor kurzer Zeit ein Familiengrab bestellt, was wiederum die Eltern der verstorbenen Frau aufgebracht hat (113).

Es gibt also einen Tatort, eine ungeklärte Tat, vage Verdachtsmomente, polizeiliche Ermittlungen. Damit erfüllt der Roman die fundamentale Ausgangssituation eines spannenden Krimis, genauer gesagt: einer Detektivgeschichte, die im Unterschied zum Kriminalroman nicht die Geschichte eines Verbrechens erzählt, sondern die Geschichte der Aufklärung eines Verbrechens.

Doch genau diese Aufklärung wird dem Leser am Ende vorenthalten. Die Frage nach dem Täter, das „Whodunit", bleibt offen, ja, es bleibt offen, ob es überhaupt ein „geplanter" Mord, ein „Verbrechen" aus Leidenschaft, oder die „böse Folgerichtigkeit eines verfehlten Lebens und zerstörerischer Gedanken" (149) war. Oder ob Karbe lediglich das „Opfer eines unbewiesenen Verdachts" ist (169). Am Ende nimmt sich der einzige, von dem eine Antwort auf diese Fragen zu erwarten gewesen wäre, das Leben. Kein Zweifel, die Lesart des Kriminal- oder besser: Detektivromans hat ihren Reiz, aber auch ihre Grenzen, weil sie über eine „wahre Schauergeschichte" (149) nicht hinausgeht.

Für Dieter Wellershoff ist die kriminalistische Anlage der Geschichte demgemäß kein Selbstzweck, mit dem er den Leser in den Augenblicksgenuss eines entdeckten und gesühnten Mordfalls entlassen möchte. Ihm geht es um das menschliche Potenzial zur Ausführung eines Verbrechens. Immer wieder tauchen in seinen Werken Figuren auf, die sich professionell mit verbrecherischen Taten beschäftigen, so der Richter in dem Roman *Liebeswunsch*; auch mit den Mörderfiguren Dostojewskis hat sich Wellershoff intensiv befasst. Schon 1972 hat er in seinem Roman *Einladung an alle* „Bausteine zu einer Theorie des Verbrechens" zusammengetragen:

„Wenn man annimmt, daß in jedem Menschen aggressive und destruktive Triebe angestaut sind, dann tut der Verbrecher genau das, was im geheimen alle tun möchten. Der Normale versöhnt seine aggressiven Wünsche mit seiner Moral, indem er den Verbrecher verfolgt."[16]

Wenn in *Der Himmel ist kein Ort* die Normalen die Leute sind, die Karbe zum Verbrecher stigmatisieren und ihn mit ihren eigenen unterdrückten Aggressionen verfolgen, dann ist Henrichsen der Nichtnormale, der auf der Unschuldsvermutung beharrt und Karbe nicht verfolgen, sondern versorgen will: mit seelischem Beistand, mit Sympathie für den Mann, der im eigentlich gar nicht sympathisch ist, sogar mit Empathie. Wird der Pfarrer auf diese Weise zum Detektiv wider Willen, zu einem Seelenpolizisten, der einen Menschen „verdächtigen und trotzdem mit ihm solidarisch sein kann"? (100)

II.

Der Roman spielt diese Möglichkeit in den Gesprächen durch, die Henrichsen mit dem ermittelnden Polizeikommissar, dem Bestattungsunternehmer, den Mitgliedern des Presbyteriums und mit Karbe selbst führt. Der Spielraum dieser Gespräche, zu denen auch die auffällig zahlreichen Selbstgespräche Henrichsens zu zählen sind, ist eine kleine Gemeinde, offenbar im Rheinland gelegen, in „ländlicher Umgebung". Der Pfarrer ist hier neu im Amt, erst seit anderthalb Jahren. Er bewohnt ein „düsteres, heruntergekommenes" Pfarrhaus (7), dessen Dachgeschoss mit fast übermarkierter Symbolik auf den eigenen Zustand verweist: „zufällig und achtlos" stapelt sich hier allerhand Gerümpel an, das nicht entsorgt wird. Kein Zweifel, Henrichsen gehört den wellershofftypischen Figuren, die „dazu neigen, auf der Suche nach dem richtigen Leben in die Falle der eigenen Phantasien zu gehen".[17]

Was wir über den Pfarrer wissen, erfahren wir aus seinen Selbstgesprächen und inneren Monologen, was wir über Karbe wissen, vernehmen wir aus dem Geschwätz der Leute. Hier erweist sich Wellershoff als Meister im rhetorischen Gestalten des Gerüchts. Wenn die Haushälterin von einem „sogenannten tödlichen Unfall" (150) spricht, wenn ein Klinikarzt das Unglaubwürdige als „kalkuliertes Alibi eines Täters" bezeichnet (47), dann zeigt sich, wie selbstbezüglich das Gerücht ist. Hans-Joachim Neubauer hat in seinem *Fama*-Buch gezeigt, dass Gerüchte lediglich eine Information nach dem Hörensagen geben und zugleich auf die Kommunikationssituation verweisen: „Wer sie erwähnt, meint eine Nachricht und zugleich ihr Medium, die Botschaft und den Boten."[18] Eigentlich ist also nicht das ein Gerücht, was alle sagen, „sondern das, von dem man sagt, dass es alle sagen". Ein Gerücht ist eine „Nachricht ohne Autor". Nur von Toten, über die man nichts Schlechtes sagen soll, gibt es keine Gerüchte. Deshalb erlöschen, als Karbe bestattet ist, sämtliche Spekulationen „wie ein Strohfeuer" (293).

Anders als Karbes Familientragödie entwickelt sich Henrichsens Verhältnis zu der Deutschargentinierin Luiza Suarez. Es hat eine Vorgeschichte in der abgebrochenen Beziehung zu Claudia, einer Designstudentin, die ihn verlassen hat. Beide Frauengeschichten liefern spiegelverkehrte Versionen der Karbe-Ehe: Henrichsens Eifersucht kann Claudia nicht mehr treffen, seit sie ihn verlassen hat, und Luizas Annäherungsversuchen, die sich auf dem schmalen Grat zwischen Liebessturm und Stalking bewegen, widersteht er, indem er sie – die etwa 20 Jahre älter ist als er – verlässt. Wenn Henrichsen sich gegen diese, wie es heißt, „kompromittierende Nähe" (126) sträubt, so tut er dies als Amtsinhaber, nicht als Affektträger: „Karbe lebte aus, was er mit der Disziplin seines Amtes in sich bekämpft hatte, damals vor einem Jahr, als er verlassen worden war" (135). Hier liegt der Angelpunkt zur dritten Lesart, der theologischen Dimension, die der Roman schon im Titel vorgibt.

III.

Der Himmel ist kein Ort ist ein protestantischer Priesterroman, einer der wenigen in der deutschen Literatur, aus der die Figur des Landpfarrers seit Mörike so gut wie verschwunden ist und in der, neben den katholischen Exemplaren des Genres von Thomas Mann (*Der Erwählte*, 1951) und Stefan Andres (*Bruder Lucifer*, 1933; *Die Versuchung des Synesios*, 1971) und den klassischen Romanen von Georges Bernanos (*Tagebuch eines Landpfarrers*, 1936) und Graham Greene (*Die Kraft und die Herrlichkeit*, 1940), zuletzt Petra Morsbach mit dem Roman *Gottesdiener* (2004) und Michael Göring mit *Der Seiltänzer* (2011) zu nennen sind. Das Verschwinden des Priesters aus der Literatur ist eine Nebenfolge der Säkularisierung und hat mit einem gewandelten Verständnis des Pfarrers zu tun. Der Priester wird nicht mehr „als Kultdiener, Sakramentenspender oder Gemeindeleiter" gesehen, sondern als „Mensch unter Menschen in der Rolle des Helfers, Beraters, Trösters".[19]

In einem Interview hat Dieter Wellershoff über seine Motivation Auskunft gegeben, einen Roman über einen Pfarrer zu schreiben:

„Mich hat immer interessiert, was Pfarrer denken. Je mehr ich mich mit ihnen unterhalten habe, auch mit jüngeren Pfarrern, desto mehr habe ich gemerkt, dass es eine große Distanz gibt zwischen der Volksfrömmigkeit einerseits und andererseits der fortschreitenden Spiritualisierung der Theologie. Die führt ja dazu, Glauben nicht mehr in anschaulichen Begriffen zu interpretieren. Aber als Betreuer von Gläubigen und Schutz suchenden Menschen sind die Pfarrer in der seltsamen und schwierigen Lage, die Sprache der Volksfrömmigkeit sprechen zu müssen."[20]

Diese Sprache der Volksfrömmigkeit stammt aus der Bibel, dem wichtigsten Sozialisations- und Säkularisationsinstrument der deutschen Literatur der Moderne.[21] Um 1850 stammten mehr als 50 Prozent der deutschen Dichter und Denker aus protestantischen Pfarrershäusern, die Kette ist lang und nicht abgeschlossen: Andreas Gryphius, Lessing, Wieland, Jean Paul, Nietzsche, Hesse, Benn (über den Wellershoff 1951 promoviert hat), Dürrenmatt, F.C. Delius, Christoph Hein. Alle diese Autoren quittieren die Erfahrungen der Moderne mit biblischen Wortwendungen und betonen auf diese Weise die starke Differenz dieser Moderne zu ihrer religiös geprägten Kindheitswelt. Gottfried Benn hat in seinem Gedicht *Pastorensohn* (1921/22) die soziale Basis der protestantischen Pfarrershäuser angegriffen: „Der Alte pumpt die Dörfer rum / und klappert die Kollektenmappe, / verehrtes Konsistorium, / Fruchtwasser, neunte Kaulquappe."[22]

Dieter Wellershoff hat eine biblische Wendung zum Angelpunkt seines Romans gemacht. Es ist nicht etwa der Titel des Romans, der mit einer vielleicht allzu offensichtlichen Anspielung auf das Utopische und „Unbestimmte" (34) kokettiert und als Refrain in einem flotten Rap-Song vorkommt: „Heaven is not a place, [...] heaven is a feeling" (243). Viel entscheidender ist der Matthäusvers „Richtet nicht, auf dass ihr nicht gerichtet werdet" (Mt 7,1) (167). Er taucht an markanten Stellen der Handlung auf und erlaubt Rückschlüsse nicht allein auf das theologische Selbstverständnis des Pfarrers, sondern vor allem auf die Anlage des Romans als religiöses Seelendrama.

Zunächst hat der Matthäusvers eine katechetische Funktion. Dem Pfarrer verhilft er im Konfirmandenunterricht ebenso wie im Medieninterview zur Stützung seiner „Unschuldsvermutung" (167). Es wäre ungerecht, ohne feste Beweislage über jemand zu richten. Im Umkehrschluss heißt das aber, dass ein Mörder natürlich gerichtet werden muss. Diese juristische Bedeutung ist auch für Henrichsen, den Makler und Moderator aller Konflikte des Romans, unbestritten. Die Frage bleibt: Wie ist mit der Notwendigkeit des Gerichts das christliche „Konzept der Nächstenliebe" (168) vereinbar?

Eine Antwort darauf gibt ein anderer Vers aus dem Apostolischen Glaubensbekenntnis: Jesus, so heißt es dort im Rekurs auf urchristliche Überlieferungen, „sitzt zur Rechten Gottes des Vater, von dort wird er kommen zu richten die Lebenden und die Toten".[23] In der katholischen Dogmatik bekräftigt diese Aussage die Richterfunktion Jesu Christi, obwohl Theologen betonen, dass Jesus die Gottesherrschaft „nicht im Zeichen des Gerichts", sondern „im Zeichen der Gnade, des Verzeihens, des Erbarmens und der Liebe" verkündet.[24] Mit diesem Widerspruch ringt Wellershoffs Pfarrerfigur. Im Gespräch mit Karbe wird sein weltfrommes Gottesbild konfrontiert mit dem alttestamentarischen „strengen und alten" Rachegott (101).

Der Widerspruch lässt sich weder in der Manier einer Predigt von der Gnade des richtigen Glaubens auflösen noch mit der Warnung vor der „Wörtlichkeitsfalle" der alten Bekenntnisse, vor der „dokumentarischen Treue zum Ursprung" (203). Das Gottesbild bleibt radikal gespalten: Wenn Gott richtet, ist der Himmel ein Ort des Gerichts, wenn nicht, dann ist der Himmel ein Gefühl, eine Erfindung der Menschen zur Beschwichtigung ihres Transzendenzbedürfnisses – so wie man unter Gott die „Summe der Erzählungen über Gott" verstehen könnte (225). Hier die Erlösungsbedürftigkeit des Menschen, dort die Kirche als „Haustier der Zivilgesellschaft" und „Konsumangebot":[25] tertium non datur.

Man muss an dieser Stelle betonen, dass dem Autor nichts ferner läge, als einen theologischen Thesenroman zu schreiben, wiewohl er diese Option bei der Schilderung der Akademietagung im siebten Kapitel ironisch durchspielt. Dieter Wellershoff charakterisiert seine Figuren mit den Fragen nach Gott und den Letzten Dingen, indem er diese Fragen in Diskursen und sprechenden Gesten austragen lässt. Als Henrichsen über den Matthäusvers „Richtet nicht, auf dass ihr nicht gerichtet werdet" predigt, verlässt ein Teil der Gemeinde die Kirche (180). Und beim Beten des

Glaubensbekenntnisses versagt ihm die Stimme (190, 200). Glaubt er noch den Glauben, den er predigt? Woran glaubt er, wenn er nicht mehr glaubt?

Mit dieser eindringlichen Frage lässt der Autor seinen Helden – und den Leser – allein. Pfarrer Henrichsen vertritt eine „Religion ohne Religion" (222). Sein Suchen nach „Glück, nach dem Sinn, nach der Wahrheit, nach mir selbst" (124) hat verschiedene Richtungen, vielleicht einen Ursprung, aber jedenfalls kein Ziel. Der Todesfahrer Karbe, seine Frau Kerstin, die Exfreundin Claudia, die rätselhafte Fremde Luiza: auf sie alle kann er seine verdrängten Wünsche und Phantasien projizieren, keiner aber und zuletzt auch nicht die Hamburger Unbekannte kann ihm eine Wunscherfüllung garantieren, die am Ende lediglich in der bevorstehenden Hochzeit eines neuen Amtsbruders aufschimmert.

Für das Verständnis des Romans ist es wichtig, den roten Faden zu sehen, der diese Geschichten zusammenhält. Er liegt nicht nur in der Vorstellung des Gerichts als jener Urteilsinstanz, die mit fallendem Wahrheitswert über das Geschehene befindet: Die Religion ist die metaphysische Richtinstanz, die Justiz die weltliche, das Gericht der Gesellschaft ist das Gerücht. Zusammengebunden werden die Lesarten auch in der realistischen Erzählweise des Romans, der eine Welt entwirft, welche nicht zu der Illusion verführt, sie sei allein für den Helden zugerichtet.

Dieter Wellershoff hat sich in den späten 1960er Jahren einen Namen als Mitbegründer der „Kölner Schule" gemacht. Sein neuer Realismusbegriff brachte frischen Wind in die deutsche Literatur, die in „Beschreibungsimpotenz" (Peter Handke) zu erstarren und zu einer „Dame ohne Unterleib" zu werden drohte. In dem Roman *Der Himmel ist kein Ort* gibt es eine konkrete Lese-Anweisung: „Real werden die Geschichten allerdings erst, wenn man sie genau erzählt, mit allen Nebenumständen, allen Zwängen und Zufällen, allen Phantasien, einfach allem, was dazugehört, um Menschen zu irgendetwas zu bringen, was sie vielleicht hinterher selbst nicht mehr verstehen" (149f.).

Wellershoff setzt mithin auf das Postulat der exakten Wahrnehmung, auf emotionale Bindung an das ästhetische Objekt, auf die Lust des Lesens.[26] Statt des „dozierenden Stils" pflegt er einen

„ironischen Stil", der die Differenz zwischen Schein und Sein, zwischen „Wahrnehmung und Phantasie" markiert. Er wehrt sich gegen das Identifikationsverbot und wirbt für ein „Lesen als Icherweiterung, als eine zweite Erfahrung durch imaginativen Nachvollzug eines anderen Lebens".[27] Auf diese Weise überwindet der Roman „die erbärmliche Unbelehrbarkeit des Lebens". Er gestaltet, ausgehend von einem Kriminalfall, der genauso gut als säkularer Sündenfall lesbar ist, die Wahrheitssuche als einen weit über das Wahrnehmbare hinausreichenden Prozess. In diesem Sinne bedeutet der Titel *Der Himmel ist kein Ort* eine Absage an glaubensfeste Bekenntnistraditionen, aber auch an „postmoderne Ironie", die religiöse Metaphysik zu „kleinen Preisen" verkauft (243). Wellershoff überführt das „kryptotheologische semiotische Substrat" der Moderne, das nach Walter Schmitz vor allem aus den Vorstellungen von Identität, von Erlösung und Wiedergeburt, von Schöpfung und Autorschaft besteht,[28] in die mehrdeutige Versuchsanordnung eines religiösen Simulationsraums. Auf diese Weise liest und beschreibt der Autor „Religion als Literatur".[29] Mag auch das Ende seines Romans mit der Trauung eines Pfarrerfreundes und einem unverschämt „strahlend blau[en]" Himmel (300) zu versöhnlich scheinen, so ist doch vielleicht nicht nur Wellershoffs Pfarrerfigur, sondern auch sein Verständnis von Gott und der Welt um vieles mehr „religiös musikalisch", als wir es uns im fiktionslosen Alltag vorzustellen vermögen.

Anmerkungen

[1] Dieter Wellershoff: Der Himmel ist kein Ort. Roman. Köln 2009, S. 250. Zitate aus dem Roman hinfort mit Seitenzahl. Wichtige Beiträge zu dem Werk des Autors finden sich in: Werner Jung: Im Dunkel des gelebten Augenblicks. Dieter Wellershoff. Berlin 2000; Torsten Bügner: Lebenssimulationen. Zur Literaturtheorie und fiktionalen Praxis von Dieter Wellershoff. Phil. Diss. Wiesbaden 1993; Manfred Durzak u.a. (Hrsg.): Dieter Wellershoff. Studien zu seinem Werk. Köln 1990. – Dieser Beitrag geht aus einem Vortrag an der Pädagogischen Akademie Düsseldorf (22.05.2011) hervor. Für Anregungen danke ich Wilhelm Lascho und den Teilnehmern der Tagung.

[2] Gotthold Ephraim Lessing: Werke. Bd. 2. Hrsg. von Herbert G. Göpfert. Lizenzausgabe. Darmstadt 1996, S. 280 (III, 7).

[3] Peter J. Brenner: Gotthold Ephraim Lessing. Stuttgart 2000, S. 290.

Krimi, Gesellschaftstragödie, Seelendrama

[4] Vgl. Dieter Wellershoff: Das Schimmern der Schlangenhaut. Existentielle und formale Aspekte des literarischen Textes. Frankfurter Vorlesungen. Frankfurt a.M. 1996, S. 17: „Die Wahrheit ist nicht/die Übereinstimmung des Bewußtseins/und seines Gegenstandes weil/das Bewusstsein diese Übereinstimmung/nicht prüfen kann/die vermutlich nur die Übereinstimmung/von Frage und Antwort ist also ein abgekartetes Spiel./Haben wir das begriffen/dann/müssen wir uns eine andere/Theorie ausdenken/um unseren Wahnsinn/gefälliger zu machen für/unsere Vernunft".
[5] Dieter Wellershoff: Was war, was ist. Erinnerungen an den 2. Weltkrieg (Vortrag 2005). In: ders.: Der lange Weg zum Anfang. Zeitgeschichte, Lebensgeschichte, Literatur. Köln 2007, S. 194.
[6] Joachim Kaiser: „Ich bin ein Alt-45er". In: Süddeutsche Zeitung, 15./16.3.2008.
[7] Dieter Wellershoff: Risse. Eine Familie in Krieg und Nachkrieg. In: ders.: Der lange Weg (Anm. 5), S. 231.
[8] Dieter Wellershoff: Gottfried Benn. Phänotyp dieser Stunde. Köln 1958 u.ö., S. 12.
[9] So Hajo Steinert im Deutschlandfunk, 5.11.2009.
[10] So der Titel des Romans von Wellershoff aus dem Jahr 2000.
[11] So Wellershoff im Gespräch mit Christel Wester: Deutsche Welle, Sendung vom 6.9.2009.
[12] Dieter Wellershoff: Fiktion und Praxis (1968). In: ders. Wahrnehmung und Phantasie. Essays zur Literatur. Köln 1987, S. 21.
[13] Dieter Wellershoff: Wahrnehmung, Vorstellung, Evidenz. Gespräch mit Daniel Lenz und Nadine Pütz. In: ders.: Der lange Weg (Anm. 5), S. 19.
[14] Wellershoff: Das Schimmern (Anm. 4), S. 91.
[15] Ebd., S. 16.
[16] Dieter Wellershoff: Einladung an alle. Roman. Köln 1972, S. 160.
[17] Dieter Wellershoff: Das Zerreißen des Sinns. Rede anlässlich der Verleihung des Hölderlinpreises (2001). In: ders.: Der lange Weg (Anm. 5), S. 71.
[18] Hans-Joachim Neubauer: Fama. Eine Geschichte des Gerüchts. Berlin 1998. Neuauflage 2009, S. 11.
[19] Elisabeth Hurth: Mann Gottes. Das Priesterbild in Literatur und Medien. Würzburg 2003, S. 7.
[20] Andrej Klan: Dieter Wellershoff über Religion als ein Konsumangebot. In: Der Westen, 21.10.2009.
[21] Vgl. dazu Wolfgang Frühwald: Das Gedächtnis der Frömmigkeit. Religion und Literatur in Deutschland. Frankfurt a.M. und Leipzig 2008.
[22] Gottfried Benn: Werke. Bd. 3: Gedichte. Hrsg. von Dieter Wellershoff. Köln 2003, S. 402.
[23] Vgl. DS 10 und DS 50 (in: Heinrich Denzinger: Kompendium der Glaubensbekenntnisse und kirchlichen Lehrentscheidungen. = Enchiridion symbolorum definitionum et declarationum de rebus fidei et morum. Hrsg. von Peter Hünermann. 43. Aufl. Freiburg i.B. 2010).
[24] Walter Kasper: Der Gott Jesu Christi. Mainz 1982, S. 211.
[25] Andrej Klan: Dieter Wellershoff über Religion (Anm. 20).
[26] Thomas Anz: Literatur und Lust. Glück und Unglück beim Lesen. München 1998.

[27] Dieter Wellershoff: Die Dame ohne Unterleib oder die moderne Ästhetik der Distanz (1968). In: ders.: Wahrnehmung und Phantasie (Anm. 12), S. 67.
[28] Walter Schmitz: Gottes Abwesenheit? Ost-West-Passagen in der Prosa Wolfgang Hilbigs seit den 90er Jahren. In: Volker Wehdeking (Hrsg.): Mentalitätswandel in der deutschen Literatur zur Einheit (1990–2000). Berlin 2000, S. 111–132, hier: S. 114.
[29] So die Formel von Martin Walsers Rede an der Harvard University: Über Rechtfertigung, eine Versuchung. In: Frankfurter Allgemeine Zeitung, 10.11.2011.

„Geschichten, die nicht in der Bibel stehen"
Joseph und die Heilige Familie in Patrick Roths Roman *SUNRISE*

Bertolt Brechts früher Einakter *Die Bibel* stellt eine fiktive Szene aus dem Freiheitskampf der Niederlande gegen die spanisch-katholischen Besetzer dar. Eine protestantische Stadt wird belagert, das Volk leidet bitterste Not, es gibt keinen Ausweg, außer dem Selbstopfer der Tochter des Bürgermeisters, die sich für eine Nacht dem feindlichen Feldherren hingeben soll. Innerhalb dieses Rahmens vollzieht sich die Tragödie einer unheiligen Familie. Der Großvater flüchtet sich in fromme Bibelsprüche, der Vater, ein überforderter Bürgermeister, weiß nicht aus noch ein, die Mutter ist tot, der Bruder wild zum Opfern der Schwester entschlossen. Am Ende stürzt die Tochter, das Läuten der Feuerglocken als „Gottesstimmen" missverstehend, aus dem Haus. Bevor der Vorhang fällt, hört man des Großvaters letzte Worte: „Herr, bleibe bei uns: Denn es will Abend werden und der Tag hat sich geneigt."[1]

Von der „Hausfrömmigkeit" über die „Weltfrömmigkeit"
zur religiösen „Untröstlichkeit"[2] der Moderne

Einen „guten rettenden Gott" gibt es in dem fragmentarischen, kurzen Stück, das der 15jährige Augsburger Gymnasiast Brecht schrieb, nicht; nur einen kalten, aber gerechten Gott, der das Menschenopfer am Ende offenbar nicht verhindern kann. Brechts gesamtes Werk zeigt, dass die biblischen Figuren, unter ihnen die Engel, zwar noch ihre Auftritte in der Literatur der Moderne haben. Sie haben aber nichts mehr zu sagen. Sie werden Gegenstand von Ironie, Satire, nicht ohne jene tiefere Bedeutung, die einen Rest an spirituellem Respekt erkennen lässt. Die Bibel hat im 20. Jahrhundert einen mächtigen Autoritätssturz erlitten. Sie dient nicht mehr als Glaubensquelle, sondern als Steinbruch für poetische und ästhetische Transfigurationen.[3]

Zum religiösen Trend in der Gegenwartsliteratur

Schon die berühmte Gretchenfrage in Goethes *Faust* („Nun sag', wie hast du's mit der Religion?") zielt auf diese Säkularisierung sakraler Ausdrucksformen ab. Wie Faust es mit der Religion – und als Christ also mit der Bibel – hält, das ist für ihn eine philosophische Lektion. Für Gretchen ist es eine moralische Frage, eine Sache von Treue und Verantwortung, also eben keine Glaubensfrage wie für Faust, sondern ein Problem, das die Hausfrömmigkeit Gretchens, das mit dem 18. Jahrhundert an die Himmelsschrift der Sterne, den religiösen Kreislauf der Natur und den christlich geprägten Hausvater glaubte, grundlegend in Frage stellt.[4]

Thomas Mann, der aus dem weltfrommen 19. Jahrhundert kam und als Vertreter des transzendental obdachlosen 20. Jahrhunderts frömmer war, als man lange Zeit anzunehmen bereit gewesen ist,[5] hat diese religiöse Pflicht- und Leistungsethik übernommen, aber mit Kritik und Ironie bedacht. Als Kind kann Toni Buddenbrook ihren Katechismus nicht mehr auswendig hersagen (im allerersten Kapitel); erwachsen geworden, geniert sie am Totenbett ihres Vaters die Gesellschaft durch das Sprechen eines lauten Gebets. Die *Buddenbrooks*, Manns 1901 erschienener Jahrhundertwende-Roman, erzählt von der Schamgrenze der Hausfrömmigkeit und vom unaufhaltsamen Verfall der Religion in der bürgerlich säkularisierten Moderne.

Dass der Mensch mitarbeitet am Bilde Gottes und ihm einen Namen macht, ist eine Grundidee von Thomas Manns *Joseph und seine Brüder* (1926–1942), den Hermann Kurzke für den „größte[n] biblische[n] Roman der Literaturgeschichte" hält. Gott wird hier von Abraham erfunden und „hervorgedacht". Mit diesem aus der Bibel entsprungenen und literarisch gewordenen Gott kann man „wieder reden".[6] Es gibt zwar, wie es in *Joseph und seine Brüder* heißt, „keine Geschichten" von ihm und „nichts zu erzählen".[7] Aber dieser Gott existiert – in der Literatur. „Seit ich ihn kenne halte ich Gott für/Nicht völlig undenkbar", summiert Sarah Kirsch.[8]

„Geschichten, die nicht in der Bibel stehen"

Katastrophe und Traumrede mit Gott in SUNRISE

Patrick Roths Roman *SUNRISE. Das Buch Joseph* beginnt wie Brechts Minidrama. Er stellt einen Joseph vor, der Träume hat und mit Gott redet wie sein alttestamentliches Vorbild bei Thomas Mann. Die Rahmenhandlung von *SUNRISE* spielt im Jahr 70 nach Christus. Jerusalem ist von den Römern belagert, die Eingeschlossenen hungern, es kommt zu grausamen Opferszenen. Zwei Abgesandte einer urchristlichen Gemeinde, die den Auftrag haben, das Grab Jesu vor Plünderern zu sichern und die Erinnerung an den auferstandenen Herrn zu bewahren, finden Zuflucht in der Hütte einer ägyptischen Magd namens Neith. Sie erzählt den beiden die ungeheuerliche Geschichte vom Leben des Joseph.

Der war bereits einmal mit einer Maria verheiratet. Das gemeinsame Kind ertrank bei einem Sturm auf dem See Gennesareth. Joseph wird von Schuldgefühlen geplagt. Eines Tages rettet er einen ägyptischen Sklaven, der vom Aufseher eines feudalen römischen Landhauses gefoltert wird. Seine neue Verlobte Maria versorgt den in einer Zisterne Versteckten. In dieser Situation kommt es zu der unerklärlichen Schwangerschaft Marias. Joseph nimmt Maria zur Frau und akzeptiert das Kind, obwohl es nicht von ihm stammt, als Teil seiner Familie – vielleicht aus Schuldgefühl und als Akt der Buße für den Verlust des ersten Sohnes. Später kehrt Joseph, diesmal von Söldnern gezwungen, in jenes römische Landhaus zurück. Es steht in Brand. Joseph, der sein Kind verloren hat, rettet ein anderes Kind aus den Flammen. Es ist die Tochter jenes ägyptischen Sklaven: Neith, die spätere Erzählerin. Sie begegnet Joseph noch dreimal, als dieser sich in der unliebsamen Gesellschaft von Räubern befindet, am Schluss beim Bau eines Felsengrabes für Joseph von Arimathäa, welches dann das Grab Jesu wird.

Jesus als große Hintergrundfigur

An die Stelle Gottes rücken bei Patrick Roth, dem „intensivsten Bibelleser unter den zurzeit deutsch schreibenden Autoren",[9] Figuren aus dem Umfeld des Neuen Testaments. Ihr Bezugspunkt ist Jesus, der zwar nie als handelnder Protagonist auftritt, aber die große Hintergrundfigur ist, vor der sich die leitenden Themen seines Werkes konturieren. Es ist dabei gar nicht so verkehrt, von ‚Bibel-Krimis' zu sprechen,[10] weil Patrick Roth wie Brecht und Thomas Mann, nur länger, nahe genug an Hollywood gelebt hat, um die Filmwelt und das klassische Kino zu verinnerlichen. Patrick Roth macht die Bibel durch filmische Suspense-Techniken erzählbar. Er lässt seine Figuren – etwa in der *Christus-Trilogie* (1991–1996) – die Geheimnisse des Glaubens, Heilung, Totenerweckung und Auferstehung vollziehen, ohne dabei jedoch einer literarischen Theologie das Wort zu geben, die sich auf die „freundliche Übernahme biblischer Erlösungsphantasien" beschränken würde. So ist Patrick Roth eben nicht der „inbrünstigste aller Heilsgeschichtenerzähler";[11] seine Romane sind keine „Überwältigungsprosa",[12] sie verkünden keine Dogmen in ästhetischem Gewand. Im Unterschied zur Religion, so kann man mit dem amerikanischen Literaturkritiker James Wood sagen, bittet Literatur uns nicht, „Dinge (in einem philosophischen Sinn) zu *glauben*, sondern sie uns (in einem künstlerischen Sinn) *vorzustellen*".[13] Literatur ist für Patrick Roth ein „Durchgangs-Ort",[14] eine „Passagenbereiterin", „auf ein Anderes verweisend", was die aktive Mitimagination des Lesers erfordert.[15] „Nicht wissen sollt ihr's, ihr sollt es erfahren. Denn ihr wisst es bereits, aber ohne Erfahrung", sagt Neith (380). Hier geht es um die ästhetische Erfahrung des Glaubens, die ein „Drama der Wandlung" auslöst, wie es der Epilog von Roths Erzählung *Magdalena am Grabe* (2002) beschreibt: „Von einer totalen Abgewandtheit, Geschiedenheit, Getrennt-und-Zerrissenheit beider, des Gottes und des Menschen [...] kommt es zu einer Wendung, ja Zugewandtheit beider: einer ist jetzt im Auge des anderen."[16]

Erzählprinzip: Vereinigung der Gegensätze

Die Vereinigung der Gegensätze, die Zusammenführung des Getrennten ist eine grundsätzliche Figur des Erzählens von Patrick Roth. Filmisch wird sie im Dissolve realisiert, einem Überblenden von zwei verschiedenen Einstellungen, die einen Augen-

„Geschichten, die nicht in der Bibel stehen"

blick lang gemeinsam zu sehen sind, bevor sich das letzte Bild in dem folgenden Bild auflöst. Der Ort, an dem sich das Drama der Wandlung von Gott und Mensch, von Jenseits und Diesseits, von Heilsgeschichte und Weltzeit, von Transzendenz und Immanenz vollzieht, ist die Religion. Ihre Ausdrucksformen vollziehen sich in der Vertikalen, als Anrufung des Menschen durch Gott (Offenbarung) oder als menschlicher Not-, Dank-, Jubelruf nach oben. Es gibt nach Thomas Mann wohl keinen Roman der deutschen Literatur, in dem von diesem „Botschaftsverkehr zwischen Oben und Unten"[17] so konsequent und so konzentriert erzählt wird wie in Roths *SUNRISE*. Es wimmelt darin von Brunnen, Gruben, Gräbern; neben Josephs Niederstürzen und Versinken gibt es ein Aufsteigen und Aufblicken. Schon in der ersten Josephszene finden wir ihn „hinaufsteigend" in den Garten des römischen Landhauses, eine offenkundige Paradiessituation.

Die sechs Bücher des Romans sind in zwei Teile gegliedert, die „Bücher des Abstiegs" und die „Bücher des Aufstiegs". *SUNRISE* ist ein Roman der Vertikalen. Er richtet seine stets tief im Menschlichen verankerten metaphysischen Antennen nach dem aus, was jenseits des Beobachtbaren und des Erkennbaren liegt,[18] und erinnert damit an das wiederbelebte Verständnis von Religionen als „Interpretationsgemeinschaften", die gerade aus anthropozentrischer Perspektive ein Bewusstsein von dem vermitteln, was fehlt. So schreibt Jürgen Habermas: „Der Glaube behält für das Wissen etwas Opakes, das weder verleugnet noch bloß hingenommen werden darf".[19] Insofern erzählt Patrick Roth auch vom Schicksal der Religion in einer postsäkularen Gesellschaft.

Wenn man in Anlehnung an Luhmann eine Kommunikation immer dann als religiös bezeichnen kann, „wenn sie Immanentes unter dem Gesichtspunkt der Transzendenz betrachtet",[20] dann wird diese Kommunikation wiederum ästhetisch, wenn Transzendentes unter dem Gesichtspunkt des Immanenten betrachtet wird. In der ästhetischen Ausdifferenzierung dieses religiösen Sinnsystems kommt es laut Luhmann zu einer Verschiebung der Grenzen. Weder ist Gott die Position der Transzendenz vorbehalten, noch ist der Mensch auf die Immanenz beschränkt. Von der Grenze der immanenten Position aus gesehen, können Gott und

Mensch kommunizieren; Gott spricht zum Menschen in Träumen, dieser redet zu Gott im Gebet. „Der Mensch kann, wie unzulänglich und wie sündenfällig auch immer, beobachten, wie Gott ihn beobachtet", schreibt Luhmann.[21]

Name, Erzählsituation, Tradition

Ein Musterfall dieser Beobachterposition höherer Ordnung ist Roths Joseph-Roman. Woher aber stammt das Wissen über die neutestamentliche Joseph-Figur, wenn es nicht in der Bibel steht? Eine erste Erklärung liefert die Faszination des Namens. Über den Namen „Joseph" schreibt Sibylle Lewitscharoff in ihrer ersten Poetikvorlesung: „Der Vorname in beiden Testamenten präsent, zunächst ist Joseph der über alles geliebte Sohn, der spätere Wohltäter und Mehrer seines Volkes, eine Glanzgestalt des Alten Testaments, im Neuen Testament kehrt er der Name zurückgedämmt wieder in der Heiligen Familie und weist auf den eher geschlechtslosen Vaterersatz, der in der genealogischen Reihe mit dem davidischen Königshaus in Verbindung steht und Jesus als Davididen kenntlich macht."[22] Josef ist ein durch Kafka prominent besetzter Name. Die Initialen von Josef K., dem Helden in Kafkas Roman *Der Prozeß*, sind auch die von Jesus Christus. In Kafkas Erzählung *Ein Traum* versinkt Josef K. in einem Grab und sieht einen Künstler seinen Namen „mit mächtigen Zieraten" in den Stein ritzen. Der „erste kleine Strich", den der Künstler macht, ist ein „J".[23] Im hebräischen Alphabet ist das – Frank Schirrmacher hat darauf hingewiesen – der Buchstabe „Jod", aus dem nach Lehre der Kabbala das gesamte Alphabet und die Schöpfung hervorging.[24] Patrick Roths Joseph sieht die Spur seines Namens mit diesem „kleinen Strich", mit dem ersten Buchstaben des Namens getilgt, wie es heißt, „gelöscht aus dem Buch des Lebens" (251), und zwar vom eigenen Sohn: ein kryptischer Hinweis auf die Korrespondenzen und Konkurrenzen, die das Verhältnis von Joseph und Jesus bestimmen.

Eine weitere Erklärung für die Frage nach der Herkunft nichtbiblischen Wissens liegt in der Erzählsituation. Joseph spricht nicht direkt, sondern vermittelt durch Neith, die im Rahmen des

„Geschichten, die nicht in der Bibel stehen"

Buches den Jüngern aus Josephs Leben erzählt, was sie wiederum von ihm gehört und durch eigene Erfahrung beglaubigt hat. Aufgeschrieben wird Neiths Erzählung von Monoimos, einem der Jünger, der in einem prologartigen Gedicht den äußersten Erzählrahmen einnimmt. Neiths Selbstautorisierung des Erzählten ist „Probe, Beweis, Prüfung der Worte, die Joseph gesprochen hat" (451). So kann der Leser mit den Jüngern, die mit ihm Neith zuhören, die nicht in der Bibel stehenden Geschichten verstehen. Sie pochen mit dem Anspruch der poetischen Wahrheit auf ein „wahres Erzählen" (456) jenseits literarischer Phantastik.

Aufschluss über die Differenz zwischen dem Wenigen, was die Bibel von Joseph überliefert, und dem Vielen, was wir nicht wissen, gibt drittens die Tradition. Patrick Roth beleuchtet die Gestalt des „großen Unbekannten"[25] in der Heiligen Familie. Damit steht er in einer großen ikonographischen Tradition. Es ist kein Zufall, dass auf den Bildern von Adam Elsheimer (1609) und Rembrandt (um 1644) der heilige Joseph sich zwar im Hintergrund aufhält, aber den Vordergrund mit einer Laterne erhellt, die er in der Hand hält. Dieser alte, fromme und lebenskluge Mann lässt Licht auf die Heilige Familie fallen, deren stummer Teil er ist. Denn kein persönliches Wort des Joseph ist bei den Evangelisten überliefert. In der Tempelszene ist es die Mutter, die sich über den entlaufenen Sohn entrüstet, während der Vater schweigt. Aus Josephs Leben wissen wir nur, dass er wahrscheinlich Zimmermann bzw. Baumeister war („tekton" ist der griechische Begriff dafür); sein Tod liegt im Dunkel der kanonischen Überlieferung. Um sein Leben ranken sich protoevangelische Kindheitsgeschichten, koptisch und arabisch tradierte Apokryphen, gnostische Legenden;[26] 111 Jahre soll er geworden und Witwer gewesen sein, das Kreuz für den Sohn soll er gezimmert haben. In der Ikonographie spielen neben Josephs Frömmigkeit vor allem seine Familienfürsorge, seine Gerechtigkeit und sein Gehorsam eine Rolle.[27]

Der Angelpunkt für Patrick Roths Adaption der Figur ist Josephs Traumbegabung. Der Traum ist der Empfangsmodus der „Gottrede" (213), Garant von Josephs „inwendige[r] Nähe zu Gott". Der Traum – so schreibt Benedikt XVI. in seiner Deutung der Kindheitsgeschichte Jesu – garantiert das „innere Sehen und Berühren seiner Nähe".[28] Zudem ist Joseph ein hochbegabter Deuter seiner Träume, der bis zu „der Seele innerster Höhle" (458) vordringt. Was immer der Engel Joseph im Traum rät, das sichert das Heil der Heiligen Familie. Entgegen des jüdischen Gesetzes, das für unehelich schwangere Frauen die Steinigung vorsieht (Dtn 22,23f.), nimmt er Maria als Frau an, gibt ihrem Sohn, der nicht der seine ist, den geweissagten Namen Jesus und flieht mit den Seinen vor den Nachstellungen des Königs Herodes nach Ägypten.

Ästhetische Codierung der Religion

Aus den spärlichen Angaben der Evangelien, den apokryphen Überlieferungsfragmenten und seiner aktiven poetischen Imagination hat Patrick Roth einen Roman gemacht, der durchwoben ist von einem Netz mit Leitmotiven und wiederkehrenden Bildern („die Hand, das Auge, das Messer, das Seil, der Stein, das Tuch, das Kleid, der Brunnen, der Berg"), durchsetzt von archaisierenden biblischen Schreibweisen („Gleichnis, Traum, Vision, Zeichen, Wunder, Verheißung")[29] und getragen von einer komplex verschachtelten Erzähl- und Erinnerungssituation. Dadurch gelingt Roth in *SUNRISE* eine neuartige ästhetische Codierung der Religion: Seine Joseph-Geschichte erzählt, was nicht in der Bibel steht, verknüpft aber das kanonisch Anerkannte so artistisch mit den apokryphen Wissenstraditionen, dass daraus eine neue ‚Geschichte' entsteht, für die das aus der römischen und biblischen Bibliographie stammende Wort „Buch (Joseph)" nicht zu hoch gegriffen ist. „Die Lektüre fordert, überfordert, lässt rätseln und fesselt zunehmend", schreibt eine Kritikerin;[30] der Autor, so heißt es in einer anderen Rezension, „verdichtet, beraubt die Bibel, tauscht einfach Namen und bekannte Geschichten aus und lässt sie Joseph zustoßen."[31]

In der Erzählbarkeit der Joseph-Figur liegt ein Schlüssel zu ihrem Verständnis. Insofern stiftet die Umcodierung der religiösen Ordnung in ein ästhetisches Modell den narrativen Zusammenhang für eine solche aus Bibel und Mythos bestehende Figur. Statt Religion als geglaubter Erzählung tritt hier ein Roman als ästhetische Erfahrung in Kraft, der durch die Einfühlungskunst des

Autors und sein trotz aller Unbändigkeit gelenktes Erzählpathos auch den Leser anzustecken vermag. Es kann hier wiederum nur angedeutet werden, dass sich dieser Stilgestus des Erhabenen von den realistischen Erzählkonventionen entfernt, die die Gattung des Romans seit Flaubert bestimmen. Ein Beispiel ist der Umgang mit Details. Das Tuch oder das Seil sind in Roths Roman keine sprechenden Details, die auf einen „Überschuss" an Wirklichkeit hinweisen, sondern wie im biblischen Erzählen funktional eingesetzte Teile eines großen symbolischen Verstehenszusammenhangs und als solche nicht akzidentiell, sondern substantiell. Schon die Gliederung des Textes in kurze Absätze und das häufige „Und", „Da", „Aber" am Satzanfang, das den biblischen Erzählduktus imitiert, lenkt den Blick auf dieses überdeterminierte Erzählen.[32]

Ordnung und Paradoxie der Heiligen Familie

Der Sitz im Leben der neutestamentlichen Joseph-Figur ist die Heilige Familie. Sie besteht aus Vater, Mutter und Kind, der Klein- und Kernfamilie, deren Aktualität sich nicht in der postmodernen Patchwork-Familie[33] erschöpft. Alfred Koschorke ist in seiner Studie über *Die Heilige Familie und ihre Folgen* (2000) den Konstruktionen der in ihr liegenden kulturellen Vorstellungen nachgegangen. So wurde aus dem altersgebeugten Mann im Laufe der Geschichte ein kräftiger Handwerker, der Nährvater im Hintergrund verwandelte sich in einen freundlichen Patriarchen und Hausvater mit Familiensinn.[34] Von Papst Pius IX. wurde Joseph von Nazareth schließlich 1870 zum Schutzpatron der gesamten katholischen Kirche ernannt. Wie kam es in der Neuzeit zu dieser kultischen und künstlerischen Rückkehr der Joseph-Figur?[35]

Hier hilft Koschorkes Beobachtung weiter, dass das Beziehungsdreieck der Heiligen Familie (Vater, Mutter, Kind) überlagert wird von einem zweiten Dreieck. Es ist das theologische Modell der Trinität, das in der Formel des Kreuzzeichens aufbewahrt ist: „Im Namen des Vaters, des Sohnes und des Heiligen Geistes". Dogmatisch beruht die Trinitätslehre auf der Einheit der drei göttlichen Personen. Heilig ist die Familie von Maria, Joseph und Jesus deshalb, denn Jesus ist zwar von Maria geboren, also Menschensohn, bedarf aber nicht des genealogischen Codes der Familie, der in der geschlechtlichen Fortpflanzung besteht, weil er als Christus im Mittelpunkt der „irdischen Trinität"[36] der Heiligen Familie und gleichzeitig als Gottes Sohn im Zentrum der göttlichen Dreieinigkeit steht.

Dadurch entsteht an der Position der Vaterfigur eine unterschwellige Konkurrenz zwischen Gott und Joseph. Joseph ist ja als der Vater Jesu auch der Vater des Sohnes Gottes, so wie Maria die Mutter Jesu ist und zugleich die ‚Muttergottes'. Josephs irdische Genealogie nimmt auf diese Weise die himmlische Ordnung auf. So wird er zum arglosen, schuldig-unschuldigen Konkurrenten Gottes um die Gottesvaterschaft. Gegenüber der göttlichen Vaterschaft, die Ewigkeitswert hat, ist Josephs Vaterschaft eine adoptierte Rolle auf Zeit, er ist sterblicher Empfänger göttlicher Botschaften, ein Träumer, kein Gestalter, sondern „Platzhalter des himmlischen Vaters".[37] Von Jesus aus gesehen, ist die Vaterfunktion somit gespalten „in den empirischen und transzendenten Part, die anwesende unzuständige und die abwesende, aber aus der Ferne herrschende patriarchale Instanz".[38]

Es gibt ein drittes Beziehungsdreieck in Roths Roman, das ebenfalls ein Familienmodell bildet. Neith, die Erzählerin, ist Tochter einer ägyptischen Magd und jenes Sklaven, den Joseph anfangs aus dem Landhausgarten befreit. Einige Hinweise im Roman nähren den Verdacht, dass dieser Sklave nicht irdischer Herkunft ist. „Du, Joseph, trugst keinen Menschen" (92), sagt ihm Maria, die den Verletzten in einer Zisterne gepflegt hat und, als sie auf ihre Anfrage hin dessen Namen gehört hat, die „Besinnung verlor" (91). Jener Sklave, Neiths Vater, ist offenbar ein „Engel des Herrn" (95), ein „Engelsdämon" (315), der so plötzlich aus der Geschichte verschwindet wie er darin aufgetaucht ist. Zu dem Geheimnis dieses überirdischen „Wesen[s]" (472) gehört eine gewisse Verantwortung für die Schwangerschaft Marias, die von „keinem anderen je erkannt" wurde (84).

Im jüdischen Denken ist die „Zeugung eines Menschen durch einen Engel" durchaus denkbar.[39] Die biblischen Zeugnisse sprechen dementsprechend von einer Empfängnis durch den Geist

Gottes. Man kann somit auch die engelhafte Figur des Ägypters als eine Inkorporationsform des Heiligen Geists[40] verstehen, der dem biblischen Bericht zufolge auf Maria niederkam (Matthäus 1,19). Der neutestamentliche Ausdruck für diese spirituelle Empfängnis ist „überschattet" (Lukas 1,35); er kommt in Roths Roman vor, als Joseph vor der Mauer des Landhauses steht und vom „mächtigen Flügelschlag" eines Vogels – der traditionellen Erscheinungsform des Heiligen Geistes – „überschattet" wird (23). Am Ende des Romans – der Leser befindet sich wieder mit den zuhörenden Jüngern in der Rahmenerzählung – bekennt Neith, dass sie „mit Jesus den Vater" teilt (472) und Jesus also ihr „Bruder", genauer gesagt, ihr Halbbruder, ist (471).

Legt man ihr Familiendreieck nun über das der Heiligen Familie, so ergeben sich zwei neue duale Beziehungslinien, die von Interesse für die ästhetische Umdeutung des biblischen Modells sind: einmal die zwischen Neith und Jesus, ungleichen Geschwistern von unterschiedlicher Herkunft, die sich im Verlauf der Romanhandlung persönlich nie begegnen, sodann die zwischen Joseph und dem Ägypter, ungleichen Vätern von ebenfalls unterschiedlicher Herkunft, verbunden aber durch einen Rettungsakt. In beiden Relationen überkreuzen sich Transzendenz und Immanenz, Göttliches und Menschliches. Das Modell der Vaterschaft wird wieder in eine trinitarische Ordnung versetzt. Denn der Vater von Neith und Jesus gehört, wenn man die religiösen Zeichen regelgerecht liest, zur göttlichen Trinität.

Umstellung des triadischen Modells auf binäre Oppositionen

Der Einbruch des Heiligen in die Familie, dem sie ihre Heiligkeit verdankt, geschieht allerdings gewaltsam.[41] Alfred Koschorke spricht von einer „*Heimsuchung* der christlichen Urfamilie": „In die Beziehung Marias zu ihrem Sohn bricht die ferne Herkunft des Kindes hinein; die Heilige Ehe wird von der weiblichen Gottesbindung durchkreuzt; Josephs Vaterschaft ist wegen der Doppelbesetzung der Vaterrolle gebrochen".[42]

Gewalt enthält schon Josephs Vorgeschichte in Roths Roman. Seine erste Familie ist zerstört, seine Mutter, seine erste Frau

Maria und der gemeinsame Sohn, der gleichfalls Jesus hieß, sind verstorben. Sodann „stiehlt" sich Joseph heimlich in das Haus von Maria (36), seiner späteren Frau, um ihr von dem befreiten Sklaven zu erzählen – eine Kontrafaktur der biblischen Verkündigungsgeschichte. Die Identität der Familien-Namen („Maria" und „Jesus") unterstreicht die symbiotische Einheit der Heiligen Familie. Nicht die Geschichte wiederholt sich, sondern das Thema kehrt verwandelt wieder. Zunächst verliert der Vater den Sohn, dann der Sohn den Vater. Ohne den Sohn ist der Vater „verloren", erklärt eine andere Stelle (149).

Diese gebrochene Vaterrolle Josephs reduziert die Komplexität des triadischen Modells auf duale Beziehungen. Hier sind vor allem die Dialoge zwischen Vater und Sohn im zweiten und dritten Buch von *SUNRISE* sowie das sich über den gesamten Roman erstreckende Gespräch des irdischen Vaters mit dem göttlichen Vater zu nennen. Die Gespräche zwischen Joseph und Jesus und Josephs Reden zu Gott haben Umcodierungen innerhalb der Beziehungsdreiecke der Heiligen Familie zur Folge. Der Vater muss den Sohn tragen, so wie dieser sein Kreuz zu tragen hat; und das misslingt ja bei dem ersten Sohn Jesus, der dem Vater bei der Seeüberquerung von einer Sturzwelle aus den Händen gerissen wird. Der Vater wird daher „*vor* dem Sohn" gekreuzigt (meine Hervorhebung; 172), was auch räumlich zu verstehen ist, denn Jesus erzählt seinem Vater, wie er vor den Mauern von Jerusalem den Passionsweg jenes ägyptischen Sklaven gesehen hat, den Joseph einst aus dem Garten befreit hat und der Neiths Vater ist. Der Sohn entdeckt das leere Grab des Vaters (vgl. 448); der Vater baut dem Sohn das Grab und nimmt dessen Schicksal mit dem todesähnlichen Zustand in der Höhle und der Auferstehung vorweg.[43] Joseph wird so nicht nur zum Rivalen Gottes, sondern auch zum Vorläufer und Repräsentanten Jesu auf Erden.

Das Mysterium der gespaltenen Vaterschaft Josephs kulminiert in dem für ihn paradoxen und sozusagen noch nicht heilsgeschichtlich abgesegneten Auftrag, den Sohn zu opfern.[44] Joseph träumt (im 37. Kapitel), er sei auf dem Berg Sinai. Auf einem anderen Berg, Morija, dem späteren Tempelberg, sollte der Stammvater der Israeliten, Abraham, mit dem der Stammbaum Josephs im

Matthäus-Evangelium beginnt, seinen Sohn Isaak opfern, ebenfalls auf göttliches Geheiß (Gen 22,1f.). Joseph hört, wie „Er" aus „einer Wolke" zu ihm spricht, in starker Anlehnung an die biblische Diktion: „,Ich bin der Gott deiner Väter, der Gott Abrahams, der Gott Isaaks, der Gott Jakobs. Nimm doch Jesus, den Sohn, den du liebst, führ ihn hinaus und schlachte ihn mir zum Brandopfer auf dem Berg, den ich dir weisen werde'" (177).

Sohnesopfer und Vater-Konkurrenz

Doch Joseph widersetzt sich dem, was er im Traum gehört und gesehen hat. Er hadert und rechtet mit seinem Gott. Er erinnert ihn an seine Verheißung: „Hast du mir nicht versprochen den Sohn? Nicht ihn mit Namen benannt mir?" (179) Er beansprucht sogar ein eigenwilliges natürliches Vaterrecht, indem er sich in die göttliche Trinität hineinnimmt und die Immanenz der Familie transzendiert: „War ich nicht wie diese Frau, die gebar und Dich nicht verstieß? War ich's nicht, als ich Deinen Boten, den Traum, nicht verstieß [...]? War nicht mein Name da Dein Name und ihrer? Warst du nicht mitgeboren?" (199) Als Vater des göttlichen Menschensohns kann er sogar eine gottgleiche Schöpferrolle beanspruchen, war er es doch, „dessentwegen Erde und Himmel geworden sind" (22). In Josephs Gottreden ist er gegenüber dem das Sohnesopfer fordernden Gott der bessere Vater und der kritischere Sohn, der seinen eigenen „Willen" gegen den göttlichen Willen setzt. So sophistisch kann man, den Abraham-Monolog Thomas Manns zuspitzend, über Religion reden, wenn man angesichts des ihr zugrunde liegenden Gottesbild erschrickt. Auch Friedrich Christian Delius, Sohn eines protestantischen Pfarrers, hat sich in einem gewaltig aufwühlenden Seelenmonolog über einen Gott gewundert, der „den Vater zum Lügen zwang" und ihm „das Schlachten der eigenen Kinder befiehlt, als ob es keine anderen Beweise für die Gottesfurcht gäbe [...]".[45]

Freilich lässt Patrick Roth seinem Joseph hier von Gott keine Antwort zuteilwerden. Es ist die Dramaturgie der Handlung, die antwortet. Statt des Sohnes will sich Joseph selbst zum „Opfer" (445) machen. Er ringt sich, diesmal ohne Beistand eines Engels, zum Gotteswiderspruch durch, weil er nicht zu einem „abrahamitischen Joseph" (289) werden will: „Herr, Deinem Willen gehorche ich nicht. Nicht opfern werde ich Dir den Sohn. Denn er weiß nicht, daß Du ihn forderst. Willst Du ein Opfer, so nimm an seiner Statt mich!" (225) So steht es in Kapitel 47, das „Die Wende" heißt und fast in der Mitte des Romans tatsächlich eine Wende einleitet, ein „Drama der Wandlung".

Joseph verschlägt es in eine Höhle, er verstummt. Mit dem schweigenden Joseph enden der dritte Teil und die erste Hälfte („Die Bücher des Abstiegs") von Roths Roman. Im vierten und fünften Buch fällt Joseph in die Gesellschaft einer sehr unheiligen Familie, unter Räuber und Mordbrenner, deren einer Jesus heißt (ein damals nicht seltener hebräischer Name).[46] In den drei „Büchern des Aufstiegs" finden wir Joseph ohne seine Frau Maria und fern von seinem Ziehsohn Jesus. Auch hier kommentiert die Struktur des Romans das Paradoxon des ästhetischen Codes der Religion, der Immanenz und Transzendenz vereinigt und diese Einheit beobachtbar macht: Die „Bücher des Aufstiegs" erzählen von Josephs irdischer Höllenfahrt und zugleich von seiner Rückkehr an die himmlische Geschlechtertafel.[47]

Joseph in „Kolonos"

Zu den Geschichten, die nicht in der Bibel stehen, gehören die Mythen der Antike. Auch sie sind Dramen der Wandlung, in denen sich Katastrophe und Wiedererkennung, Abstieg und Aufstieg vollziehen. Noch sind die Quellen nicht gesammelt, die Patrick Roth in sechsjähriger Recherche- und Schreibarbeit genutzt hat. Aber der Roman selbst legt einige Spuren.

Das 35. Kapitel trägt den Titel „Kolonos". Ort der Handlung ist Jerusalem. Die Heilige Familie ist zerstreut, die Eltern suchen den verlorenen Sohn. Eine klassische Situation aus der Kindheitsgeschichte Jesu. Man weiß, dass es gut ausgeht und, trotz der Sorgen der Eltern, der verlorene eigentlich der bessere Sohn ist. Patrick Roth lenkt das Augenmerk allerdings auf eine andere archetypische Situation. Während Maria auf dem Markt sucht, „zwischen den Ständen der Weber, der Händler und Tagelöhner" (150), gerät

„Geschichten, die nicht in der Bibel stehen"

Joseph in der Oberstadt in ein Käfigsystem.[48] Es gehört zu einem Theater, das gerade die Vorstellung eines Stücks gibt, in die der vor den Wächtern der Theatermasken fliehende Joseph wiederum unfreiwillig gerät. Er stolpert auf die Freilichtbühne. Dort hilft eine Frau einem blinden alten Mann beim Niedersetzen. Aus der Sprache der Mimen, des Griechischen, dessen Joseph nicht mächtig ist, erkennt er das Wort „topos" wieder und das Wort „teknon" (‚Sohn'), das so ähnlich klingt wie „tekton" (‚Zimmermann').

Zweifellos wird hier der *Ödipus auf Kolonos* aufgeführt, das letzte Stück des neunzigjährigen Sophokles. Es handelt vom Exil des Königs Ödipus, der unwissentlich seinen Vater ermordet und seine Mutter geheiratet hat, sich aus Schuldeinsicht blendet und sein Reich verlässt. Joseph bekommt just den Beginn des Dramas mit, als Ödipus, geleitet von seiner Tochter Antigone, die Szene betritt und fragt: „Du Kind des blinden alten Mannes, Antigone,/in welcher Gegend sind wir, welcher Männer Stadt?" (V. 1f.)[49] Es ist Kolonos, ein geheiligter Ort der „Götter", wie Antigone ahnt und wie es ein Bewohner von Kolonos, „Fremder" genannt, Vater und Tochter bestätigt: „Berührbar nicht, bewohnbar nicht: die Göttinnen,/die grausen, wohnen da, der Nacht und Erde Töchter." (V. 39f.)

„Ort", „Kind", „Götter", „Jungfrauen" – die Begriffe, mit denen Patrick Roth den Zusammenhang seines Romankapitels mit der sophokleischen Dramenszene absichert, sind auch Schlüsselbegriffe der Joseph-Geschichte. Joseph hat keinen Ort, er ist getrieben, ständig unterwegs, auf der Flucht oder auf der Suche, er hängt an seinem Kind und ist in Zwiesprache mit Gott. Aber die „Jungfrauen", von denen Joseph die Schauspieler reden zu hören glaubt, sind in Wirklichkeit die Eumeniden, die Rachegöttinnen. Deren Heiligtum ist Kolonos, ein tabuisierter Ort, der auch „Grabhügel" bedeuten kann. Das Grab ist die letzte Heimat, die Ödipus in dem Stück des Sophokles findet, ein Ort allerdings, den niemand außer Theseus kennt.

Von hier aus öffnen sich einige Parallelen zwischen dem antiken Drama und dem postbiblischen Roman. Auf der Bühne wird Josephs Rolle als blinder König, der schuldlos schuldig und damit tragikfähig wird,[50] vorweggenommen. Joseph wird, als er einen der Räuber tötet, wenngleich in minder schwerem Falle, schuldig wie Ödipus und bleibt dennoch am Leben. Das Schicksal zerbricht ihn nicht, Gott lässt ihn nicht im Stich. „Nun richten dich die Götter auf, die dich gestürzt", heißt es bei Sophokles (V. 394). Ein Hiob-Satz, der auch auf Joseph gemünzt werden kann. Und wie Ödipus, so geht auch Joseph grablos aus der Geschichte. Das Geheimnis seines Sterbens und seiner letzten Ruhestätte wird gewahrt.

Die Theateraufführung taucht unmittelbar nach dieser Szene abgewandelt in einem Traum von Joseph wieder auf. Alles brennt auf einmal, die Axt des Zimmermanns, sein Haus, seine Werke, das ganze Land. Joseph landet im Traum wieder auf der Freilichtbühne am heiligen Hain, auch sie in Brand gesetzt. Ödipus und Antigone sprechen ihn an und klären ihn auf, dass „der Garten Grabhügel sei und das Feuer uns alle zernichte. Selbst den Göttern sei nicht Überdauern" (156). Die Traumszene im Roman dient einer Umdeutung des antiken Mythos. Elias Canetti hat über Sophokles' letztes Stück geschrieben: „Ödipus auf Kolonos. Es bewegt mich mehr als jedes der anderen Dramen, vielleicht weil Ödipus sein Grab selbst bestimmt. [...] Die griechische Tragödie, die keine Ablenkung erlaubt. Der Tod – des Einzelnen – hat noch sein volles Gewicht. Mord, Selbstmord, Begräbnis und Grabstätte, es ist alles exemplarisch da, nackt und unverschönt; auch die Klage (bei uns kastriert); auch der Schmerz der Schuldigen".[51]

Doch in Roths Roman weicht das antike Gewicht des Todes einer Kraft des Lebens, die man christlich nennen kann, aber nicht muss, weil es um ein ästhetisches „Zur Stelle"-Sein geht und nicht um eine religiöse Glaubenserfahrung. Wie Neith es einmal ihren Zuhörern sagt: „Laßt euch ergreifen" (392). Josephs Traum führt ihn zum Tempel, wo er seinen verloren geglaubten Sohn wiederfindet. „Wie aus dem Feuer soll Joseph ihn gezogen haben" (160), erzählt Neith, die es wissen sollte, ist sie doch selbst von Joseph aus dem Feuer errettet worden. Aus dem antiken Mythos vom Tod im Leben wird das christliche Geheimnis vom Leben im und nach dem Tod. An die Stelle des Todes der Götter tritt die Präsenz des Gottes. Das Traumspiel, und nicht das Theaterspiel, hat in Roths Roman das wahre und letzte Wort gesprochen. Im Traum ist das

"Geschichten, die nicht in der Bibel stehen"

Unbewusste erkannt, der Stoff beseelt, die Kunst für den Betrachter erfahrbar geworden. Das kann man psychologisch deuten oder auf eine Ästhetik beziehen, die den Riss deutlich macht, der die erkennbare von der unerkennbaren Welt trennt, und diesen Riss zugleich als „transzendenten Überstieg",[52] als spirituelle Bindung zeigt, als Religion im Wortsinn. „‚Sunrise' des Menschen"[53] ist die ästhetische Grundformel und die anthropologische Grundlage für Patrick Roths postbiblisches Erzählen. Deshalb geht die Sonne am Ende von Patrick Roths Roman nicht unter wie bei Brecht, sondern auf. „Sunrise", „Sonnenaufgang" (7), ist der Titel für die Auferstehung der biblischen Geschichte im nachmetaphysischen Roman unter den Vorzeichen der ästhetischen Erfahrung der Religion.

Anmerkungen

[1] Bertolt Brecht: Früheste Dichtungen. Hrsg. von Jürgen Hillesheim. Frankfurt a. M. 2006, S. 110. Zitiert wird bei Brecht die Bitte der Emmausjünger, der unbekannte Wanderer, der sich später beim Brotbrechen als der auferstandene Christus erweist, möge bei ihnen bleiben (Lukas 24,29). – Zitate im Folgenden aus Patrick Roths *SUNRISE. Das Buch Joseph* (Göttingen 2012) jeweils mit eingeklammerter Seitenzahl. – Der Beitrag ist die geringfügig überarbeitete Fassung aus: Michaela Kopp-Marx (Hrsg.): Die Wiederentdeckung der Bibel bei Patrick Roth. Von der *Christus-Trilogie* bis *SUNRISE. Das Buch Joseph*. Göttingen 2014, S. 248–266.

[2] Vgl. dazu Wolfgang Frühwald: Das Gedächtnis der Frömmigkeit. Religion, Kirche und Literatur in Deutschland vom Barock bis zur Gegenwart. Frankfurt a. M. und Leipzig 2008. Als neuere Übersicht vgl. Karin Schöpflin: Die Bibel in der Weltliteratur. Tübingen 2011.

[3] Vgl. Theodore Ziolkowski: Fictional Transfigurations of Jesus. Princeton 1972. Vgl. aktuelle Romantitel wie *Apostoloff* und *Consummatus* (von Sibylle Lewitscharoff), *Der Anfang von allem* (von der Kinderbuchautorin Jutta Richter) und die Priesterromane *Der Gottesdiener* (von Petra Morsbach), *Der Himmel ist kein Ort* (von Dieter Wellershoff), *Der Seiltänzer* (von Michael Göring). *Sonntags dachte ich an Gott*, so heißen ein Gedicht und ein Essayband von Lutz Seiler.

[4] Vgl. Frühwald: Gedächtnis der Frömmigkeit (Anm. 2), S. 105–112.

[5] Vgl. Heinrich Detering: Thomas Manns amerikanische Religion. Theologie, Politik und Literatur im kalifornischen Exil. Frankfurt am Main 2012; Niklaus Peter und Thomas Sprecher (Hrsg.): Der ungläubige Thomas. Zur Religion in Thomas Manns Romanen. Frankfurt a. M. 2012.

[6] Hermann Kurzke: Der gläubige Thomas. Glaube und Sprache bei Thomas Mann. Bonn 2009 (Schriften des Ortsvereins BonnKöln der Deutschen Thomas Mann-Gesellschaft Band 1), S. 10. Das vorhergehende Zitat S. 5.

[7] Thomas Mann: Gesammelte Werke. Band IV. Frankfurt am Main 1990, S. 432.
[8] Sarah Kirsch: Besänftigung. In: Gesammelte Werke. Band 3. Hrsg. von Franz-Heinrich Hackel. Stuttgart 1999, S. 178. Vgl. auch Helmut Zwanger (Hrsg.): Gott im Gedicht. Eine Anthologie von 1945 bis heute. Tübingen 2007, S. 186.
[9] Zit. in: Die Welt, 1.4.2012.
[10] Vgl. Michael Merschmeier: Ein Bibelkrimi. Patrick Roths Novelle *Riverside*. In: Die Zeit, 22.11.1992.
[11] Jutta Person: Schimmernder Dunst über Jesus-County. In Patrick Roths *Sunrise* wird Joseph von Nazareth zum Verweigerer und Outlaw – und zu großen Traumdeuter. In. Süddeutsche Zeitung, 13.3.2012. Der Titel der Rezension rückt Roths Roman in die missverständliche Nähe von Leif Randts postmodern-nihilistischer Westernparodie *Schimmernder Dunst über Coby County* (2011).
[12] Ebd.
[13] James Wood: Die Kunst des Erzählens. Mit einem Vorwort von Daniel Kehlmann. Aus dem Englischen von Imma Klemm. Reinbek 2011, S. 202.
[14] Patrick Roth: Die Stadt am Meer. Heidelberger Poetikvorlesungen. Frankfurt a.M. 2005, S. 79.
[15] Patrick Roth: Im Tal der Schatten. Frankfurter Poetikvorlesungen. Frankfurt a.M. 2002, S. 147.
[16] Ebd., S. 111.
[17] Sibylle Lewitscharoff: Vom Guten, Wahren und Schönen. Frankfurter und Zürcher Poetikvorlesungen. Berlin 2012, S. 136.
[18] Vgl. Hartmut Lange: Irrtum als Erkenntnis. Meine Realitätserfahrungen als Schriftsteller. Zürich 2002, S. 112.
[19] Jürgen Habermas: Ein Bewußtsein von dem, was fehlt (2008). In: ders.: Kritik der Vernunft (= Philosophische Texte. Studienausgabe Band 5). Frankfurt a.M. 2009, S. 408-416, hier S. 411. Das vorhergehende Zitat aus J.H.: Die Revitalisierung der Weltreligionen – Herausforderung für ein säkulares Selbstverständnis der Moderne? In: ebd., S. 392.
[20] Niklas Luhmann: Die Religion der Gesellschaft. Hrsg. von André Kieserling. Frankfurt a.M. 2000, S. 77. Damit soll nicht die Systemtheorie zum Königsweg einer theologischen Literaturwissenschaft ausgerufen werden. Zielführend ist auch der anthropologische Ansatz von Wolfgang Braungart, der Religion als „ästhetisches, anschauliches, erfahrbares System" an die Literatur koppelt; vgl. W. B.: Literaturwissenschaft und Theologie. In: Erich Garhammer und Georg Langenhorst (Hrsg.): Schreiben ist Totenerweckung. Theologie und Literatur. Würzburg 2005, S. 43-69, hier S. 47.
[21] Luhmann: Religion der Gesellschaft (Anm. 20), S. 108.
[22] Lewitscharoff: Vom Guten (Anm. 17), S. 24.
[23] Franz Kafka: Ein Landarzt und andere Drucke zu Lebzeiten. Hrsg. von Hans-Gerd Koch. Frankfurt am Main 1994, S. 233.
[24] Vgl. Frank Schirrmacher: Verteidigung der Schrift. In: ders. (Hrsg.): Verteidigung der Schrift. Kafkas *Prozeß*. Frankfurt a. M. 1987, S. 138-221, hier S. 210.
[25] Michaela Kopp-Marx: Der große Unbekannte. In: Stimmen der Zeit 137 (2012) H. 12, S. 850-853.

"Geschichten, die nicht in der Bibel stehen"

[26] Vgl. Erich Weidinger: Die Apokryphen. Verborgene Bücher der Bibel. Augsburg 1995, S. 426–459.
[27] Vgl. Eckhard Plümacher: Joseph. In: Theologische Realenzyklopädie. Bd. 17. Hrsg. von Gerhard Müller. Berlin und New York 1988, S. 245f.; Thomas Schauerte: Joseph, Vater Jesu. In: Religion in Geschichte und Gegenwart. Bd. 4. Hrsg. von Hans Dieter Berz u.a. 4. Aufl. Tübingen 2000, Sp. 577–579.
[28] Joseph Ratzinger Benedikt XVI.: Jesus von Nazareth. Prolog. Die Kindheitsgeschichten. Freiburg, Basel und Wien 2012, S. 47. Gerade als Träumer wisse Joseph zwischen Immanenz und Transzendenz zu unterscheiden: „Unterscheidungsfähigkeit ist notwendig, um zu erkennen, ob es nur Traum gewesen oder ob wirklich Gottes Bote bei ihm eingekehrt war und zu ihm gesprochen hatte" (50). – Patrick Roth lässt seinen Joseph diese Differenzerfahrung im 80. Kapitel „Die Stimme" reflektieren: Wenn Joseph „bei sich in Gottes Stimme" spricht (352), dann verwendet er um seiner eigenen Deutung willen Gotteswort als Menschenwort, sozusagen als „Überkleid" (353), als Metatext.
[29] Samuel Moser: Joseph, der Scherbenmensch. In: Neue Zürcher Zeitung, 12.7.2012.
[30] Anja Hirsch: Nicht das Wissen, nur die Erfahrung läutert. In: Frankfurter Allgemeine Zeitung, 17.5.2012.
[31] Ebd.
[32] Zu den antiken und biblischen Erzählungen schreibt James Wood: „Jedes neue ‚und' oder ‚da' bewegt die Handlung vorwärts wie die alten Bahnhofsuhren, deren große Zeiger einmal in der Minute jäh vorrücken" (Wood [Anm. 13], S. 86).
[33] Stefan Federbusch: Die heilige Familie – eine ganz normale Familie. In: Franziskaner (Winter 2012), S. 4: „„ein uneheliches Kind, eine zumindest später alleinerziehende Mutter, ein verschwundener Vater".
[34] Zur Parodie der Heiligen Familie kommt es in Günter Grass' Roman *Die Blechtrommel* (1959). Der Kolonialwarenhändler Alfred Matzerath ist ein doppelt betrogener Ehemann, der seine erste Frau Agnes verliert und die erotische Beziehung zu der ‚Magd' Maria an seinen Sohn Oskar abtreten muss. Grass' Maria-Figur vollzieht, obwohl protestantisch, die katholischen Gebetsrituale mit Oskar. Vgl. dazu Anika Davidson: Advocata Aesthetica. Studien zum Marienmotiv in der modernen Literatur am Beispiel von Rainer Maria Rilke und Günter Grass. Würzburg 2001. (Literatura. Wissenschaftliche Beiträge zur Moderne und ihrer Geschichte, Bd. 12).
[35] Vgl. Alfred Koschorke: Die Heilige Familie und ihre Folgen. Frankfurt am Main 2000, S. 168–174.
[36] Klemens Richter: Familie, heilige. In: Religion in Geschichte und Gegenwart. Bd. 3. Hrsg. von Hans Dieter Berz u.a. 4. Aufl. Tübingen 2000, Sp. 26.
[37] Eckhard Nordhofen: Vor der Schrift kamen die Träume. In: Die Zeit, 16.6.2012.
[38] Koschorke: Heilige Familie (Anm. 35), S. 38.
[39] Eduard Schweizer: Das Evangelium nach Lukas. Das Neue Testament Deutsch, Bd. 3. Göttingen und Zürich 1986, S. 18.
[40] Interessanterweise bringt auch Luhmann den Heiligen Geist ins Spiel. Dieser Geist ist ein Beobachter zweiter Ordnung. Er manifestiere sich in einer

Person, die von ihm ergriffen sei, wie auch in der Situation derer, die dieses Ergriffensein beobachten. Dieser Heilige Geist „kommuniziert, ohne sich auf die Unterscheidung von Information und Mitteilung einzulassen" (Luhmann: Religion der Gesellschaft [Anm. 20], S. 329).

[41] Vgl. dazu auch René Girard: Gewalt und Religion. Ursache oder Wirkung? Hrsg., mit zwei Gesprächen und einem Nachwort von Wolfgang Palaver. Berlin 2000.

[42] Koschorke (Anm. 35), S. 41.

[43] Die Inschrift Jesu „Nach/Drei/Tagen/Lebe" (258f.) liest der totgeglaubte Joeph auf dem Felstor der Höhle. Der Sohn prophezeit dem Vater hier die eigene Auferstehung.

[44] Zur Opferthematik vgl. Stefan Orth: Den Sohn opfern? Patrick Roths *Sunrise* in der Diskussion. In: Herder Korrespondenz 67 (2013) H. 2, S. 102–106.

[45] F.C. Delius: Der Sonntag, an dem ich Weltmeister wurde. Erzählung [Erstauflage 1994]. 9. Aufl. Reinbek 2011, S. 77.

[46] Auch hier wird eine binäre Opposition entwickelt. Der Räuber Jesus verrät seinen Vater Dymas, schlägt Joseph und wird von diesem in einer Art Notwehrakt getötet. Doch bricht hier wiederum das Trinitätsmodell ein: Der Räuber Jesus schlägt Joseph, als dieser den Verrat entdeckt, und Joseph scheint, dass „in Jesus, dem Sohn Dymas', *sein* Sohn ihn schlug [...]" (313).

[47] Es kann hier nur angedeutet werden, dass sich diese Benennung der Bücher auf Xenophons Geschichtswerk *Anabasis* (um 370 v.Chr.) über den Rückzug des griechischen Söldnerheeres nach der Niederlage des Kyros gegen die Perser bezieht. „Anabasis" heißt ‚Aufstieg' und hat auch eine temporale, in die Zukunft gerichtete Bedeutung. „Hinauf und Zurück/in die herzhelle Zukunft" heißt es in Celans Gedicht *Anabasis* (aus dem 1962 erschienenen Gedichtband *Die Niemandsrose*); in: Paul Celan: Gesammelte Werke. Bd. 1. Hrsg. von Beda Allemann und Stefan Reichert. Frankfurt a.M. 2000, S. 256.

[48] Die Beschreibung des „Lattengittergewirr[s]" (151) und der Wächter erinnert an Orson Welles' filmische Adaption des Kafka-Romans *Der Proceß* (1962), dessen Held ebenfalls den Namen Josef trägt und auf der Suche nach Zugehörigkeiten ist.

[49] Sophokles: Ödipus auf Kolonos. Übersetzung, Anmerkungen und Nachwort von Kurt Steinmann. Stuttgart 1996, S. 9.

[50] Vgl. dazu die Tragödientheorie von Bernhard Greiner: Die Tragödie. Eine Literaturgeschichte des aufrechten Ganges. Grundlagen und Interpretationen. Stuttgart 2012. Greiner unterscheidet eine nietzscheanische Tradition (Tragödie als kultische Präsenz) von einer aristotelischen Linie (Repräsentanz des Schuldigen). Die Tragödie entstehe aus der Dialektik zwischen der Präsenz des Göttlichen und der Repräsentanz des leidenden Helden. Die Transformation von Präsenz in Repräsentation vollzieht Greiner am Opfergedanken in Euripides' *Iphigenie in Aulis* und an der alttestamentlichen Erzählung vom Sohnesopfer Isaaks (Gen 22) nach: Das leidende Opfer wird in beiden Fällen zum Stellvertreter der Präsenz Gottes.

[51] Elias Canetti: Aufzeichnungen 1954–1993. Die Fliegenpein. Nachträge aus Hampstead. Postum veröffentlichte Aufzeichnungen. München und Wien 1992, S. 72.

„Geschichten, die nicht in der Bibel stehen"

52 Hartmut Lange: Positiver Nihilismus. Meine Auseinandersetzung mit Heidegger. Berlin 2012, S. 9of.
53 Roth: Die Stadt am Meer (Anm. 14), S. 35. – Der Titel *SUNRISE* steht in der thematischen Kontinuität des Werks; er bezieht sich zugleich auf Murnaus letzten Stummfilm *Sunrise* (1927), ein filmisches Melodram über eine unheilige Dreierbeziehung (es geht darum, dass ein Stadtvamp einen Ehemann verführt und zum Mord an seiner Frau anstiftet), und auf Patrick Roths Erzählung *Die Frau, die den Dieb erschoss*, die den dritten Teil „*sunrise*" seines Prosabandes *Die Nacht der Zeitlosen* (2001), beschließt.

Personenregister

Adorno, Theodor W. 61, 65, 227
Allen, Woody 223
Amman, Egon 190
Andersen, Hans Christian 53–54
Andres, Stefan 189–190, 196–197, 216, 238
Apollinaire, Guillaume 77, 79
Arnheim, Rudolf 116
Asserate, Asfa-Wossen 225
Assmann, Jan 141, 156
Augustinus 70, 194

Bachmann, Ingeborg 203, 209
Barth, Karl 169
Bay, Michael 115
Begley, Louis 111–114
Benedikt XVI. 67, 71, 73, 251, 263
Benjamin, Walter 183
Benn, Gottfried 11, 36, 44, 141, 200, 209, 232–233, 239, 243
Bergmann, Ingmar 112
Berkéwicz, Ulla 100
Bernanos, Georges 238
Böll, Heinrich 94, 147
Borchardt, Rudolf 78
Britting, Georg 79
Browning, Robert 120, 123
Büchner, Georg 31–45

Calderón de la Barca, Pedro 49, 195f.
Camartin, Iso 155
Cameron, James 49
Canetti, Elias 260, 264
Caravaggio, Michelangelo Merisi da 169, 204
Celan, Paul 43, 45, 145, 152–153, 157, 185, 264
Chamisso, Adalbert von 54, 64
Clément, Catherine 25

Darío, Rubén 80
Dávila, Nicolás Gómez 225
Delius, Friedrich Christian 94, 239, 257, 264
Detering, Heinrich 17, 28, 54, 64, 261
Döblin, Alfred 224, 230
Doderer, Heimito von 216, 226
Domin, Hilde 11, 18, 99, 102, 141–157
Dostojewski, Fjodor Michailowitsch 236
Draesner, Ulrike 11, 199–209
Dürrenmatt, Friedrich 192, 239

Eckhard, Meister 200, 263
Egoyan, Atom 115–116, 118–119, 123
Emmerich, Roland 115
Enzensberger, Hans Magnus 100, 151, 165, 212–213
Esterházy, Péter 10

Felder, Michael 19, 28, 59, 169–170
Fiedler, Leslie 15, 57–58
Fleming, Paul 141
Franck, Julia 83–85, 87, 94–95
Freudiger, Dorothee 190
Freud, Sigmund 47–48, 52, 56, 59, 64–65, 109, 111, 223
Fried, Erich 33, 156
Frisch, Max 193
Frühwald, Wolfgang 18, 28, 43, 45, 71–73, 162, 167, 177, 181, 208, 243, 261

Gaarder, Jostein 25
Gadamer, Hans-Georg 142
Geiger, Arno 95, 97, 105–110
Gellert, Christian Fürchtegott 76

Personenregister

Gellner, Christoph 28, 204, 209
Girard, René 99–100, 264
Goethe, Johann Wolfgang von 26, 35, 41, 43, 52, 56, 65, 69, 73, 89, 141, 169, 206–207, 246
Goldammer, Christian 180
Göring, Michael 216, 232, 238, 261
Grass, Günter 11, 19–20, 26, 67, 70– 73, 94, 97, 159–163, 211, 220, 263
Greene, Graham 216, 238
Greiner, Ulrich 97, 224, 264
Grütters, Monika 182
Gryphius, Andreas 239

Habermas, Jürgen 15, 28, 181, 225, 231, 249, 262
Hacker, Katharina 100
Hafis 26
Hahn, Ulla 95, 97, 142
Handke, Peter 19, 95, 106, 110–111, 241
Haneke, Michael 59–60, 65
Hein, Christoph 95, 171–177, 239
Heine, Heinrich 34, 43–45, 76–77
Hesse, Hermann 62, 239
Hesse, Volker 195
Hitchcock, Alfred 61
Hochhuth, Rolf 67, 69, 72, 192
Hoddis, Jakob van 225
Hodjak, Franz 33
Hofmannsthal, Hugo von 135
Hörisch, Jochen 116, 124
Hub, Ulrich 25
Hürlimann, Thomas 11, 18, 28, 81, 83–84, 90–92, 94–95, 97, 123, 189–197, 224

Jolles, André 128
Jungk, Peter Stephan 95, 100

Kafka, Franz 41, 44, 53, 62, 103, 109, 113, 133, 141, 172, 209, 250, 262
Kermani, Navid 181, 227
Kertész, Imre 19
Kindling, Anja 124, 180

Kirsch, Sarah 79, 246, 262
Kleeberg, Michael 33, 44, 179, 227
Kleist, Heinrich von 49, 64, 99, 102, 111
Klotz, Volker 89, 128, 131, 230
Köhlmeier, Michael 16
Kolbe, Uwe 16
Kolmar, Gertrud 145
Koschorke, Alfred 253, 255, 263– 264
Kracht, Christian 62–63, 65–66
Kraus, Karl 161, 195, 203, 219
Kühsel-Hussaini, Mariam 27
Kurzke, Hermann 31–32, 37, 43–45, 64, 73, 246, 261
Kuschel, Karl-Josef 16–17, 28, 72

Lange, Hartmut 44, 227, 262, 265
Langenhorst, Georg 16–17, 24, 28–29, 221, 262
Lang, Fritz 223
Lasker-Schüler, Else 145, 227
Lehnert, Christian 10
Lessing, Gotthold Ephraim 68–70, 72, 101, 111, 231, 239, 242
Lewitscharoff, Sibylle 11, 17, 95, 250, 261–262
Lovenberg, Felicitas von 226
Luhmann, Niklas 17, 29, 96, 116– 119, 124, 206, 249–250, 262–264

Maier, Andreas 24, 224
Mann, Thomas 10, 49, 62, 64, 69–70, 73, 92, 222, 238, 246–249, 261–262
Martel, Yann 25
Matt, Peter von 82, 94, 96–97, 110, 132
Mercier, Louis Sébastien 223
Mitscherlich, Alexander und Margarete 57, 64–65
Morsbach, Petra 6, 11, 211–222, 238, 261
Mosebach, Martin 58–59, 65, 216, 222–223, 225–230
Motté, Magda 25

Personenregister

Murray, Les 207
Muschg, Adolf 184

Neubauer, Hans-Joachim 237
Nietzsche, Friedrich 17, 24, 49, 77, 162, 166, 239
Nolan, Christopher 21, 223

Opitz, Martin 172
Ostermaier, Albert 102

Palm, Erwin Walter 145, 148–151, 153, 156–157
Panizza, Oskar 79
Pasolini, Pier Paolo 17
Paul, Jean 35, 37, 118, 217, 224, 239
Payne, Thomas 39
Peckinpah, Sam 123
Peltzer, Ulrich 100
Penn, Arthur 61
Peters, Veronika 16, 230
Petrarca 51
Poe, Edgar Allen 136
Pressler, Mirjam 25

Quasimodo, Salvatore 212

Richter, Jutta 16, 25, 236, 261, 263
Rilke, Rainer Maria 185, 224, 263
Röggla, Kathrin 100
Rothmann, Ralf 11, 95, 179–188
Roth, Patrick 28, 102, 245, 247–255, 257–265
Roth, Joseph 107, 110
Rühmkorf, Peter 33, 62, 66
Rushdie, Salman 25–26, 101
Russell, Ken 79
Ruttmann, Walther 223

Sachs, Nelly 153
Sahl, Hans 149
Said 16, 26, 29
Saramago, José 18, 102
Schami, Rafik 125–136

Schirrmacher, Frank 224, 250, 262
Schlöndorff, Volker 159
Schmidt, Susanna 64, 72, 113, 183, 188
Schneider, Reinhold 70
Schnitzler, Arthur 56–57, 65
Scott, Ridley 223
Shakespeare, William 35, 185, 202
Shaw, George Bernhard 227
Shelley, Mary 52, 64
Sophokles 259–260, 264
Spiegel, Hubert 182
Spinnen, Burkhard 92, 217, 222
Stadler, Arnold 11, 16–17, 19, 42, 44, 48, 64, 101–102, 170
Steiner, George 19
Stolz, Dieter 20, 161
Stone, Oliver 61, 189
Strauß, Botho 19, 33, 78, 100
Sütterlin, Nicole 180

Ulrich, Hans 16

Vesper, Bernward 179

Wagner, Jan 9–11, 31, 213
Walser, Martin 11, 19, 28, 82–83, 95–97, 101–102, 111, 162, 165–170, 181, 244
Waugh, Evelyn 216
Wawerzinek, Peter 83–84, 87–90, 94–95, 97
Weber, Anne 12, 16–17, 231, 258
Wedekind, Frank 56, 78
Wellershoff, Dieter 11, 44, 216, 231–234, 236–244, 261
Weyrauch, Wolfgang 145
Wieland, Christoph Martin 125, 239
Wilde, Oscar 76–79, 132
Woolf, Virginia 109–110

Zeh, Juli 47, 51, 53, 72